丝路百城传

丝路百城传

特立，不独行

"丝路百城传"丛书
刘传铭 主编

THE
BIOGRAPHY
OF
ZHANGZHOU

从九龙江到太平洋

陈子铭 —————— 著

漳州传

CIPG 中国国际出版集团　新星出版社　NEW STAR PRESS

总 序

刘传铭

如果说丝绸之路研究让我们洞见了一部全新的世界史,一定会有人表示惊讶与质疑;

如果说城市的创造是迄今为止人类文明进程中最伟大的事情,则一定会得到人们普遍的支持与认同。

"丝路百城传"丛书的策划正是发轫于这样一个历史观的文化叙述:

丝绸之路是一条无路之路;

丝绸之路是一条既古老又年轻,"不知其始为始,不知其终为终"的漫漫长路;

丝绸之路是一条历史时空里时隐时现,变动不居,连点成线,连线成网的超级公路;

丝绸之路是点实线虚、点变线变、点之兴衰即线之存亡的交通形态,那些关山阻隔、望洋兴叹的城市,便如一颗颗璀璨的明珠镶嵌在路;

丝绸之路是一个文化概念,叠加其上的影像曾被不同国家不同民族的人们呼作:铜铁之路、纸张之路、皮毛之路、奴隶之路、铁蹄之路、黄金之路、朝贡之路、宗教之路;

丝绸之路是中西文明交流与传播、邦国拓展、民族融合之路，也是西方探秘中国、解码东方之路，更是我们反躬自问"我是谁？我从哪里来？我向何处去？"的寻根之路、回家之路；

丝绸之路是今日中国走向世界的新起点、新思路，是"一带一路"中国倡议走向人类命运共同体的未来之路……

无可否认，一个世纪以来，丝路研究之话语为李希霍芬、斯文·赫定、斯坦因、伯希和、大谷光瑞、于格、橘瑞超、芮乐伟·韩森、彼得·弗兰科潘等东西方人所主导。然而半个世纪以来的大国崛起，正在使"夫唯不争"之中国快速走向文化振兴。我们要将《大唐西域记》《真腊风土记》的传统正经补史、继绝往圣、启迪民智、传播正信，同时也将丝绸之路城市传文学以实为说、以城为据、芳菲想象、拒绝平庸的创作视为新使命、新挑战。让"城市传"这样一个文学体裁开出新时代的鲜花。

凭谁问：昆仑巍峨、河源滔滔、玉山储秀、戍堡寂寞；

凭谁问：旄节刻恨、驼铃悠远、琵琶起舞、古调胡旋；

凭谁问：秦汉何在、唐宋可甄、东西接引、前路正新；

凭谁问：八剌沙衮今何在？罗马的钟声谁敲响；

凭谁问：撒马尔罕的金桃今何在？帕米尔上的通天塔何时建成、何时倾倒？

凭谁问：伊斯兰世界的科学造诣何时传到了巴黎和伦敦；

凭谁问：鉴真大师眼中奈良和京都的樱花几谢几开；

凭谁问：乌拉尔河上何时传来了伏尔加河的纤夫号子；

凭谁问：杭州湾的帆樯何时穿越马六甲风云……

诗人说：这条路是唐诗和宋词的吟唱，是太阳和月亮的战争；

军人说：这条路是旌旗卷翻的沙漠，是铁骑踏破的血原；

商人说：这条路是关涉洞开的集市，是金盏银樽的盛宴；

僧侣说：这条路是信仰鲜花盛开的祭坛，是生命涅槃的乡路……

一个个城市的前世今生，一个个城市的天际线风景，一个个城市的盛衰之变，一个个城市的躁动与激情，一个个城市的风物淳美与人文精彩，一个个城市的悲欢离合，一个个城市的内动力发掘与外开拓展望，一个个城市的往事与沉思，一个个城市的魅惑和绝世风华……

从长安到罗马和从杭州湾到地中海是卷帙浩繁的"丝路百城传"丛书的框架结构。也是所有参与写作的中外作家和编辑们共同绘制的新丝路蓝图。《尚书·舜典》有"浚咨文明"之句，孔疏曰："经纬天地曰文，照临四方曰明。"《论语·雍也》曰："质胜文则野，文胜质则史，文质彬彬，然后君子。"又《易经·贲卦·象辞》曰："刚柔交错，天文也；文明以止，人文也。观乎天文，以察时变；观乎人文，以化成天下。"故文化乃"人文化成"而以文教化"圣人之教也"。"周虽旧邦，其命维新"，丛书编纂与出版岂非正当其事，正当其时也！

读者朋友们，没有踏上丝路，你的家就是世界；踏上丝路，世界才是你的世界、你的家园……唯祈丛书阅读能助君踏上这样一个个奇妙无比的旅程。

丝绸之路从远古走向未来，我们的努力也将永无休止。

戊戌谷雨前五日于松江放思楼

前言：眺望东南

第一章　生在江南之南
　　山海之间 / 3
　　那段史前时空 / 17
　　江南与岭南 / 26
　　闽之南 / 29

第二章　大唐军人的荣耀
　　公元 669 年 / 35
　　帝国新州和她的名字 / 41
　　塑造东南新州 / 44
　　胡商康没遮来了 / 52
　　做一个唐人 / 57

第三章　宋人的风韵
　　宋朝的那些如烟往事 / 63
　　寻找一座宋代的城市 / 71

海商黄琼的官司 / 81

李弥逊来了 / 90

宋绍熙元年 / 94

最后的南宋 / 103

第四章　遭遇马可·波罗时代

第五章　明帝国的财富端口

大航海时代来临 / 129

发现 Chincheo / 135

日本白银的诱惑 / 144

公元 1549，走马溪 / 150

皇家意志与嘉靖倭患 / 165

隆庆年，历史的拐点 / 178

漳州海上商业版图 / 201

角力台湾海峡 / 231

一场与"克拉克瓷"有关的国际公案 / 246

《雪尔登地图》·眼界与世界观 / 254

一幅全新的末世风景 / 267

第六章　行走的故乡

当澳门还不叫澳门的时候 / 283

大清商埠的龙溪家族 / 289

过台湾·一道世纪景观 / 298

过番，他乡与故乡 / 320

第七章　流变精神

大城漳州 / 339

多年以后，看漳州 / 349

第八章　迎接新丝路的荣光

迎接新丝路的荣光 / 359

重续光荣与梦想 / 361

大古雷的旭日阳刚 / 368

千年古城，现代意象 / 374

后记：呈现一种打开城市的方式 / 381

参考目录 / 384

前言：眺望东南

我们叙事的地点，在江南与岭南之间、在山海之间。

作为中国东南一隅向内陆相对封闭向海洋充分开放的地理单元，我们一开始便拥有一个多元的叙事空间。

我们选择福建省第二大河——九龙江，大航海时代西方人叫漳州河的作为整理历史信息的轴线，她贯穿全境，又从不间断发展脉络；我们选择她的出海口，现在称作厦门湾的地方，作为观察与外部世界关系的视线的投放起点，而把传统意义上的东西洋作为视线投放的基本范围。在过去数个世纪里，这里一直是吞吐外部信息的能量场。这片区域的历史与它休戚相关。

我们再选择福建省最大平原——漳州平原作为呈现区域性物质与精神成果的平台，十四个世纪的政治、经济、文化中心，山海融合的历史地理框架中，这是一个非常稳定的平衡点。

这样，有利于我们建立一个俯瞰全景的视角。

在时间上，我们选择公元669年，也就是唐总章二年，作为叙事的起点。公元1567年，即明隆庆元年，作为叙事的阶段性高潮部分，当然，更多的重点在于她以后的变化。

这样，有利于我们建立起一个合理的叙事走向，从中原到海滨，从海滨到海上。这样也有利于我们建立起一个合适的叙事节奏，什么是开始，什么是发展阶段，什么是嬗变。

在业已形成的历史叙事里，漳州，似乎一直是边缘，无论是已经走过的汉唐，或者明清。今天，重新打开历史，当我们试图建立一个新的叙事架构时，一些值得还原的细节，便成为被湮没的大历史的基本构建，以及我们面对现代的关键记忆，影响我们对未来的判断。

我们试图描述这片区域的发展历史的时候，也是在探索一个群体的精神流变史。

我们将在这部叙事里，远眺、回望，遥想那些意义非凡的历史坐标，以让我们的今天显得饱满。

The
biography
of
Zhangzhou

漳州 传

生在江南之南

第一章

山海之间

漳州的叙事，或许可以从《山海经》说起。这部据说由禹和伯益所做的上古时代的书籍，经过西汉皇族刘向、刘歆父子勘校后，流传到今天，书籍用神话和地理构建出远古时期的一段时空。它和漳州没有直接的关系，但是，却给我们提供了一个从容观察漳州前世的视野。

《山海经》载："闽在海中，其西北有山，一曰闽中山，在海中……"

山海之间，是对闽地地理的准确描述，也是对其文化传统的喻示。

漳州，在"闽之极南"，她的前世——太古洪荒的时候，已经属于这个文化传统。

（一）

闽，在欧亚大陆边缘，发生于中生代的地壳运动，发育成她的基本轮廓。山隆起而成骨干，支撑闽地的身躯，超过八成的山地和丘陵，使她成为一个相对封闭的地理单元。距离海水 300 千米左右的纵深，数列与海岸平行的山脉，又将闽地分割成若干单元。日后，这些地理单元将在闽文化大框架下显示诸多不同的个性特征。

《山海经》中提到的"闽中山"应是闽山，即武夷山古称。在西北与江西交界处，其主峰有"华东屋脊"之称。武夷山绵延千里，高峻封闭，形成了一道天然分界线。这是长江流域和东南沿海诸河流的分水岭，也是中原与闽越的分界线。山脉陡峭部分面向北方腹地，阻滞了西北寒流南下，也调整了中原文化向南渗透的节奏。自武夷山脉起，闽地朝东南方向梯次下降，逐渐滑入太平洋。来自海洋的湿润的气流在这里回旋，形成亚热带季风气候。公元前三世纪，当农耕文化终于越过山脉一路南下，这里成为多元文化的交错地带。

如果要探问闽地与中原的地理关系，最好的观察点也许是武夷山。

如果要探问闽地与台湾的地理关系，理想的标本也许是漳州。

日后被称作"漳州"的这片土地，在闽地南端，枕山襟海，峰峦叠嶂，丘陵连绵，河谷、盆地穿插其间，又为群山隔断，地势由西北向东南走低，滨海为丘陵、台地、平原，狭窄而不连续，山地、丘陵面积占总土地面积七成以上。

台湾，在古地理上与欧亚大陆连为一体，是欧亚大陆向外围扩张的边缘。闽台半岛，是古生代时借喜马拉雅造山运动形成的南北长约400千米的岛屿，属于华夏古陆的一部分。台湾中央山脉与闽地中部的戴云山、西北部的武夷山三山并列，构成一个场面壮阔的大地褶皱。一条宽100-200千米的"东山陆桥"从漳州东山岛经海峡东南部、台湾浅滩、澎湖列岛抵达台南，在水下将两岸连成一体。东山陆桥则盘旋在东海水域和南海水域分水岭两侧。

这片区域，三面环山，面朝大洋，左揽东海，右揽南海，台湾岛为她缓冲热带风暴，同时成为这片区域社会历史的一部分。

东山陆桥，东海和南海分界线，万顷碧波之下隐藏着史前两岸关系历史。（吴瑜琨摄）

"闽在海中"也喻示了远古时期闽地海岸线所发生的变化。由于气候变化，在最近的180万年，台湾海峡至少有7次被海水淹没。最后一次发生的时间在1.5万年至6000年前。整个闽台半岛裸露部分没入大海，留下一条窄窄的最浅处不过10米的陆桥。此时，人类已进入现代人阶段，在被海水浸没前，"漳州人"通过陆桥到达对岸，开启一段历史。漳州的母亲河九龙江曾经流淌到海峡对岸。今天，海水之下，台湾浅滩和南澎湖浅滩之间的八罩峡谷应是九龙江古河道遗址。

海流就这样从"桥上"漫过，从两岸穿过。若干年后，这里成了贯穿东亚也贯穿近现代世界历史的黄金水道。漳州正位于这条水道的西边，而两岸的人将共享这条水道带来的财富与荣光。

值得一提的是在被一万年前的海水缓缓漫过的海峡的西边，有一个曾被火山灰覆盖的生长着茂密的森林的地方，现在叫漳州滨海火山地质遗址公园。幽深的火山口群，浮沉在海水中，140万块多边柱状带节理黑色玄

戴云山与博平岭山系交织，九龙江（漳州河）干流北溪穿境而过，一路向海，形成山海互动的地理格局。（吴瑜琨摄）

武岩，如守卫海洋的兵马俑一般屹立在悬崖之脚大海之间，那是1700万年前的喜马拉雅造山运动引发西太平洋新生代火山喷发和地质构造变化所留下的最壮丽的山海记忆。那是海水与烈焰的交响，是天地间磅礴的力量留在漳州的冥冥中的精神启示。

（二）

河流塑造文明的形态。

闽地水系与山系互动，自成一个地理文化单元。汀江、闽江、晋江、九龙江流经的地方，历史上称"七闽"，加上6000年前被海水分割的台湾，也包括韩江流经的粤东、瓯江流经的浙南。因为地理构造上相应的整体性，在历史发展进程中扮演彼此关联的角色。

河流在人类文明进程中扮演了关键的角色。人类及其社会系统发展与河流的生态系统唇齿相依，并从中获取精神信仰和心灵形象。在河岸形成的定居点与城市就是这种关系的精华所在。它们将整个流域连接成稳定、有效的整体。那些在大河奔流中泥沙俱下的冲积平原，不仅孕育了昌盛的农耕文化，日后也往往成为社会变革的策源地。

相对于大河文明，那些必须以有限的腹地面对海洋的区域则保持着永恒的挺身向海的激情。地中海东部，古代希腊，包括爱琴海诸岛、小亚细亚西部沿海、爱奥尼亚群岛和意大利南部那些短小的河流，穿过崎岖的山区和狭小的平原与曲折的海岸线和岛屿互动，成了欧洲文明的发祥地。亚平宁半岛，亚平宁山脉流出的台伯河，区区400千米，经罗马进入第勒尼安海，催生了热那亚、那不勒斯、威尼斯等商业城市，佛罗伦萨成了欧洲文艺复兴中心。

当黄河、长江气势磅礴地向人类展示农耕文明吐纳能力时，在闽地，那些短壮的河流，因为腹地距离海洋不过数百千米，海洋巨大的影响力如潮汐一般溯河而上，她的历史便有了永恒的蓝色基调。在河流与海岸线的交汇处——大自然能量聚集的地方往往是海洋文明昌盛的地方。

农耕文明孕育出来的对季节规律遵循、祖先崇拜、秩序遵守的品格和海洋文明陶冶出来的开拓不羁的品性相互影响。在历史发展的进程中，两种文明反复叠加的区域——中国东南的新月地带，如闽、如浙、如粤，成了中国个性最鲜明、经济最活跃的区域。宁波的甬江、台州的椒江、温州的瓯江、福州的闽江、泉州的晋江、漳州的九龙江、潮汕的韩江……那些短壮的河流，为这片广阔的区域注入源源不断的生命和活力。人们一路向海，不可阻拦。

漳州的母亲河九龙江（漳州河），福建第二大河，由发源于脉玳瑁山的北溪干流和发源于博平岭山的西溪、发源于平和山区的南溪支流组成，

7

亿万年前水火交融的遗痕，是否成了今日的精神意象。（吴瑜琨摄）

在下游河口地区厦门湾进入台湾海峡，干流长度不过258千米，合支流共1923千米，境内流域面积约不过7000余平方千米，总流域面积1.4万平方千米。史前时期，这里已出现有别于中原地区的文化形态。河流上游湍急，森林密布，曾是造船原料的供应地；中下游江宽水缓，是闽西南重要的物流通道；至于下游漳州平原，是福建第一大平原，山海之缓冲、交通之枢纽地带。与之相呼应的，是云霄漳江、诏安东溪、漳浦鹿溪、长泰龙津江。在史前时期，生活在这里的人们捕捞、渔猎、采集，择水而居。

在她的滨海地区，因为远古时期先民的海洋活动，成为环太平洋地区海洋文明的传播关键环节。6000年前，人类舟楫往来于台湾海峡时，南岛语族史诗般的迁徙，就已经开始了。

（三）

与北方平原的海岸线最大区别是，在中国东南沿海丘陵地区，由于地质激烈变化塑造的那些曲曲折折的海岸线，如褶皱一般与海水衔接，突出的地方，是岛屿；凹进去的地方，是港湾。那是大自然的力量在彼此撕扯抗衡留下的杰作。

"浙江岛、广东湾、福建在中间。"一句民间俚语，道出东南沿海海岸线的基本特征。福建南端的漳州，海岸线长680千米，海湾12个，群岛7个，狭窄的滨海地区，半岛斜列。东山岛，福建第二大岛、著名渔区，与古雷半岛、六鳌半岛、鉴美半岛并肩连臂形成系列海湾。

东山湾，水域面积100多平方千米，是东海南海交界处；旧镇湾，在漳浦海面东南，由六鳌半岛和古雷半岛合抱而成，水域面积50余平方千米；诏安湾，水域面积150余平方千米。至于九龙江出海口厦门湾——漳厦接合部，是大陆对台主要贸易口岸。

史前时期，这里已是先民渔猎的场所；风帆时代，这里是远洋航船的发泊地。今天，这里仍然是经济活跃地区。在封建王朝海禁政策最为严酷的时期，这些港湾和岛屿，以曲折复杂的地形庇护了追逐财富与荣耀的贸易船。西方航海者沿新航路东来时，喷发出一股不可遏制的民间贸易潮。正是这股贸易潮，推动漳州参与了全球贸易格局的调整。

今天，漳州滨海，镇海、铜山、六鳌、悬钟四个明代古城，森然环峙。二十一世纪的日光，淡去400年前的刀光剑影。作为洪武时期修建的海防要塞，曾经守护农耕文明的第一道防线。海洋贸易繁盛区与海防重地互相叠加，那是两种力量的博弈最终找到的平衡点。

九龙江西溪，发源于博平岭，绕城而过，大航海时代曾经风帆竞发。(陈伟摄)

(四)

漳州的历史是不受陆地束缚的历史。

季风洋流给我们提供了一个观察外部世界的视觉延伸点。

冬季，我国东南盛行东北风，风推动近海海岸洋流由北向南，从长江口出发，穿过台湾海峡中部和西部进入南海；夏季，印度洋盛行西南季风，洋流在这里调个方向，南海沿岸洋流由南向北和外海暖流在台湾海峡汇合后回到东海，季风洋流形成一条天然水道，构架了漳州、台湾、东南亚的地理关系，并形成季风型贸易。

郑和之前，生活在这一带的人们已经把自己的族群持续不断地扩散到季风洋流所能到达的地方，从中南半岛的交趾一直到香料群岛，从吕宋到苏门答腊到东帝汶。那些商业聚落像珍珠链一般展开，在太平洋中的岛屿

一路跳跃，圈起一个环绕南中国海的贸易圈。中国商品是那里的一道风景，漳州商人是那里最活跃的一群人。

在所有海洋中，南中国海无疑是最迷人的一个。它的地理位置是它最具潜力的优势。公元十六世纪前后，这里引发的角逐，可以和地中海地区媲美。美洲白银、香料、丝绸和瓷器交汇，也让漳州进入世界性大历史的洪流里。今天，它是全球经济的焦点。

（五）

大自然元素塑造漳州的视野，以及内部构造和外部世界的关系，并使她拥有色彩斑斓的多元文化。

这是大地理留给漳州最华美的印记。

如果我们以九龙江为轴线梳理整个流域及周边地区社会历史发展格局，漳州府城是一个观察点。九龙江与起自粤东经闽越古关蒲葵关蜿蜒而来的古漳潮陆路干线在漳州城交汇，将闽西南与粤东历史连为一体。同时，我们可以在这条轴线的最下端再建一个坐标，将近700千米海岸线与九龙江交汇处，即九龙江口海湾地区，也就是今天的厦门湾作为另一个观察点，形成九龙江流域联结东海、南海的历史格局。在不同的时空，透过九龙江这条轴线的两个观察点，将构建一个比较完整的漳州社会历史发展概貌。

漳州北倚博平岭山脉、戴云山自古是闽粤交通枢纽。东北经泉州、福州与江浙互动，西北越过博平岭与粤、赣相通，西南与潮州相连，境内九龙江、鹿溪、漳江、东溪水系交织。有限腹地、充满弹性的外扩空间，贯穿这一切的，是水。

九龙江作为闽西南物流通道，江水流经的漳州平原，是闽西南物流集散地。下游出海口，曾是九龙江口海洋贸易区的核心。

沿海一线，港湾众多，岛屿罗列，与广东毗邻处诏安，号称"福建南大门"。南澳岛，至民国年间才隶属广东，此前长期为漳潮共管，曾是漳潮海洋贸易区的核心地带，与九龙江口海洋贸易区相互呼应，成为漳州海洋贸易的两个子系统。

铜山港（东山港）位于东山湾，是闽粤台交通的中间点，这里的海洋贸易始于宋朝。

宫口港，古称梅岭，地处闽粤海疆门户，唐光化元年（898）开港，宋元时，自泉州往西亚贸易繁盛，梅岭是重要的补给基地。

旧镇港，古名敦照，在古雷半岛、六鳌半岛之间，有鹿溪、浯江水注入，为天然避风港。敦照作为口岸的历史，几乎和上海历史一样悠久。

至于九龙江口月港,"外通海潮,内接山涧",其附近海域,古名圭海。海口处圭屿,是漳州府水陆门户。中左所(厦门)与浯州屿(金门)为其海上屏障。在大航海时代,从月港出发的商船,出海后分航驶向台湾和东洋的琉球、日本、吕宋、苏禄及西洋的交趾、占城、暹罗、真腊等地,沿海岸线航行,上抵辽东,下达广州,由此形成十六七世纪漳州海上商业版图。

九龙江北溪干流和西溪、南溪支流,支撑月港贸易的腹地。由海水向山区推进的200余千米纵深,这片流域在漳州历史发展进程中扮演着关键角色,亦造就了古代漳州的黄金时期。在十四个世纪的光阴里,这里是梦想家的竞技场,各色人等,你方唱罢我登场,农耕文明与海洋文明相互交融,使九龙江流域及辐射区域历史文化色彩斑斓。

大明王朝的远航与这条河流有关。下西洋船队的另一个最高指挥官王景弘,龙岩县集贤里(漳平赤水)人。他和郑和拥有一样的身份——总兵衔正使太监,和他一起远航的还有河口地区的工匠和士兵。龙岩,历史上与漳州保持一千年的隶属关系,漳平至今仍是闽南方言区。

自月港上溯40里左右,是漳州历史上第一批中原移民的落脚点。中原士兵在溪海交界的河段插柳成营,故名柳营江。松洲堡,最早的军事要塞。唐化里,最早的原住民定居点。松洲书院,可见于记载的中国最早书院,这是农耕文明渗透到漳州时的关键区域。

这条河流历史上曾经发生过若干次战争,其中两次影响深远。

明清交替之际,中国最强悍的两支力量展开过对决。"海上王者"明郑集团与大清帝国在中国东南沿海的力量此消彼长。这种消长,不仅决定台湾海峡两岸的几个世纪的区域格局,也影响了中国乃至东亚水域的历史走向。

九龙江的下游出海口向东便是金门料罗湾。1633年,中国与荷兰人

漳州城，中国历史文化名城，山海互动的平衡点，多元文化留痕于城市不同历史时期。（游斐渊摄）

的一次大规模海战对决爆发于此。这是一次真正意义上的海战。大批月港商船被改造成战舰，许多漳州军人登上战舰投入到这场格斗中。中国人从此有了海上力量大败欧洲人的记录。

西溪一线，距月港40里的漳州府城东厢浦头港，是漳州历史上规模最大的内河码头。作为山、海之间的中间点，浦头港的命运与月港息息相关。浦头港鼎盛时，"贾舶咸萃于斯，四方百货之所出也"。漳绸、漳绒、漳纱、漳缎、漳绢，都是那个年代中国最为精美的织物。从浦头港登船，顺流直下，从月港出洋，经西班牙占领下的吕宋，转美洲阿卡普尔科，抵达欧洲的伊比利亚半岛。五个世纪前，西溪两岸是闻名遐迩的"世界工厂"。从府城上溯百余里的花山溪是在西方市场蒙面纱400年之久的东方瓷器"克拉克瓷"和"交趾瓷"的原产地。这里出产的外销瓷是欧洲与日本人文历史中无法忽略的记忆，它们现身在土耳其苏丹、欧洲国王和日本丰臣秀吉的宫廷里，也出现在阿姆斯特丹市民的餐桌上。

被北溪与西溪环抱的漳州府城，作为山海之间的平衡点，保持了十四个世纪的政治经济文化中心地位。府城东南角西溪之滨的威镇阁，几乎可以望见漳州平野尽处浩渺之烟霞。而这里距下游出海口不过40里，曾经商舶如蚁，财富和荣耀似浮云过眼，如今成了古城的地标。今天，漳州古城那些南洋风格的建筑，仿佛是一个繁盛时代的倒影，让生活在此间或者远道而来的人在时光里流连。

儒家思想和西洋文明在这片流域交汇。

1190年初夏，朱熹抵达漳州，在这里刊行的《四书集注》成了朱子理学思想瓜熟蒂落的标志。在他身后，是一个影响深远的文明工程。今天，探索那段悠远时光，我们听到一种和声，在经历了数个世纪的混乱与幽暗之后，出现在民族文化的重构阶段，并带动城市找到了从粗粝走向细致的精神愉悦。这种愉悦，是漳州在向海洋绽放前所能调动的精神储备。

1509年，西班牙传教士若望利多斯和金纳德随月港商船抵达漳州，这是天主教与漳州的初次相遇。在以后的若干世纪里，西洋风物一直隐约出现在城市历史镜像中，并使区域文化显现出混搭的色彩。今天，正是通过那些散落的符号，我们得以捕捉到城市平凡身世里被掩盖的宏大历史、东西方对碰时的精神悸动，以及充满启蒙性的长达四个世纪之久的互动。

从这条河流走出去的最有名的现代人物是林语堂。这个坂仔牧师的儿子出生的1895年，是中国近代史上最悲催的年份，他却用几十年时间向人们讲述东方与西方，讲述传统与现代，讲述人与人之间理解与包容。这个二十世纪的智慧人物让他的出生地——河流上源花山溪畔的坂仔和祖家地——漳州平原的五里沙共享荣光。

今天，这个山的儿子，海的游客，仿佛是走过了1300多年的城市的影像。

漳州的历史始终受多股自然力量和文化力量的牵扯，她拥有太平洋的视野，同时对中原保持十几个世纪的回望姿势。她的历史时空从来不局限于东南一隅、福建之南，只有将其置之于闽南、台湾、东南亚大三角海域，才能完整地呈现她的历史风貌。她的地理位置使她拥有中国最早接近近现代的机会，并且在一段时间里走在潮流的前端。

在这个多变的时代，打开尘封的历史，并且以坦诚的态度对待那些业已走过的从前，对即将发生的以后意味着什么？

那段史前时空

漳州的文化传统，一直是具有海洋性的。在史前，这片区域在地理上从来都不是孤立的，文化传统一直是外向的。

孕育于旧石器时代末期到新石器时代早期的"漳州文化"，其遗存密集于漳州市区的北郊台地上，散落在平和、南靖、东山、诏安县域，推测时间距今13000—9000年前。

北郊台地处于天宝山山麓以东、九龙江北溪和西溪之间隆起地带，西面茶铺山、东面云洞岩、背面浦南北山、南面覆船山，与今天的中心城区大致重叠。一条曲线从天宝镇朱里村即林语堂老家延伸到已是城区的竹林山，这曾是史前"漳州文化"活跃时期海陆的交接线。在这条线上，存在着年代更为久远的莲花池山遗址，它的年代推断为中更新世中期至晚期，时间在40万—20万年前。这是福建省目前发现的最早的旧石器时代文化遗址。

漳州史前人类多选择在江河入海口处和滨海地区居住生存。贝丘遗址，是目前漳州地面唯一与新石器时代有关的人类活动遗址。作为早期的"漳州人"择水而居的痕迹，覆船山遗址坐落在漳州北郊台地的南面西

漳州北郊覆船山遗址，直指6000年前两岸共有文化类型的大陆源起。（林良益摄）

溪北岸康山村的一个孤立山丘。距今6000—5000年前，台湾海峡处高水位期，覆船山周围被海水淹没。从覆船山出土的海生贝壳体极少，说明海水尚未抵达这里，推测遗址形成时间早于6000年前。较覆船山遗址晚的诏安梅岭腊洲山遗址、东山陈城镇大帽山遗址、龙海城西万宝山遗址、漳浦霞美香山遗址，其出土的石器则都有明显的沿海风格。它们与同一时期的潮州陈桥遗址、金门富国墩遗址、台湾大坌坑遗址，亦保持高度的相似性。就这一点而言，这种为海峡两岸共有的文化类型的发源地，很可能是九龙江下游及近海沿岸地区，它们的祖先可能就是"漳州文化"。

仿佛是为了那些考古发掘增添美丽的色彩，漳州历史上第一个传说中的人物形象出现在这个时段。根据已经失落的宋代《漳州图经》描述，漳州水滨南太武山未有人居时，一个被称作太武夫人的母系氏族首领在这里拓土生息，时间大致在新石器时代。

这个再简约不过的传说，提供了一个有趣的联想空间，在那个山呼海涌的荒莽苍苍的时空，也许有一种温柔的母性的光辉成为孕育一种文化的源头。

早在旧石器向新石器过渡时期，闽南、粤东、台湾已经显露出同属一个文化圈的迹象。

在13000—9000年前，迄今为止所能找到的"漳州人"出现在漳州北郊台地，一个今天我们称之为芝山镇甘棠村东山的地方。这是一个十分粗壮的男性。这个现代智人应该生活在他的族群中，狩猎、采集、捕捞，无忧无虑，最终死去。也许是再正常不过的自然死亡，活了二三十年，寿终正寝了；也许是一场意外，比如在狩猎时，反被大象或老虎猎杀。他的尸体，暴露在荒野，过了大约半年，被堆积物掩埋。到了1990年，现代智人重新出现在人们的视野，人们见到了属于他的一根胫骨，至于其他部分，已湮灭在岁月里。于是，我们知道的最早的"漳州人"也叫"甘棠人"。

10000年前那个"甘棠人"给我们留下一根他自己身体上的胫骨，不过是一个历史偶然事件。但当它穿过岁月之河出现在我们眼前，我们看到建在台地上的这座城市之前影影绰绰的表象。

那个"漳州人"最早的庇护所想必充满了粗粝之美，密林繁生，野兽出没，水汽氤氲，群鸟飞翔，空气中弥漫的花香让从灵长类动物进化而来的人充满了精神的愉悦。那座山后来被叫作芝山，浮在密林中央，那条江后来被叫作九龙江，流过山麓，一直流到台湾。那个人被叫作"漳州人"或"甘棠人"，就这样生活在城市之前的时空，看日升日落、月盈月亏。那个时候，云兴霞蔚，暴风雷鸣，天地间响透着亘古的吟唱。

同样在这个年代，在东山岛以东兄弟屿附近，也生活着一种被称作"东山人"的晚期智人。

那个时期的台湾海峡，随着气候变化，曾经发生过若干次海侵和海退期。每当有环境发生变化时，人们往往需要重新选择聚落居址，改变饮食结构，寻求新的食物来源，这就发生了文化面貌的变化。

伴随着海退时期，"东山陆桥"数度浮出海面，大陆与台湾便连为一体，陆桥便成了人类往来闽台的必经之地，漳州便成了人类迁徙台湾的桥头堡。

那时候浮出水面的东山陆桥，山地丘陵连绵，河道纵横，丛林密布，沼泽丛生。通过在陆桥上浅滩中捞到的人类化石和大量脊椎动物化石，我们似乎可以看到生活在漳州的史前人类成群结队地去台湾的身影。与他们相伴的，是剑齿象、水牛、斑鹿、犀牛和山羊。他们随身携带的石器，也属于"漳州文化"的范畴。生活在漳州地区的晚期智人，是最早踏入台湾的一群人，生活时间距今2万—3万年前的台湾"左镇人"，推断就是在这个时期经大陆进入台湾的。他们和"漳州人""东山人"一样都是晚期智人。

岩画——史前时期人类的生存活动和精神记忆，分布在从山区华安到沿海一条延绵数百千米的弧形地带，然后穿过海峡，止于高雄万头兰山。日月星辰，人类手足印、动物蹄印，那些远古时期人类的精神活动，被刻在石上，几千年不朽。在没有文字表达之前，史前人类以这样一种充满想象的符号描述人与自然的关系以及愿望，令今日的我们感受到天地间神秘的力量是怎样牵引着人们向山间、向海洋、向岛屿进发。漳州地区最早的艺术思想和哲学理念，就在这神巫般的仪式中诞生了。

进入青铜时代，相当于中原商代和西周早期，在九龙江流域至韩江流域这一片广阔的区域，诞生一种共同的文化类型——浮滨文化。这种文化首先发现于广东饶平浮滨，但通过近年的考古，专家发现，它的地理中心却在漳州，最重要的遗址则在龙文区的虎林山。我们至今尚不清楚，他们与此前的"漳州文化"有多少关系，但是可以肯定的一点是闽南与粤东的关系在青铜时代继续保持和强化，社会分化在这时开始出现，这是国家形成的前兆。

然后，闽越国出现了。

通过闽越国，我们又看到一个奇异的族群——南岛语族。

当我们描述闽地史前文化时，南岛语族的起源、扩散和发展是一项主要内容。这个在西方民族志、人类学、语言学文献中出现频率很高的海上族群的分布范围，从非洲东海岸的马达加斯加岛越过半个地球到达南美洲的复活半岛，从北半球的台湾岛到夏威夷岛绕过赤道到达南半球的新西兰岛，从经度跨度占地球热带和亚热带地区三分之二，从纬度则跨南太平洋、印度洋。他们的主要居住地包括中国台湾、菲律宾、马来西亚、美拉尼西亚、密克罗尼西亚和波利尼西亚。2.7亿的人口规模，使用1000—

1200种语言。他们生活的地方即使被海水分隔，老死不相往来，但在语言和文化上却拥有高度的同一性。这种现象自从十八世纪六七十年代由英国海军库克船长首先发现以来，他们从何而来，就一直是一个充满悬念的问题。

今天，考古学和人类学的证据，正把人们的目光引向中国东南沿海、闽地的史前历史。

2002年，福建省博物馆考古队与美国哈佛大学人类学系和夏威夷大学人类系曾以"航海术·新石器时代台湾海峡的交流与南岛语族起源"为课题对东山大帽山新石器时代贝丘遗址进行发掘，得出推论：南岛语族祖先可能是来自福建东南沿海，再向中国台湾地区、菲律宾、大洋洲迁徙的。

2006年，美国夏威夷华士普博物馆——世界唯一的南岛语族、波利尼西亚文明研究中心曾举办一场名为"相遇太平洋——中国海洋文明的发端"主题展览，描述南岛语族祖先——闽地先民穿过太平洋的迁徙历程。他们驾驶独木舟航行在茫茫大海，通过观察星体的高度、涌浪的方向和鱼群的游行寻找陆地，在南太平洋岛屿进行物物交换，穿越如流的时光走到今天。

2002年和2005年，中美学者再次对漳州东山岛陈城镇大帽山进行史前文明的考古发掘显示，这里出土的大部分石锛，来自澎湖列岛，而大批"红衣陶"与澎湖列岛的锁港遗址以及台湾本岛新竹沙崙遗址出土的陶器极为相似。闽南地区和台湾岛及澎湖列岛已经成为同一个文化区。人们舟楫往来，交换有无。

在遥远的新克里多尼亚岛西海岸的拉皮塔，那里居民使用的红土陶器一直被认为是新石器时代"拉皮塔文化"居民群体的独特陶器，却与大帽山遗址有许多相似之处。拉皮塔文化发生的年代，在公元前1500年—前

东山岛东门屿太阳纹岩画,与西太平洋南岛语岩画透露相同的信息。(吴瑜琨摄)

500年间，这是南岛语族在大洋洲最早的文化表象。

"风之路"是人们关于南岛语族航行方向的描述。季风洋流也许是天地间最为神奇的力量。大约在距今5000年前，南岛语族的祖先离开中国东南沿海，开始了他们史诗般的探险。他们驾着独木舟，最先抵达台湾，然后顺着洋流向菲律宾、印尼进发，最后抵达新西兰、夏威夷和复活半岛，大约花了4000年的时间。一代代的南岛语族人自由穿行于地球三分之二的水域，从一个岛屿向另一个岛屿前进，终于在1000年前，完成了这一横跨太平洋的移民壮举。在他们向大洋深处航去的时候，中国大陆徐徐从商、周，走过秦汉，走过盛大的唐，温婉的宋。至于世界其他地方，比如欧洲，将经历特洛伊战争，经历亚历山大的征战，经历恺撒的辉煌时代……在远离浮华的世界，无边的水域，一群人追逐着太阳，生殖、扩张、粗朴、天真、浪漫地生活。

东山岛东门屿，3000年前的青铜时代的太阳，呈放射状被刻在岩石上。同样的太阳出现在太平洋深处美拉尼西亚人的岩画上。那穿透岁月的光明与温暖，如图腾一般，成为留在生命传递的链条上的烙印。那是南岛语族人御风飞扬的灵魂在现代时空不肯退却的呈现。

旭日之下，当南岛语族的文明碎片散落在太平洋和印度洋无边的水域，泰雅人、美拉尼西亚人、毛利人，那一群群看似不相干的人似乎正在联结探究环太平洋文化圈的一个个环节。

学界普遍认为，南岛语族形成于福建沿海及邻近沿海地区新石器时代，大帽山文化处在其发展中间阶段，诞生于公元前334年的闽越国是南岛语族在大陆发展的最高水平的社会组织。这是福建文明的一个历史转折点。闽越国的灭亡意味着南岛语族文明在大陆中断。但是，南岛语族在中国大陆从未彻底消失过，现在闽南方言中仍存在着"南岛语系底层"。至于在这一时期扩散到太平洋地区的南岛语族后裔，仍生活在酋邦社会中，开拓东波利尼西亚的史诗般的远航刚刚开始。

南岛语族的考古视野为我们展示了一种不一样的闽地上古史。从史前开始，闽地的历史进程就是太平洋地区历史进程的一部分。当闽地迎向北方，她是中原文化的接受者；当她面对太平洋，便成了海洋文明的传播者。

在太平洋地区和福建沿海地区文化发展的大格局下审视闽地史前历史，被南下的中原文明覆盖以前，闽地曾闪烁过独立的光芒，那是海洋文明在潮汐退去后留下的神秘记忆。

江南与岭南

在江南还不叫江南,岭南还不叫岭南时,一个叫"闽"的民族出现了。

在西周王朝的典籍里,四夷、八蛮、七闽、九貉、五戎、六狄为西周藩属。它们不归王朝直接管辖,但要纳贡和服徭役。

《周礼》记载,闽方国曾向周王室进贡"闽隶百二十人",掌役畜养鸟及王宫禁卫。这是关于闽族的最早的文字记录。

春秋战国时期,青铜文化南下,太湖之滨吴、越和长江流域中游楚经历霸权争夺和国家兴替,相互融合,长江以南渐入中原历史发展大格局。先是越灭吴,然后是楚灭越。公元前300年左右,一部分灭国越人入闽与闽人结合,并成功地控制了闽地。历史上一个被称作"闽越"的民族出现了,这是闽地文化的一次变异。

大约在2300年前,闽越族人建立自己的国家。秦统一六国,以其地为闽中郡。楚汉之争,勾践后人无诸、繇率越人佐汉。汉立国时,无诸复闽越王位,统治闽中故地,其范围包括闽及浙、粤一部分。稍后,汉王朝将闽中故地一分为三,福建大部归"闽越王"无诸,浙南归"东海王"繇,闽越赣交界归"南海王"织。日后的潮阳和漳州之地隶南海。汉文帝

闽越古关蒲葵关,古代江南与岭南的分界线。(蓝智伟摄)

时,南海国以反叛灭国,百姓徙江西上淦,距立国20年左右。前138年,东海王繇为避闽越,举国内迁,4万人徙江淮,距其立国55年,闽越王遂奄有其地。元封元年(前110),闽越王居股献国土于汉廷,闽越国亡,距立国92年,其民徙江淮间。闽地历动荡后极度荒凉。

闽越虽亡,但其遗脉仍然隐现在闽地二千年的历史里。漳州古城有一个叫南台的地方,不知形成于什么时间,那个地方得名于一座叫南台的庙宇。南台庙供奉的是闽越王无诸。汉文帝五年(前175),闽粤受册封于南台,便有了这个名字。

南越在闽越之南,这是由秦国将军赵佗建立的国家。公元前203年立国,其势力范围从韶关南雄、揭阳一直延伸到中南半岛中北部地区。南海亡国时,推测其势力范围推进到漳州盘陀岭,在盘陀岭上置蒲葵关,将闽越的传统势力范围潮州、梅州纳入版图。两国边界大致在今天的永定、平和、漳浦一线。后来的漳州,在两国之间。公元前112年,南越立国95

年历五代君主亡国，属地分九郡并入汉王朝版图。

东汉时，闽越遗民自立县治，归会稽郡南部尉，漳地属焉，梁武帝时归东扬州。龙溪县——漳州历史上保留至现代的行政单位，出现在这个时期，漳州府城一直在这个县。晋义熙九年（413），粤东揭阳析出绥安县，县治在今云霄西林。漳州雏形在绥安地。唐开元年间，龙溪县并入漳州，由此构成漳州千年基本格局。

漳州在建州前后，长时间在江南与岭南间徘徊。此前，岭南道东端于隋开皇十一年（591）置潮州，江南地区南端也于隋开皇九年（589）置泉州，州治丰县，即现在的福州。唐武德五年（622）置丰州，州治南安，即现在泉州。武则天垂拱二年（686）建漳州时，析泉（福）潮地。唐贞观时，漳地属岭南道。天宝元年（742），还隶福建。十年，改隶岭南道。

江南与岭南的分界线向来是模糊的。如果一定要有，我们宁可选择闽越与南越的分界线，并且把分界线上的盘陀岭上那个两千年前的关隘——蒲葵关，作为一个最醒目的标志。

漳州从地理位置上处于江南道最南端，也处于岭南道最北道，正好是江南与岭南两个古代最活跃的经济区的结合处，文化传统则和粤东连绵成势。这种格局，其实在史前已初见端倪。但是生活在此间的人，是否和史前人类有直接的关系，则有待考证。

上元元年（760），漳州最后告别岭南道，直到今天。

闽之南

我们不知道，闽族消失的确切时间，但是"闽"作为独立的地理单元和文化单元，一直延续至今。

历史上的"七闽"北至浙南、西至赣东北、南抵粤东。这片区域，也就是后来有学者提出的"闽文化区"。秦时闽中郡和汉初闽越国的控制范围，也大抵如此。这种情形，一直到汉廷将闽越国一分为三为闽越、东海、南海三王国，才发生变化，后期闽越则保持现代福建基本轮廓。

与之相适应，古代的"闽南"，其北部应含莆田、仙游、尤溪一带，西部包括龙岩漳平，南部包括广东潮州、揭阳、梅州。龙岩与漳州保持一千年隶属关系，至清雍正十二年（1734）才独立建置，至今龙岩话仍是闽南方言的次方言。至于潮州、梅州，春秋时为七闽地，战国时为越人居，秦归闽中郡，汉初属闽越国。今天，潮汕人也属闽南民系。这就是早期闽南文化核心区的基本轮廓。

至于现代闽南，在地理概念中，现代闽南包括厦、漳、泉三个城市；而在文化概念中，也就是古地理上的文化核心区域，这片区域的中原文化取向最终确立时间在唐初。

从漳州城南石狮岩俯瞰，这座建于唐代的城市人烟辐辏。梁大同六年（540）龙溪置县时即有僧人在岩上修行。

闽越灭国后，闽地进入漫长的沉寂，烟瘴弥漫在闽南一带。那是闽越族人战败后尽徙江淮之地造成亚热带丛林自由生长700年的结果。这片依山傍海的广阔土地，再也没有出现过规模像样的人群。西晋时，闽地人户8300户，整个闽南不足千户。隋大业时，闽地人户12000户，合计人口不过5万左右。唐初也是这个水平。在江南地区快速成长的时候，无边的岁月淹没了她。

唐总章二年（669）至景云二年（711）是闽地重新崛起的一个重要年份。陈政、陈元光两任岭南行军总管率58姓军校入闽，这是奠定闽南文化根基的根本性事件，也是整个闽地彻底汉化的最后环节。作为福建历史上最大规模的军事移民行动，总计上万名军人及眷属带着中原地区先进的文化和生产技术成建制地进入福建和粤东地区。他们的到来，迅速改变了这个地区的人口和社会结构。作为这片广阔的区域里最强大的军事存在，府兵控制的范围覆盖唐时的泉、漳、潮三州，客观上形成了一个新的权力中心。随着中原文化进入成为不可遏制的趋势，在江南和岭南的接合部，重新形成了一个全新的文化区域。这片新的文化区域，也就是我们之前提到的古代"闽南"。陈元光创建的漳州，处于这片文化区的中心地带，左为泉州，右为潮州。在这片区域，古代中原汉语结合楚、吴、越人语言形成今天的闽南方言基本轮廓。一个讲闽南方言具有完整的汉人思想意识但又融合多个民族成分的族群从此成为这里的主人。仿佛是对700年前闽越族人举国徙往江淮往事的追忆，江淮子弟和眷属们重新踏入闽越故地。在这里，中原汉族和百越族相互融合，成了一个有8000万人口的庞大的族群的源头。

在这片土地上的一切被时光重新梳理过一遍以后，中原的基因成为主流，闽、越、楚的元素成为底色。

漳州，浮出了历史的水面。

公元十世纪，这个移民群体的后裔开始大量向外扩散，他们的目标通常是海的方向。公元十五世纪起，他们向东南亚、向台湾、向太平洋扬帆奋进，把那些被海水包围的地方，建成原乡的模样。无数的聚落变成一个个闽南血统的文化飞地，就像他们的祖先初来乍到时，把中原原乡河洛作为新建州郡的血统标志一样。

今天，生活在这些地方的人，仍然使用公元七世纪时的中州古音。人们用这种古音咏唱诗歌，就像唐明皇向杨贵妃咏唱的那样；有时，人们也试着用这种古音咏唱《诗经》《离骚》，就像屈原当年咏唱的那样。

这一切，都源于唐总章二年开始的那个历史性事件。

The
biography
of
Zhangzhou

漳州 传

大唐军人的荣耀

第二章

公元 669 年

公元 669 年，中国处于封建社会的鼎盛时期，大唐王朝已立国 51 年，国力日强，她的影响力，正在通过海陆丝绸之路源源不断地向世界扩散。

公元 669 年对整个世界来说，基本算是一个平静的年份。阿拉伯人已经崛起并开始入侵北非，摧毁那里的罗马政权。辉煌的君士坦丁堡也遭到围困，不过离东罗马灭亡还要等 784 年。此时，世界被不同的大洋分割，但彼此的互动已经开始。在亚洲水域和西亚腹地，阿拉伯人与中国人的贸易进入一个新的阶段。

在东亚，大唐的光辉正在照耀沉寂数千年的水域，倭国派出河内鲸来唐，这是第七次遣唐使团。随之，唐王朝派郭务悰率两千人的庞大使团去倭国。此行对后来的影响之一是唐王朝正式将倭国更名为日本。

著名的画家阎立本在此前一年被任命为右相，进入唐王朝的最高决策层。一千多年后，我们从他留下的《步辇图》《凌烟阁二十四功臣》中看到那个时候的大唐：雍容，自信，物质繁荣，精神饱满。阎立本被任命为右相时，战功赫赫的姜恪被任命为左相。"左相宣威沙漠，右相驰誉丹青"是王朝气象的写照。

公元七世纪是大唐王朝锻造自己军事实力的世纪。强大的边陲部族，给王朝造成巨大的压力。士兵从家乡被征召起来开赴帝国的东北、西北和西南边境。朝廷的意图是，以军事胜利稳定中央政权，同时收拢数百年战争留下的碎片化的边陲。位于北部草原的东突厥政权和东北方向的高丽、百济及西北方向的西突厥和西域地区将在这个世纪陆续称臣，帝国的军事实力从与对手的决胜中走向巅峰。

公元七世纪是一个大迁徙的世纪。帝国的经济中心开始从关中地区向中部和南部转移。来自中原地区的军人、农夫和商人向这些地方迁徙，寻找新的生存空间，也由此带来新一轮民族融合和文化多元。

公元七世纪还是一个变革的世纪。来自南方的士人通过科举考试确立他们的政治地位，取代关中贵族和突厥文化传统维系的政权基础。这种人才制度为日后每一个王朝沿用，对整个中国文化产生深远影响。新的税收制度即租庸调制正在试行，农民开始解脱土地束缚，生产力得到极大的释放，城市商业发展，国家财富在新税制下稳定增长。

大唐王朝的东南沿海，一个后来被称作漳州的滨海莽荒，遭遇了这个世纪。

公元669年，即唐总章二年，一支3600人的军队从光州出发向东南方挺进。数个月后，他们出现在泉州（福州）和潮州间的深山茂林。此前，这支军队经汉阴古道，进入湖北襄樊，沿长江水道到汉口，过九江，经鄱阳湖从闽赣地界仙霞关入闽地，最后抵达龙溪县北溪边。对于唐王朝来说，这是一次巩固东南边陲的小规模军事行动；而对于现在我们称之为漳州的这片土地而言，却是一次由蛮荒走向文明的历史性转折。

这支军队的统帅岭南行军总管陈政是朝廷的左郎将归德将军，曾祖是陈国开国皇帝陈霸先的弟弟汝宁王陈霸汉，祖为隋朝大司徒陈果仁，父为唐朝开国元勋玉铃卫朔府中郎将、怀化大将军陈克耕，兄弟陈敏、陈敷也

梁山，绵延百里，唐军曾屯兵山麓。（照片由云霄县博物馆提供）

是唐军将领。

副将许天正，宣威将军许陶之子。

营将李伯瑶，开国元勋卫国公李靖之孙。

府兵几乎来自江淮地区申、光、蔡三州。这是一次艰难的出征，迎接他们的，除了"蛮獠"，还有甚于"蛮獠"的疫病。

无论是这支军队的统帅陈政，还是他的123名将校，或者3600多名府兵，大约都把这种出征当成人生无数次征战中的一次。"行军"，意味着战争结束后将回归故里，重返田垄，等待下一次国家征召。谁也不曾料到，他们会从此长留下来。中原，成了回不去的家。他们和他们的后裔子孙，成了这片海滨莽荒的主人，从此带着河洛文化的印记，在距离唐都长安万里之遥的地方，生根发育，枝繁叶茂，然后四处扩散，成为一个在闽、粤、琼、台及东南亚有着广泛影响的族群。

陈政父子率五十八姓府兵入闽，源于"蛮獠啸乱"。

历史上被称作"蛮獠"的民族，有人认为他们是亡国后隐匿下来的闽越族后代，有人认为他们是从长沙一带迁来的武陵蛮，也有人认为他们是来自西南和海南岛的少数民族。学术界一般认为他们是生活在粤、桂、滇、闽一带的古百越族的后裔和现代畲族祖先。

当时，"蛮獠"处在氏族社会末期，居住在荒山野岭，刀耕火种，采摘、狩猎。他们如林中鸟兽，行踪漂浮不定，与生活在这片区域的从事定居农业生产的汉人摩擦时有发生。

六朝以来，北方地区进入长时间动荡，中央政权无力遏制南方诸蛮。朝廷派驻漳州一带的军队，只能驻守九龙江北溪之东，靠海很近的地方"阻江为险，插柳为营"，与"蛮獠"长久对峙。高宗时，闽粤地区终于爆发大规模的"啸乱"。

陈政、陈元光率五十八姓河洛子弟入闽粤，一开始便显示这不仅仅是次单纯的军事行动。

高宗皇帝给陈政的诏令严厉而充满期待。

"泉潮据闽广之交，岭南为獠蛮之薮。玉钤卫翊府左郎将、归德将军陈政，刚果有为，谋猷克慎，其进尔朝议大夫，统岭南行军总管事，挂新铸印符，率府兵三千六百名，将士自副将许天正以下一百二十三员，从其号令，前往七闽百粤交界绥安地方，相视山原，开屯建堡。靖寇患于炎荒，奠皇恩于绝域。筮辰佥吉，明发斯征。莫辞病，病则朕医；莫辞死，死则朕埋。斯誓斯言，爰及苗裔。汝往钦哉。"

在局势动荡的闽粤之交泉潮之地传统上不是汉族聚居区域，建立永久性的军事据点，遥控岭表，是整个国家战略布局的一部分。朝廷需要有一个稳定的东南，以便保护帝国的财源——江南地区，并且专心对付来自西北、东北、西南边陲的军事压力。而府兵前往的地方，是"炎荒"，是"绝域"，皇帝命令他们用生命开创帝国的新天地。

陈元光开始以一个军人的身份出现在漳州时不过十三岁。那时，府兵在闽粤的征战并不顺利。九龙江流域瘴疫流行，军队被阻在江东，一些流人、犯官便是这儿的居民。镇府将军在交割完后便匆匆离去，不过留下他的女婿丁儒做陈政的助手。在"蛮獠"呼啸而来时，府兵只能退守北溪边上的九龙山。

陈政的母亲魏敬率领援兵随后赶来。那是一次悲伤的远征，军队走到浙江须山（江山），她的大儿子怀化将军陈敏和二儿子云麾将军陈敷病逝。到浦城，疾病又带走陈敏之子元敬和陈敷之子元煦年轻的生命。

当年迈的祖母带着另一个孙子陈元光与陈政汇合时，正是农历正月十一。在唐都长安，人们沉浸在一片节日的喜庆里，再过几天，就是上元灯会。这座上百万人口的城市届时将迎来一场盛大的狂欢。在荒凉的闽粤之交，夜幕降临时，两支相逢的军队在寒风中埋锅造饭。九死一生，相逢是一种福气，一起吃饭也是。从此，漳属各地，每年正月十一相聚吃饭成为一种仪式。这就是流传至今的"吃福"。

魏敬，民间称"魏妈"，隋朝中书令魏潜的女儿，魏徵的堂姐，她的勇气让人想起花木兰。后来的确有人考据出魏敬还真是花木兰的堂侄女。她的父亲魏潜，据说是从花家过继到魏家的继子。当魏敬埋葬了自己的两个儿子和两个孙子以后，她的余年便和这片土地不离不弃了。

陈元光的军事生涯在国家召唤中猝然开始，这个喜欢写诗的固始少

陈元光（657—711）岭南行军总管，漳州的开创者，闽南文化的缔造者。（郭群燕摄）

年，放弃优雅的书舍，温暖的家园和唐都长安浮华的生活而选择追随父亲从军于蛮荒。他的名字从此和闽南紧紧联系在一起。在以后的岁月里，他将用武功展示他的抱负，用诗歌记录他的生活。

唐军恢复元气后开始向南进发，抵近古绥安县界，激战盘陀岭，进军梁山麓，屯居云霄火田。最终，在海滨停下脚步。

仪凤二年（677），陈政病逝军中。陈元光代父职，时21岁。在正式任命下达前，朝廷需要他以成功证明自己的能力。许天正、李伯瑶、沈世纪等一大批父亲的僚属辅佐他，就像对待他的父亲一样。当年走马长安的少年郎，迅速成长为叱咤风云的统帅。永隆元年（680），广东地面啸乱又起，先是崖山流寇陈谦攻陷凤州城（新会），后又有蛮獠苗自成、雷万兴攻陷潮阳。闽粤震动，潮州告急。陈元光两度出击，兵临粤境，先是擒杀苗自成、雷万兴，又于翌年彻底击溃蛮獠主力，俘万人。此后，四境之内，不再有重量级对手。蛮獠陆续归服。新一任岭南行军总管就这样在战火中诞生了。那时，他年轻，子承父职是命运设计的方向，但是做一个震慑一方的首领，需要他付出一生。

那是多么意气风发的日子啊，马鬣嘶风、龙旗闪电。玉铃万骑在金鼓交鸣中跟随少年将军，犁庭扫穴，纵横闽粤间。

唐军拓地千里，漳潮自此合流。

二十年征战，唐府兵将士在陈政、陈元光父子带领下收三十六峒寨，主帅一族，马革裹尸。二十余名将校，不见子嗣流传记录。战事艰辛，可见一斑。

若干年后，一部叫《杨文广平蛮十八峒》的小说感动了许多人。在那些故事里，年轻的玉铃卫翊府中郎将成了另一个朝代的将领。他将以杨家将的名义为国出征，从一场胜利走向另一场胜利。

帝国新州和她的名字

武则天垂拱二年（686），唐都长安依然高奏盛世欢歌。刚刚经历过战争洗礼的闽粤之交的那片土地，此时正等待一双精于梳理的手。

这一年十二月初九日，经过陈元光奏请，朝廷诏准在泉州和潮州间建立一州。陈元光就是首任刺史。僚属，就是他的将佐；州治，在现在的云霄火田西林。西林有江酷似上党的清漳水，此前已被想家的魏妈命名为漳江。漳江水绕郡城而过，这个帝国的新州便叫"漳州"，漳州辖两县。州治所在的县便叫漳浦，这是中原血统在粤闽之间刻下的醒目标志。

此后150年，陈政、陈元光其家族五代人主政这个地方，奠定这座城市的根基。

在陈元光的建州奏请抵达帝阙时，朝廷重臣裴炎、裴行俭、娄师德、狄仁杰透过这个年轻的将领的奏章，看到他的雄心和偏居东南的这块土地的希望。这是一个值得成全的请求。泉潮天万里，一镇屹中央。那镇，是军镇，将王朝的意志像楔子一样牢牢钉在闽粤之交。现在战火熄灭，林莽宁静，需要有生息让土地像肌肉一样生长在一起。

于是，一座新的城市诞生在军事据点、海滨丛林和瘴气之间。

云霄西林故郡古衙，往事依稀。（照片由云霄县博物馆提供）

当整个福建省和粤东最大的军事力量推进到闽粤之交的云霄火田，这个地方就是上述土地的军事枢纽。为这样一个军事枢纽配套一个地方行政单位，便成了顺理成章的事。

云霄火田，顾名思义，就是当年蛮獠刀耕火种的田地。陈元光将那个地方建成遥控岭表的军事中心，并将他的军队分成上、中、下三营。上营驻岳坑，中营驻西林，下营驻云霄山，众军环侍的中营自然就是州治的所在。就好像军队的最高长官，就是新州的行政长官一样。

火田镇西林村，这个漳江边的小小村落，保持着1300年漳州郡城最初的样子，一块视野开阔的冲积平原被梁山、乌山屏障，发源于平和的大峰山、灵通山的河流，绕过西林流入大海。故郡城呈狭长的椭圆形，周长4千米，面积1.5平方千米，城基、城垣、水门可辨，城北护濠依稀，北端是古行台遗址，生土夯筑的台，2万平方米的面积。曾经的赳赳武夫、遮天的旗帜、干云的剑气和刺破天宇的马嘶已经隐去，留下祥和的日光、无边的风。旧日的郡衙依在，军陂（唐军修建的水利设施）的水仍流，下营那些嗣圣、垂拱年间的碎瓦，仿佛刻着对帝阙的遥望。

将军的宅邸燕翼宫落成时，陈元光以《落成会咏》，渲染了那座最初的城市："筮宅龙钟地，承恩燕翼宫。环堂巍岳秀，带砺大江雄。轮奂云霄望，晶华日月通。凌烟乔木茂，献宝介圭崇。"

那座被诗歌吟唱的唐朝的城市，浮在云霄之间，后来那地方真被称为云霄。

这个帝国新州，州东西370里，南北390里，西北至上都6450里，西北至东都5640里，东至大海150里，南至大海180里，西北至潮州480里，北至汀州900里。

但是这个帝国新州，山阻海奔，初创时在册人口不过1400户，7000—8000人，而戍守的军人不超过这个数。当然，这里头不包括未归化的蛮獠。这就是3万多平方千米土地上的全部人口，甚至填不满一个现代的大型村落。

过了一千三百年，漳州成为一个拥有600万人口的城市，而那数千万生活在闽粤、台湾、东南亚讲闽南话的族群，有多少是开漳将士的后代，已经说不清了。

这是造化的奇迹，上天对一个族群的眷顾。

一个青年将军的远见，成就一片土地的未来。

公元686年，一群中原士兵在闽粤之交播下家国梦想，他们被后人称为"开漳将士"。在自己的家族，他们被称为"开基祖"。他们的首领去世后，被称作"开漳圣王"，他们在云霄西林建立州治，30年后迁往李澳川，70年后迁往龙溪桂林村，从此不再改变。

这个地方一直叫漳州，直到现在。

塑造东南新州

这场在闽粤间持续时间超过二十年的战争，最大的收获也许是在文化上的建树。其标志性的地点，是九龙江北溪之滨的松州。

唐景龙二年（708），龙溪县令席宏给漳州刺史陈元光的儿子陈珦写了一封信，信上说："吉甫归而万邦为宪，太丘处而四境无盗。为导民于礼乐，无混迹于渔樵。且十室必有忠信，而海滨世无仕进者，实无教之尤，非生资之丑。盖鹿鸣不闻清音，龙门焉敢高仰！望惟开其茅塞，勿托疾以薪忧。题请陈珦主持乡校。"

当时，朝廷已在中央设国子监，并且昭告州县于每年十一月贡生员给尚书省，参加科举考试，为国家培养人才。

陈珦，未来的漳州刺史，在万岁通天元年（696）举明经。明经科在当时是仅次于进士的科举考试。这一年，陈珦十六岁。在唐都长安做了十二年的翰林承者学士后，"疏乞归养"，以承旨归养使的头衔，来到父亲陈元光主政的地方，做起州文学，这是负责教育的职务。

陈珦接受了这一邀请。他的父亲曾经给他写过一首诗，其中一句是"载笔沿儒习，持弓缵祖风"。这是父亲对他的期待。

这所当时的闽南地区最高学府，设在九龙江北溪西岸松州，离当时的军事和行政中心漳江流域的西林，大约有两天路程。

松州书院所在地，就设在陈元光戍区四个行台之一的松州堡行台。这是北部戍区的核心地带，辖若干个堡所。它的上游浦南镇境内的猫仔洞和华安县汰内的桃源洞是传说中的蛮獠聚落，至少有三处府兵营寨扼守在那一带。人们如今仍能找到乌石山寨、赤鬼寨和烘炉寨的遗址。陈政当年退守的九龙山，也在这个地方。距松州书院不远的汉唐古道揭鸿岭，又称军营山，也是府兵营地。书院的下游便是"唐化里"。唐军安置归化蛮獠的地方。一些年后，陈元光和他的最重要的僚属许天正、李伯瑶、林孔著、马仁故后，也被安葬在这个地方。

这是闽西南水陆要冲，溪海之交，波涛激涌，汉蛮杂处，经济活跃，航道承载物流活力，至少延续到二十世纪中叶。

唐代著名诗人欧阳詹曾写有《晚泊漳州营头亭》：

"回峰叠嶂绕庭隅，散点烟霞胜画图。日暮华轩卷长箔，太清云上对蓬壶。"却是风景极佳处。

慕容韦也作《度揭鸿岭》：

"闽越曾为塞，将军旧置营。我歌空感慨，西北望神京。"又是另一种心情。

随后几年，这个年轻的州文学将带领一群比他还年轻的良家子弟，在军营边上读经、写诗，听军营士兵的号角，跃马扬鞭于北溪之滨。再过些时日，他们中的一些人，将远赴长安求取功名；另一些人，或许会吟着诗歌成为军人。那是一个精神壮硕的年代，唐都长安的气象开始出现在北溪之滨清凉的空气里。

如果要提取漳州七世纪末八世纪初社会发展的地理样本，最好的观察地点除了漳江流域，也许就是北溪边上的这片土地。开屯建堡、惠农通

传说中的屯兵处，日色金黄。（吴瑜琨摄）

商、兴办教育、民族融合，城市最初的发展脉络，被一点一滴地记录在北溪两岸。通过北溪的历史云烟，我们仿佛看到，那个一千三百年前的将军是如何带着那些来自中原的子弟，开始了东南新州的塑造。而他自己，也伴着随着这片土地，从他的少年、青年、中年走向他的晚年。

让我们回归时光，梳理这个城市的塑造历史，当府兵出现在闽粤之交，他们的行动，从开屯建堡开始。

开屯建堡，自秦汉以来一直是中原王朝对付边患的最有效手段。无论是蒙恬击胡，还是任嚣、赵佗伐越，建立军事据点和在据点间屯田是这些著名将领解决擅长流动作战的边境部族问题、建立不世之功的不二法门。具有游牧民族血统的李唐王朝在立国之初，采用的是一种称作"行军"的军事制度，每逢战事发生，由朝廷任命一名行军总管，即出征部队统帅。

临时征召士兵，待战事平定军队班师回原籍。但是，待到陈政、陈元光父子前往漳州，这样的机动作战已无力彻底压制此生彼长的啸乱。这种制度正在被"镇军"制度即常驻部队改变。

一种类似于我们今天所说的网格化的军事布局被设计出来。根据《漳州府志》记载，陈元光在四境之内建立四个行台、三十六个堡所，辐射漳州、泉州、潮州。这四个行台，一个在泉州游仙乡松州堡，上游至苦草镇，即今天龙岩地方；一个在漳州的安仁乡南诏堡，下游直抵潮之揭阳；一个在常乐里佛潭桥，直至沙湾里大巫（太武）山而止；一个在新安里大峰山，回入清宁里芦溪堡，上游直至太平镇而止。36个堡所，就是钉在四境的军事要塞。

这种战术，运用大量的军事据点，将防御建成体系，骑兵和步兵在堡所里整装待发，随时向对手发动攻击。农民在军队保护下耕作，军队从中获取所需，不必担心漫长的运输线被攻击的危险。尽管蛮獠数倍于府兵，但是，终究经不起这样的蚕食消耗。毫无疑问，作为一个人烟稀少的新州，漳州在帝国州郡系列中的重要性可以忽略不计，但是作为军事枢纽，却具有广阔的覆盖面积。主将陈元光，他的另一种身份是岭南团练使（泉州团练使），副手许天正，则为泉州团练副使。

这是一个极有张力的军事管控体系，区区数千府兵以点带面地控制着北抵闽江北岸、东临大海、南接潮惠、西连江西虔抚之地。今日的九龙江出海口厦门，是其战船工场，金门是其牧马地，粤东则是用兵主战场。这张网络的重心在漳州，枢纽在盘陀岭南侧云霄西林。警讯传来，府兵将士便从这个枢纽被投放到他们该去的地方。

李伯瑶一族的军职正好折射出这张网络的辐射能力。十三个儿子，皆以军功授职团练使，分守福建各地。长子李苤，袭职宣慰将军。次子李董，以水师都统总理海防。三子李萌，守新宁（长乐）。四子李莛，守延平（南平），兼巡闽江。五子李苇，守永贞（罗源）。六子李笙，守绥城（建宁）。七子李莳，守清溪（安溪）。八子李著，守武平。九子李英，守浦城。十子李华，守长溪。十一子李莲，守永泰。十二子李苍，守龙岩。十三子李菁，守建州（建瓯）。李家父子驻守在除闽北外的福建各地。

遥想一千三百年前，开漳首将率领他的玉钤铁骑，纵横八闽，"方圆数千里，无桴鼓之声"，号称"治平"。

陈政父子率府兵入闽粤，使大唐王朝在这一地区兵力大大增强。近二十年征战，解除了东南警讯。其时，江南地区已日渐成为帝国财源，不过，却是全国兵力布局中最稀薄的地区。唐初设府兵制，江南五府占全国兵府0.76%。开元年间，福州一地府兵不过1200人，缉盗尚可，平寇未免力不从心。

在王朝统治最为薄弱的地区，派驻重兵，配套行政机构，这种管理设计，使漳州地区成为王朝经济重心南移的一个环节。漳州初创，在整个江南地区的经济地位几乎可以忽略不计。彼时江南人户共80万。福、建、泉、漳、汀不过7万余户，不足江南地区的十分之一。而漳州不过1400户。在帝国诸州中，漳州不过是个低级别的下州，连刺史都没有资格在史书留下列传。但因位于江南与岭南地区的经济通道上这一天然优势，加上这里还有大量未开发的处女地，这个城市的前景仍然不可估量。

漳州被打造成唐帝国的东南城堡，其军事力量正在为江南最南端形成一道防火墙。惯于丛林作战的蛮獠，一旦抵近防御网络，即被消化于无形。于是，民族融合成了最自然不过的事情。

漳州的设置使岭南和江南两大经济区永久性地连接在一起。汉人移民开始大量地涌入潮汕地区与当地住民交错杂居。明末著名学者顾炎武考证，入潮定居的"中州之民"就是自唐初到泉潮平定"蛮獠"的开漳将士及其后裔，如潮阳的肖氏，来自龙溪。

与移民一起进入潮汕的是商贾。一条从九龙江西溪之滨经盘陀岭进入粤东的商路被拓通。此前，泉州港和广州港遥相呼应，漳州的设置使江南与岭南的联系又增加了一条陆路交通。今天，这条商道仍然是闽粤陆路交通主干道。

府兵入闽是一次由中央政府组织的大规模的军事移民行动。陈元光在福建首开屯田制，且耕且战，以养以教，大量府兵携眷属入漳落籍。原先持剑操刀的手荷锄使犁，不过是重归本原。军队推进的路线后面，又有大批汉族农民跟进。

唐初中原移民入闽，使闽南经济出现飞跃性发展。府兵出发的固始地处大别山北麓、淮河流域中流，自春秋以来就是著名的农业区。中原地区先进的农耕技术和生产技术迅速改变了原先的生产方式。军陂——军队修建的水利工程滋润大地。"陂"的称呼，沿用自豫南老家，一千年的时光飞逝而过，府兵开凿的云霄火田"军陂"尤在，湍湍流水，灌溉一千年前的垄亩。

陂，用于灌溉，也用于造田。彼时，海平面高于现在，沿海平原多在海中。府兵和移民便在漳江、九龙江南岸筑坝造田，中原的农业文明开始在闽南大地形成美丽的花朵。

古绥安留下大量荒地，在这个时候被分配给移民。中原地区的"租庸调法"被推行到这里，刺激当地农业生产。政府实行"通工惠商"政策。制陶埴，通商贾，近海多从事晒盐、造船。内地则从事制茶、烧瓷、织染。郡城所在之地，渐成商业重镇，坐商、行旅、摊贩聚集，每日正午击鼓开市，日落鸣钲收市。一座唐代的城市雏形开始在漳江边出现。

怀柔政策此时成为和平时期主调，战争的创伤由民族融合平复。移民和战争带来的男女失衡，通过蛮汉通婚加以调整。从主干道延伸出来的小径深入山里，久居山间的蛮民看到外面的世界，农耕生活散发出来的诱惑力，变得不可阻挡。"唐化里"——一种立意十分清晰的定居点，用来安置归化的百姓。在那里，蛮獠学会开垦荒地、播种谷物、建造屋舍。他们的邻居往往是汉人，彼此的婚嫁便是顺理成章的事。他们开始向政府纳税，但税赋减半。中原的习俗和礼制，渐渐成为生活的内容。这就是"民心有系，土俗转淳"，徙民落籍与"和集百越"的民族政策相互呼应，这是一个新的族群的源起。

陈元光的部属丁儒——那个亲历了最初战乱和凯旋的老镇将的女婿，后来做了州司马。他的《归闲诗二十韵》反映了和平生活的美好。"辞国来诸属，於兹缔六亲。追随情语好，问馈岁时频。相访朝和夕，浑忘越与秦……呼童多种植，长是此方人。"后来，他的后人一直生活在北溪边，枝繁叶茂。

陈元光在自己的诗歌里，描述了"唐化"山民的不寻常经历。"夜祝开皇弘德泽，日将山獠化编民"，"民风移丑陋，土俗转酝醇"，"德兹敷教化，清静加弥伦"（《静夜行师七唱》）。

一名有远见的行政长官，知道用什么方式来平衡社会张力。于景龙二年（708）建立的松洲书院是闽南首座书院，也是中国历史上有文字记载的最早书院。陈元光在戎马倥偬中创作的诗歌，以后结成《龙湖集》，这是福建的第一部诗集。在他的推动下，漳州开始走上封建科举制度轨道。

彼时，操着本地口音的士子已经行走在郡城的大街上。从书院传出诗歌的韵律飞扬在明媚的山间。在经历了若干个桃红柳绿的时节以后，大唐帝国的江南之南，中原文化传播如雨后春风一般滋润万物。

陈元光看着自己缔造的城市走向安定，百姓安居乐业，竟出乎意料地在一次与蛮獠残部的小规模遭遇战中阵亡。与他赴难的，有他的部将马仁和随行一小队士兵。时间是景云二年（711）十一月初五。

剩下的事情，由新一任漳州刺史、他的儿子陈珦来完成。

陈元光从总章年随父出征，征战沙场用了超过十五年时间。从创建新州到殉难，又用了二十五年时间，陈元光五十三岁的生命历程，超过四十年的时间，与漳州相依为伴。

过了一千三百年，松州村成了畲族村落，松州书院成了祭祀他的庙。村民供奉他的香火，也供奉自己祖先的香火。那庙，叫威惠庙，名称来自后世帝王的封赠，仿佛向世人讲述着，这个东南新州是怎么炼成的。

至于闽台及东南亚，漫长的海上丝绸之路沿途那些开漳将士后裔生活的地方，数百座威惠庙香火依然。

那是中原守护神的香火，原乡的香火。

胡商康没遮来了

胡商康没遮来了，他来的时间，是嗣圣元年（684），他是从什么国家来的，记载里没有说。他是从广州港来的，还是从邻近的泉州（当时叫丰州）港口来的？记载里也没有说。

唐朝在广州港已经设立市舶司，主管对海外贸易，几万胡商生活在那里。泉州港也开始兴起，和南海诸岛有了贸易往来。从波斯湾到中国涌动的物流，被商船驱动，成为一个盛大王朝的华美表象。琳琅满目的舶来品，包括飞禽走兽、毛皮羽毛、香料药物、金属宝石、贵重木材和宗教器物书籍，引领社会风尚，就像那些伟大的诗人咏唱的那样。物质对大众观念起到了超乎想象的冲击和影响。

公元八世纪是大唐王朝走向国际时代的黄金世纪，那些跨越大海、穿过沙漠而来的奇珍异宝，包括佛教教义、医学药理、美酒佳酿，以及昆仑奴或者胡姬，还有关于它们或者他们的夸张奇异的想象，被拥抱入怀。在提供丰满的感官享受同时，为王朝注入旺盛的生命。

康没遮是来干什么的，没有记录。不过一个胡商，从遥远的国度到烟瘴之地，恐怕不是百无聊赖时随心所欲去做一个意兴阑珊的远游。通过闽粤多少还是件冒险的事，那条路，按现代公路的标准，充其量只是林间小路，有象群和虎豹出没，两侧林莽则潜伏着敌意。

值得注意的是他到的地方是漳浦的温源溪。温源溪就在闽越故关盘陀岭附近。数年前，陈元光在这里打败了蛮獠，此后便成了府兵的一个重要据点。驿站大致也是在建州后修了起来。不过此前，至少已有旅舍提供给过往的商旅歇脚。

作为闽粤陆路交通的唯一通道，盘陀岭是闽粤开发的历史的见证，曾经关乎国家的命运、王朝兴废。汉王朝、闽越国、南越国、南海国的权力消长，影响许多人，商人、征夫、流人、谪官的命运。

那些王朝著名的人物，比如宰相，比如大臣，在朝廷忤逆圣上，或者在党争中落败被贬往岭南，通常会经过这里。他们从长安，或者东都洛阳出发，花大半年时间才走到这里。中原风物渐杳，停下脚步，盘点心情，过了一夜，第二天再出发，就到岭南了。常衮、韩愈、李德裕、许浑、李郢就是这样去了潮州、去循州、去崖州。再以后的李纲、文天祥、宋帝赵昺……也这样去了。

在康没遮之后164年，大中二年（848）五月，唐朝的卫国公李德裕被贬为潮州司户时，带着他的珍玩和昆仑奴落脚在这个地方，写下了《盘陀岭驿楼》，"嵩少心期杳莫攀，好山聊复一开颜。明朝便是南荒路，更上层楼望故关。"这是一首充满惆怅的诗歌，眼前好景，无望的南荒，温馨的故土……仿佛盘陀岭在旅人心中的千年意象。

当164年前的康没遮来到这里，大约是不一样的心情吧。

在车水马龙的闽粤交通干线一侧，今天盘陀岭古道依稀，蒲葵关断壁残垣尤在，"盘陀岭上几盘陀"的诗句，让人想到那个胡人万里行商的满目烟尘。

有一点是可以确信的，江南与岭南的通道，从此永久性地被打通了。

53

盘陀岭，闽粤故道尤在，商旅的脚步声已远。（林伟聪摄）

士兵保护商旅的安全，驿站安慰行人的心。

　　康没遮自然只是盘陀岭的过客，就像一千多年来无数的过客一样。兵营和驿站大约留不住胡商的脚步。不过，他交了钱，在这里美美地洗了一次温泉浴。至于驿站的饭菜可口不可口，床铺舒适不舒适，岭上的月光美好不美好，就不那么重要了。总之，他很快离开了。他是朝漳江边的郡城走的，还是朝方向相反的九龙江边龙溪县来的，相关记载中也没交代清楚。

　　这段故事来源于已经失传了的《漳州图经》，不然，我们也许还能读到类似于《山海经》中的故事。而我们是在明代的《漳州府志》中读到的，但关于这段记述也语焉不详。

　　胡商康没遮在盘陀岭的出现，就像给平静的湖面投下一块小小的石子，微波荡漾之后，了无踪迹。不过，这种散落在岁月中的碎片化的信息，透露出漳州雏形期有趣的信息。

　　相对于挤满西域商人的长安，胡商康没遮的出现无疑像外星人一样稀罕。但是，对一个人口规模超级小的新州，却是经济萌动的预兆。在漳州建州前的公元684年，这块大乱初定的土地，生机复苏，并且吸引外部世界的眼光。

此时，唐王朝的对外贸易口岸，主要在两个城市——岭南的广州和江南的扬州。广州主要从事南海和印度洋贸易。扬州，主要从事日本与朝鲜贸易。处于江南和岭南接合部的漳州，有机会从两个方向接受舶来品。此时海舶已经开始在海上航行，陈元光甚至在诗歌里记录了这件事，与南部海洋的中转贸易已经开始了。我们不知道康没遮带来了什么，香料大约是最受欢迎的舶来品。

康没遮之后，漳州的对外贸易，曾经发生哪些变化，没有记录，都失落在历史的烟尘中。

到了唐代中期，福州已经成为唐王朝重要的对外贸易口岸，泉州也跃跃欲试。

公元772年，即唐代宗大历七年，一个叫李椅的皇族出任福建都团练观察处置使。他到任时，发现了闽地的一个现象，"闽越旧风，机巧剽轻，资货产利，与巴蜀埒富，犹无诸、余善之遗俗"。商业正把闽地带向繁荣，处于诸港之间的漳州接受其辐射，是自然不过的事情。

到了五代十国，漳州属于王审知的闽国。王审知与浙江的钱镠及广东的刘龙天都重视海外贸易。诸侯割据，人丁有限，维持一支数目不小的军队，没有海外贸易，大抵是做不到的。此时，漳州海商开始开着海船到广东与外国商人互市。南唐保大十六年（978），也就是宋太平兴国三年，记录又出现了三佛齐（印尼巨港）镇国李将军来漳州贩卖香料，捐钱在城西建了一座普贤院，"镇国将军"——一个朝廷的封号出现在一个藩商身上，表明他和南唐朝廷的重要关系，以及他是一个在本国颇有地位的贡使。而据说，这个李将军是开漳将领李伯瑶的后代。三佛齐是地处南海要冲的一个佛教国家，太平洋与印度洋交界，距漳州约40天路程，阿拉伯人、波斯人从西亚过来后在那儿休整再航往中国,中国的货物也往往通过那儿进入印度洋。若干年后,那里将是漳州商人的聚居地。

实际上,关于漳州在大唐王朝及这个朝代终结后那段纷乱的岁月的原始记录大都已经遗失了,时间给我们留下一个巨大的悬念,但我们还是可以从后世对这个朝代的间接描述感觉到她与外界逐渐缩短的距离。

这个自公元686年设立的州郡,经过两个世纪的发展,在与江南和岭南的互动中逐渐成为相互关联的经济体。

做一个唐人

生活在闽粤之交的这一族群,他们从什么时候开始称自己为唐人的?500年前?800年前?不知道。

他们出发时的那段时空,以及传说中云蒸霞蔚的盛大气象,就这样深深地镌刻在一个族群的历史记忆里,从一代人传递给下一代人,从一个世纪传递到下一个世纪。

那是一个多么辉煌的时代啊,一个王朝正在大步走向全盛,强邻环伺,却抵挡不住勃勃雄心和前进的脚步。当来自西北、东北、西南的对手潮汐般溃去,长安成为世界文明的高点,只有地中海边上的古罗马能与之媲美。

大唐王朝的总章二年,即公元669年,他们的祖先作为"唐人"来到百越之地,海滨莽荒,天涯化外。不过,唐都长安的灿烂烟霞支撑他们把路走了下去。

他们从此有了北望的习惯,当他们离开温暖干燥的中原腹地来到水汽氤氲的闽粤异乡,他们是征夫、是旅人、是游子,心怀梦想,等着回家。一等就是十年、二十年、三十年,一生,来生……当他们知道,再也等不到回家的命令时，统帅、将校、士兵卸甲解鞍、驱牛耕田，从此长作此间人。

他们小心翼翼地收集与那段出发时空有关的记忆，比如出发的时间——总章二年；出发的地点——光州、蔡州、申州；出发的命令——高宗诏书，出发的人数——3600人，包括123名将校。以后的近万人，八十四个姓氏。新州建立时间，他们也记下了，武则天垂拱二年十二月初五日，至于八十四个开漳姓氏（含眷属），能够坚持下去的，无一例外地把他们的来历伸向中原。比如颍川，那是陈姓的源头。

他们记录初来乍到时的艰难窘迫以及牺牲的惨痛，他们记录对手的姓名、来历，然后他们记录他们是如何一个脚步一个脚步地站稳足跟，如何征战，如何耕耘，如何治理，如何从几千人开始一个盛大的故事传奇。

一代又一代开漳将士的后裔，如此认真地保护着那段与大唐王朝有关的记忆链条。

漳河，成了所有故事的源头。然后有了漳江，然后才有漳州、漳浦。在之后所有的时间里，这里发生的任何事情，都与"漳"有关，上党清漳的"漳"，直到今天。

家乡再也回不去了，就再造一个家乡。在异乡，把对原乡的那段刻骨铭心的记忆，把一个伟大的朝代变成族群的图腾。

他们在一片广阔而荒凉的土地，建起星星点点唐朝的城市和村落。他们让那些城市和村落，充满中原的面孔和中原一样的炊烟，田垄上走着和中原一样的牛羊。他们把所有与大唐王朝有关的生动的表情，添加到这里，并且让河洛的语言从远古流传到今天。

等到那出发的地方的一切如烟云一般散去，万水千山之外，粤闽之间，中州古音仍在。不错，他们理应记住这个朝代，他们这个族群来自这个朝代，并且继承了这个朝代的语言、诗歌和进取精神。

此水如上党之清漳，故名漳江。（照片由云霄县博物馆提供）

到了2007年，他们生活的这个地方，一个"闽南文化生态保护区"成立了。这是国家在"十一五"规划期间确定的十个生态文化保护区中的首个示范区。

大唐王朝是一个擅长远行的王朝。公元七世纪到九世纪，大唐王朝的子民们踏歌而行。"大漠孤烟直，长河落日圆"，"羌笛何须怨杨柳，春风不度玉门关"，"渭城朝雨浥轻尘，客舍青青柳色新"……他们走向西北，走向东南，他们走到哪儿，诗歌就到哪儿，故乡就在哪儿。他们中的一支就这样走到闽粤之交处，成了闽南族群的开头。

唐人在新土地上的成功意味着他们的后代在走向海洋时有了可以复制的经验。

公元十世纪的时候，这一群人的后裔，开始成群结队地去寻找新的他乡。陆地已经到达尽头，但是海洋却刚刚开始。十六世纪，亚洲水域飘满了福船的白帆。人们御着风,从一个岛屿驶向另一个岛屿,从一个码头航往另一个码头。

就像他们的祖先离开中原腹地时一样,新的一轮复制就这样开始了。

他们花了200年时间,用一千年前的方式把台湾复制成了第二个闽南。他们把原乡的语言、习俗、神祇、建筑一点不漏地复制到他乡,不能搬走家乡山水,就搬个名字吧,如当年的河洛。

他们把南洋诸岛变成贸易的王国,拓垦的王国。

不错,他们继承原乡的文化传统,并且努力做新土地的主人。

他们从中原走向海滨,从海滨走入大海。因此他们的身上混合了山与海的全部特质,这就是唐人。

从那个时候开始,那些离家的人,开始称自己为"唐人"。他们出发的地方叫"唐山";他们的开基祖先叫"唐山祖";不过他们说的话,叫河洛话。洛河是这种语言发源的地方,而他们把自己叫河洛郎,在他们流动的水域,他们被叫作福佬。在唐音,河洛和福佬并没有什么区别。

从中原出发的这群河洛郎,走了一千多年的路。当他们扬帆海上的时候,他们发现自己,仍是"唐人"。

The
biography
of
Zhangzhou

漳州 传

宋人的风韵

第三章

宋朝的那些如烟往事

（一）

大约在公元十世纪至十四世纪，全球气候变得更加宜人，粮食供应充足，人口生息繁衍。在欧洲，人口增长至少 50%；在中国，草原游牧民族崛起，与中原汉族形成并立之势，世界以及中国国内格局产生了一系列变化。

这个时期，是中国的宋王朝时期。

公元 960 年，宋王朝在中国建立自己的统治。

中国随后进入封建社会经济和文化最为繁荣的时期。在西方还处于黑暗的中世纪时，大宋王朝政治开明，科技发展，儒学复兴，商业兴盛、人口剧增。这是当时世界上最富裕的国家，无论是财政收入、民间富裕程度还是社会经济繁荣程度都远远超过盛唐。

西方和日本史学界常常把这个朝代看成是中国历史上的文艺复兴与经济革命时代。

在大宋王朝统治的三百余年里，这个王朝一直面临周边少数民族政权的挑战，疆土局促，军队士兵不再有汉唐那样纵横草原的气势。但是，强大的文明力量却对辽国、金国、西夏、吐蕃、回鹘、大理、高丽、日本产生深远的影响。王朝统治重心从盛唐时西北一隅的关中平原向东南迁移。南方长江流域成为经济重心。

1125年，金国南侵，当年世界最大的城市汴京在数万金人的攻击下陷落，皇帝和数千宋皇室、贵族被掳向北方，失去了自由和浮华的生活，北宋消失了，留下梦一般的《清明上河图》。

南宋在建立时，国土进一步收缩，国家权力中心转移到临安。这对未受战火侵扰的江南是一个难得的发展良机。在失去大半土地和赋税之后，南宋朝廷更加倚重海洋。福建地区由此进入王朝统治的视野，闽南开始显山露水，成为统治集团的后方基地。泉州与阿拉伯人建立稳定的商业关系，朝廷在那里设立市舶司，像广州一样。

1129年12月，南外宗正司——宗室的管理机构也迁到这里。2300多宗子来到这座城市。1134年9月，高宗皇帝命六宫从温州坐船来到泉州，又有大批宗亲贵胄和中原士族来到这里。他们屈尊移驾不外乎两个因素，避祸、地方供养。充斥在市井的舶来品和大量使用来自南海的香料，是贵族给这座城市带来的生活时尚。大批番商生活在这里，泉州成为南宋王朝的海洋贸易的重要门户。

至于与泉州比邻的漳州，要释放出令人难以置信的力量，还要等一些时候。

（二）

在更多的人来以前，漳州还有大半时间的荒芜，鸟与兽成群、茂林还在生长，生活还有些生涩。与浮华的汴京、如梦的临安，有一段遥远的距离。不过，经济中心南迁和北方人口大量南迁已经成为一种趋势。避乱是一层因素，生态环境恶化导致生存压力是另一层因素。处于王朝统治边缘的闽南是一个值得期待的居住地。原先的瘴疠之地漳州，正在迸发出新的生机。至少，面对权力中心，她现在比潮州近了，而邻居泉州已经成为国际著名的港市。漳州往潮州去300余里，往泉州去300余里，处于两个州的中间点。闽南粤东物流的孔道，让人看到她的前途。

宋代是继唐以后又一个人口大迁徙的时代，不同身份不同经历的人迁徙抵达这里，士族、商人、兵士、农夫，讨生活的、流放的、躲债的，最后连灭国王族也夹在逃难的人流中来到这里。

一些人是和平时期来的，高登的祖先在宋神宗熙宁二年（1069）从浙江绍兴来到这里，为的是躲避政府债务即青苗债，两个孪生兄弟带了子女从人文荟萃的绍兴来到江南的边缘，弟弟去了福清，兄长高逸到了漳浦杜浔东山岭，成了闽南高氏始祖。

绍兴二年（1132），债务人高逸的后代高登中了进士，终其一生，他的地位说不上显赫，但是却拥有不错的声誉。因为反对为秦桧父子立祠，下过狱，出狱后编管漳州，这倒有利于他的声名。他的诗文和学问也好，时人称他东溪先生。

战乱带来了一大群人。柯氏，潮州太守，先世居江西广信府，金人南侵时隐于漳州府龙溪县二十五都良村，子孙遍及闽南。卢氏，始祖卢先绸，其子孙也是这个时候由江西入闽，分布在漳州、同安一带。

一些人来了又走，比如谪官。高宗朝的宰相赵鼎到这里只是过客，这个中兴四相中的第一人，名字还在李纲之前。一个倔强的老头儿，岳飞的伯乐。先被高宗看好，因为忤逆秦桧被罢相，迁到绍兴，又徙泉州。归朝，还是倔强。谪兴化军，再安置漳州，又安置潮州。离朝廷越来越远，最后死在吉阳。

建炎年间，孔子五十五世孙孔任率子克权避兵入漳，他们和他们的后裔就住在文庙，陪伴他们的祖先，直到几百年后的明正德时。

靖康之乱是北方移民大量移入闽南的重要时段，朱熹说："靖康之乱，中原涂炭，衣冠人物，萃于东南"。建炎之后，江、浙、湖、湘、闽、广大量战争难民涌入，迅速改变这里的人口规模和社会结构。沉雄刚劲的北方口音流行于江南与岭南的市井和山野、乡间，身份标识在逃难的队伍中失落，所有人都要面对莫测的前程。

到了南宋末年，一些灭国王族在最后边跟着逃难的人群来到这里。天潢贵胄和他们的侍臣隐去了自己姓名，藏匿在海滨、山村，像平民百姓一样日出而作日落而息，幸运地躲过了蒙古人的清洗，保全了赵氏余脉，过些年，也成了当地盛族。

这些陆续抵达的人，不管曾经经历了什么，大抵有了新的开始，彼此照料，互相习惯，过了一两代人，开始穿木屐、嚼槟榔，说话带土音，让亚热带日光把皮肤晒得黑红。

至于如梦的临安、舒适的故宅，别了。

他们带来了许多有价值的东西，比如文化修养成了这里的一部分。这使原先有些稀薄的一段历史浓稠起来，漳州的面目也就丰饶了。

（三）

历史的逻辑常常是这样，王朝的权力中心动荡，对权力边缘地区倒是一个机会。因为远离争夺与流血，那些地方是合适的避难所，尽管最初会面临许多困难，但对于仓皇无助的人，却是新生活的开始。

东湖，从宋代一直到今天。

　　从唐末至南宋，400年的时间里，北方经历了若干次的战乱，每一次战乱，福建人口却会显著增加。北宋初年，福建人口是唐后期的6倍。南宋初年，又比北宋末年增长三成。两宋之交，福建人口激增33万户，漳州增速更快。从唐元和年间（806—820）至北宋元丰初年，漳州人口增长幅度高达318%。

　　这是漳州社会历史发展的一个关键时期，那些早先人烟罕至的地方出现了村落、市镇。

　　那些来到这里的人发现，这里一年四季比北方温暖，雨水也多，冬天几乎不下雪，充足的日光好像可以催生作物，种下的东西总是比老家成熟得快，产量也高，一年到头，总有吃不完的水果。花也开得娇艳，这一切仿佛都在证明，只要肯努力，自然的馈赠会越来越丰厚。

　　越来越多的人从北方来到这里，他们先在平原生活，然后把山地填满，早先的湖田不够用了，便到海滨和深山，开发埭田和梯田。

　　神宗熙宁年间，龙溪县一个叫谢伯宜的大户自己筹资疏通了九十九坑水，把那些地方变成沃土，每年收入巨万。然后许多有能力的人也跟着这么做了。

海澄一带，早先是"斗龙之渊，海鸥之渚"，人们结茅而居，捕鱼为生，荒凉得很。围垦后，海滨之地悉为沃壤。也正是在那个地方，出现了最初的港市。

今天，那些古老的地名，比如渚、港、浦、埭、塘，往往是宋人围海造田的遗痕。

水利设施建设是土地深度开发的一个环节。据吴宜燮的《龙溪县志》载，"绍兴十九年（1149）秋，沿凿渠凡14处。""自溪导水，以次而上，向之所谐高平之田，悉治其利，计其所溉，无虑千顷，上存以备天时，下有以尽地利"。绍兴十九年的郡守刘才邵又领人凿渠叫"新渠"。淳熙二年（1175），唐人丁儒的后代丁知几修"官渠"，"上通柳营江，下通石美，长二十余里，溉田二百余顷"，庆元三年，郡守傅伯成在九龙江下游垒石为堰，长一百三十丈，溉田千余顷。嘉定时，有"郑公渠"；淳祐，又有"章公渠"。海口青礁的颜唐臣家族，连续三代围海造堤，计4000多米，填淤造田，是为盛举。

北方使用的农具也在漳州广泛使用，耕种水田的犁，车田工具秒，插秧的秧马，"龙骨水车"在岁旱时汲水灌溉田地。

水利兴修和耕作技术进步带来农业生产的巨大发展。在沿海，有两种田地土质特别好，一种是湖田，就是填湖而成的土地，是最优质的稻田；另一种是潮田，就是围海而成的，等淡水冲灌后，也是良田。这两种田地，种水稻一年两熟。到了北宋大中祥符年间（1008—1016），源于越南北部的占城稻，被引进到闽南，然后向各地扩散。这种水稻，产量远高于其他稻种。占城稻直接促进了人口的大幅度增长。在漳州，人们称它为"占粟"。几种经济作物在全国也很出名，比如甘蔗、茶叶、荔枝、龙眼和柑橘。棉花，又名吉贝，外来物种，宋代传到中国，经济效益极大。甘蔗的广泛种植，为闽南漳州制糖业的发展打下了基础。一些年后，漳州成为全国著名的糖产地，从这里运出的糖品销往日本、南洋。制糖师傅成为台湾糖业的中坚。

宋代是我国古代农业发展的一个决定性时期，整个农业开始向精耕细作方面发展。宋代漳州的田地管理理念和人们在农耕技术上的成功意味着他们的后裔走向海洋时仍保留农耕文化的特色，那是他们谋生的根本。一些年后，这块土地上的人，无论是辗转原乡还是漂洋过海，农耕文化伴随人口迁徙步伐，并且在新的居住地生根发芽。

这是漳州社会历史发展的一个关键时期。随着人口的快速增加，那些早先人烟罕至的地方，星星点点地散落着一个个村落，鸟兽隐匿到山林。平原白水纵横，远远近近的，如棋格一般。至于山地，田垄高低参差起伏，如叠加的龙鳞。自然环境变得越来越适合人类生存。

清代《漳州府志》还提起这种现象，"中兴（南渡）以来，生齿日繁，漳之事物，益非昔比"。

农业技术的快速发展使漳州的土地滋养越来越多的人口，而保持一个地区的人口规模是刺激经济活力和形成自己城区文化特色的物质基础。依靠农业的发展，漳州积攒了兴起的人口。为海洋贸易奠定了物质基础并形成了足够规模的手工业。

"顺天时，尽人力"，与土地关系的日益深厚影响人们精神生活。

士大夫往往告诉人们，怎样做一个好农民，如何勤于耕畲、勤于耕耘、勤修沟塍、勤于粪壤。农业生产不仅是生存，还是一种道德指标和行为准则。

大儒朱熹来到漳州时，说得更具体。他指导人们，在秋收之后，必须趁冬天未到，赶紧将户下的田地，用犁耕动，让它们保持酥脆，待正月过后又这样做过数遍。这样做的目的，是要让田泥深熟，土肉肥厚，种上的禾苗容易生长，并且保持充分的水分。

（四）

至宋代，朝廷派遣到漳州的官员，出现了一批著名人物，比如蔡襄、真德秀、李弥逊、朱熹，这就意味着漳州的分量开始受到朝廷的关注。至于这种关注，毫无疑问，源于这个历史上的荒芜之地正在源源不断地释放出新的活力。而儒学渊源深厚的士大夫的到来，将催生农耕文化的美丽花朵。

公元十三世纪，九龙江流经的漳州平原成了富庶之地、鱼米之乡，一年四季盛开着灿烂的花朵，仿佛春天从不曾离去。空气中飘着稻菽和瓜果的清香，江水湍湍，风物繁盛。

不知从什么时候开始，人们把九龙江流经平原的这一段叫"香江"，把自己生活的郡城叫"香城"，仿佛所有的日子开始散发出植物的香气。在古汉语里，"香"近"芗"，再以后就有了"芗江""芗城"。

离芗江边上松洲堡不远，有一个村落叫香洲。现在据说，已经没入到江水里。香洲村边上有一个香洲渡，若干年前，一个叫陈淳的人从这里渡江、进城，去看望正在城里当知州的老师朱熹。

生活在香洲村的陈淳，是宋代有名的布衣学士，是个有学问的人，作为朱子理学的传播者，《宋史》记录了他。当地人则称他"陈北溪"。

在土地散发出大自然清香时，一种精神的芬芳，也悄悄地在九龙江畔绽放。这是农耕文化在漳州地面上滋养出来的花朵。

若干年后，当这片土地向海洋绽放，这就是她所能调动的全部积蓄。

寻找一座宋代的城市

（一）

嘉熙初年，漳州东厢，一座巨大的石桥出现在九龙江北溪柳营江段，这是世界上最大的石梁桥，人称江东桥。

这座桥"其长三千尺，址高百尺，酾水（桥孔）一十五道，梁跨于址者五十有八，长八十尺，广博皆六尺有奇……"

800年前，一个边远的州郡，建造了这么一座世界级的石梁桥，涉及的不仅是资金、技术，也包括人的眼界。

虎渡桥建成时，一个叫黄朴的宋人在《虎渡桥记》中描述，"渡在溪海之交，飘风时至，蒿师难之"，全然不似今日江宽水缓气象温和。虎渡桥重修时，又有一个叫陈让的也在《重修虎渡桥记》中描述"东奔如雷霆，入地深不可测，则立址于重涛悍流之中，似非天匠鬼工，莫能措手。"

这是一座高难度的石桥，造桥时间花去三年又一个月时间，耗资30万缗，工程款部分来自财政支出，多数则是民间捐款。石梁每条长22—23米，宽1.15—1.2米，高1.3—1.4米，重达200吨，至今人们还弄

老照片里的江东桥，英国人摄于1900年。

不明白，宋人究竟用什么技术把它们搬到这里，又用什么技术把它们安放在溪流之上。英国剑桥大学的李约瑟博士在《中国科学技术史》一书中曾说"江东桥是一个有趣的历史性问题"。人们常常用"令人惊叹"来描述这项工艺精湛的宋代造桥工程。在漫长的岁月里，江东桥"涨不能没，湍不能怒，火不能爇，飓不能倾，极为坚固"。

人们对建造这座桥梁保持了高度的耐心，从绍熙年间（1190—1194）郡守赵逖伯在这里联艘建造浮桥开始，嘉定七年（1214）又有郡守庄夏始于此垒石为墩，建造木桥。再到嘉熙六年郡守李韶倡改建石桥，时间跨度四十年，数代官民齐心协力，终使桥成。那桥距郡城三十里，凌空一跃，成为泉州通漳州及广东的咽喉。

虎渡桥建成时，九龙江水道也基本通航。这对日后漳州成为闽粤赣交通枢纽起了铺垫作用。龙溪县的北溪、南溪、西溪，长泰县境内的龙津溪，漳浦县的李澳溪、鹿溪及龙岩的龙川、曹溪、罗溪相互交汇，全境形成纵横交错的水网。九龙江上游的物流，通过水路抵达海口，再航往沿海各地。这种靡费物力、人力的大型工程建设，不是政府工程是做不到的。

驿站制度则为我们勾勒出宋代漳州陆路交通概况。

宋代驿站制度日趋完善。要道设驿，非要道设馆。除驿站外又设铺，用于传递公文的机构。早先，郡城有迎恩驿，朝东往大海方向有迎寿、通涌二驿，往南有仙云、临水二驿。郡守傅伯寿创立一种随铺立庵制度。铺庵合一，令庵僧主之，以待过客。郡守则为庵置田养僧。

当年，郡城往东到泉州、同安地界有鹤鸣、通源、龙江、鱼孚四庵，往西有至龙岩驻车、登龙二驿，往北至长泰有武安、使星二馆。

最著名的是南路往潮州方向，设十三庵，等于有十三个驿站，从漳州郡城至潮州这段路是江南与岭南的交通孔道，商旅往来不绝。间隔十余里，就有一个休息站，僧人可以提供温暖的茶汤，饭菜也许没有家里可口，但足可疗饥。重要的是旅途已经不是那么危险，至于旅人走时或多或少有一些布施，向神明祈福，也感谢寺僧的款待。以庵代驿是一个十分人性化的设计。

此时，漳州郡城不再是被丛林包围的城市。

随着寺庙的钟声和木鱼声流荡在这条商道上，人烟在道路两边渐渐稠密，与中原已经没有什么区别了。

木棉庵，南路自漳州郡城出发的第一庵，庵边广植木棉，得名。德祐年间，木棉庵发生了一起朝廷谪官被杀案件。死者贾似道，南宋王朝皇太后的侄子、南宋最后的权臣、前右丞相、太师、平章军国事。杀人者郑虎臣，监押官，会稽县尉。

那个宋王朝著名的纨绔子弟，善促织，亦善误国。靠着在宫里做妃子的姑姑的庇护在仕途上一帆风顺，却在1275年忽必烈兵临襄阳时遁逃，最终被朝廷发往高州做团练副使，安置地却在循州。这是宋朝让犯官聊度余生的一种方式。

冯梦龙在他的"三言二拍"里，绘声绘色地讲述了一代奸臣的末路，出发时还有妻妾成群、豪车骏马，一路行来，家资、随从散尽，惶惶如丧家之犬。在漳州城忧心忡忡地度过了他人生的最后一夜，第二日，在郑虎臣驱赶下，到木棉庵，自知大限将至，服冰片，腹泻，奔厕所，被郑虎臣数锤击杀。

木棉庵从此成了文人墨客、忠臣义士怀古抒情的地方。过去八个世纪，那条从漳州往潮州的大道上，其他十二庵已消失在云烟之中，唯木棉庵犹存。庵前车水马龙，那段故事竟成这条千年商路上最深刻的记忆。

至宋代，一张完整的水陆交通网络把漳州和其他城市连接在一起。水让路途变得轻松，驿站收缩了城市间的距离，木棉庵那件大快人心的事，让人找到在无意间记住漳州的办法，至于那座神奇的石桥，英雄过往，凡人去留，至今仍在。

（二）

到了南宋，城市开始显露她的丰韵。

这座在唐贞元二年（786）才建起来的郡城，在九龙江西溪之阴、登高山之阳桂林村，有不错的地理条件，大江东往、诸峰环顾、气象明朗畅透。

不过，这是村落一样的城市，充斥着形色匆匆的军人和官员，平民屈指可数，道路泥泞不堪，与其说是城市，不如说是要塞。粗朴、阳刚，没有想象中的温婉与喧哗。

大规模的造城运动始于宋太宗在位期间，人们开始筑土为墙，围墙里，依然是个相当粗糙的袖珍城市。

宋真宗咸平二年（999），挖浚壕沟，环抱子城。祥符六年（1013）郡守王冕浚西濠，开凿西南水门，接潮汐，令舟楫可自由穿行于城市。庶民居住的外城，用木栅围住，周长十五里，城市扩张了4倍。这是今天我们仍能隐约看到的漳州城市的轮廓。

宋高宗绍兴四年（1134），郡守张大成拆子城，将东西北外围木栅拆除，改筑土墙，南面以溪流为城墙。

宋嘉定四年（1211），郡守赵汝讜将东城墙改为石墙，宋理宗绍定三年（1230）又砌三面石墙，围三千丈，辟七门。至此，漳州开始有坚固的石城墙。

淳祐九年（1249），郡守章大任筑城背并沿城墙修环城石路，城中街道皆以石铺路。

这是一座真正的宋代城市，布局与山形水势呼应，坚固的城墙，合理的市政设计，道路全部硬化，水道环绕，与南门外溪流互通，舟楫往来，导引城中人流物流。一座座石桥架在水岸，缩短道路距离，岸边遍植榕树，为行人遮阴避雨。整个城池因形循势自西北向东南下降，利用旧城壕建成的交通和排水系统，将城外东西二湖连接在一起。迎纳温润的东南风，保持城市水流洁净。而那座千年府署，就在城市的中心点。

西湖，碧波万顷，荷花映日，亭台楼阁，却是临漳胜景。天圣八年（1030）龙图阁直学士蔡襄任漳州府军事官时诗云"湖上山光一笋青，佛宫高下裹岩扃。烟收水曲开尘匣，春送人家入画屏。竹气更清初霁雨，梅英犹细欲残星。吴船越棹知何处，柳拂长堤月满汀"。

东湖，绿荫掩映、群莺乱舞的去处，却又是舟楫泊岸、货物登岸之所。一个风雅的士子，生于东湖边，长于东湖边，东湖的水汽滋润他的灵魂，他的灵魂也滋润城市的空气，他是朱子的弟子王遇，人称东湖。那湖至今还留4公顷水面，仿佛是一段未曾消失的历史。

宋河，千年光阴一晃而过。桨声，还在吗？（吴瑜琨摄）

　　城墙、道路、桥梁、排水系统……通过大规模的市政建设，在一百多年的时间里塑造出一座完整的宋代城市。宋代漳州城城市化进程折射出城市人口的变化和财富增长水平。

　　九龙江的北溪、西溪水道带来城市商业繁荣，四个市建在旧城壕边上，北桥市、南市、西市、东铺市，围起漳州城的城市商业圈和中心生活圈。城外九龙江西溪上游有天宝市，设于北宋熙宁年间（1068—1077），吸纳平和、南靖、华安一带物流，下游海口，已经日渐繁荣，把九龙江的水道与海水衔接，形成一个城市的千年布局和商业脉络。

　　今天，我们仍然生活在那座宋朝的城市里。城壕还是当年的城壕，砌在壕壁上的石阶还是当年的石阶，壕边的榕树还是当年的榕树。榕树下的桥亭还在，清风明月，木鱼声声，榕树下的梦，不知是否有别于当年。

　　北桥市依然是北桥市，自清晨至昏黑，市上熙熙攘攘，充斥着来自城市各个角落的人。林立的商铺透着温暖的气息，空气中散发出九个世纪以前的声浪和食物的气味，恍惚间让人以为那是一个回得去的宋朝。

（三）

海外贸易正在改变经济结构和市场供应，城市的生活渐渐丰富起来。

城外和山区种植的粮食和果蔬源源不断地运到城里，水稻、小麦、豆类、赤米，从田里收割后带着清香上市。占粟，从占城引种，产量很大，很受欢迎。因为人口增长太快，粮食不够的时候，需要通过水路从其他省份运来一些。本地产的糯米，称秋，分早秋、晚秋、冬秋，依时节上市。荔枝和龙眼是水果中的上品。一种叫"何家红"的荔枝，可能是贡品，据说产自何家。甘蔗有两种，红皮的，当水果吃，白皮的，榨糖。食盐来自滨海盐场。数个大盐场一年有七十万斤产量，吃不完的，可以外销。天宝大山产土茶，一般在上元节前开始采摘，人们在春天里喝上茶汤，可能还有些粗朴，不过满是山野的味道。市场上出售多种饰物，比如金器和银器。龙溪、漳浦、龙岩都有铁矿，铁器的供应很充沛。瓷器，已经实现自产。军民一般穿蕉布或吉贝布做的衣服，这两种布市面上大量流通。蕉布，材料取自蕉树，开花不结实者，剥取其皮，以灰水沤之，可绩为布。不过布质有些硬而脆，不像吉布贴心。吉布，就是吉贝布，取自吉贝树，现在叫棉花，引自林邑诸国。漳州纺织业兴盛起来，有大量的布匹供应军民，也销往省外。纺工也以白苎杂丝为细布，价质昂贵，超过黄金。谁都愿意把黄金穿身上，不过，能做到这一点的人，不会很多。香料是最重要的舶来品，熏香已经流行。香囊是贵人雅士的标配，挂在腰间，让周身散发出宜人的气息。折扇已经从日本传入宫廷，不过似乎还没流行，人们更

古武庙，始建于宋真宗大中祥符七年（1014）。（吴瑜琨摄）

青睐团扇。有一次，漳州军事刑官蔡襄为白莲院僧题诗纸扇，一口气题了十把，想必心情不错。

宋仁宗庆历四年（1044），漳州建起了文庙，这似乎是一个新的开始。也是在这一年春天，范仲淹写下了著名的《岳阳楼记》，那"先天下之忧而忧，后天下之乐而乐"的千古名句，充满了儒家精神，激励了无数的士人奉献才智于国家。

宋真宗大中祥符七年（1014），漳州武庙在宋子城西登仙门西侧建立，这就是今天我们仍然看到的"古武庙"。

两座规模宏大的城市公共建筑里，一年一度的官方祭祀活动，维系这个城市的精神安宁。

想象这座宋人的城市，如同一幅宋画，素净、简约，给时间留下许多空白。

城外山形宽缓，城里水流湍湍，榕树在地上留下清凉的影子，木屐在石板街上带出明亮的回响，府衙宽厚的砖墙，挂着夏日蝉鸣。

作坊印制宋人的版书，迂徐、美好，十一世纪的活字印刷，造就庶民的文化，市井出售的瓷器也很漂亮，黑的、白的，从下面的县里送来，是不是像我们今天看到的宋人的瓷器素净，雾面，收去了光泽和烟火气。

权力在城里留下的痕迹，不算粗暴，也不太炫耀，大量的营建，用来丈量生活的长度，突然多起来的诗词歌赋、音乐、绘画，修饰多余的时光。

我们不知道今天生活在这城里的人是不是仍然带着宋人的韵味，悠闲、洒脱，寻常的日子，也能过出清雅的古意，如墨点轻轻落在泛黄的纸上。

今天，透过闽南建筑艺术艳丽的表象，我们似乎还可以从九个世纪以前的城市布局，读到宋人的胸怀，从文庙宽大舒缓的屋脊看到宋人的气度，从那些灵动的诗歌嗅到传衍至今的生活情致。隐隐约约，我们似乎还可以看见宋人温润的表情。

此时，漳州的一只脚已经踩进了大海，海洋的湿气正在浸润她的视线。不过，她的灵魂，仍然在大陆游荡。

（四）

宋熙宁年间，吴淞江口华亭县，一个叫"上海务"的名称出现了。这是一个专管酒税的机构，地点大约在吴淞江边一个叫"上海浦"的地方。

同样出现在《宋会要》里的，包括龙溪县海口镇、清远镇和峡口镇以及漳浦县敦照镇。

海口镇在九龙江下游出海口，今天厦门海沧一带。敦照镇，在今天漳浦旧镇一带。

在"上海浦"从一个商业聚落孕育今日的大上海的时候，海口，成为九龙江口海滨地区即今天的大厦门湾地区最早的商业重镇。到明代中后期一跃成为中国东南海洋贸易中心和全球贸易的枢纽。至于位于古雷、六鳌半岛之间、有鹿溪和浯江汇入的旧镇港则加入九龙江口海洋贸易，成为中国东南沿海、香港、台湾和东南亚商品聚散地。

"镇"，一种因商业而设立的行政机构的出现是宋代商品经济走向繁荣的标志。宋代漳州辖四县，龙溪三乡三镇，漳浦三乡一镇，龙岩、长泰二乡镇，通常设在海口或水路要津。龙溪县除海口镇又有清远、峡口二镇。漳浦有敦照镇即今日旧镇，也在海滨。"务"，一种税收机构，设在州、县与镇所在地。"商税"设过"税"，向行商征收，抽百分之二，"住税"向住商征收，抽百分之三，依托水陆交通要津形成的商品聚散功能的市镇形成推动着城市经济的发展。

宋熙宁十年（1077）漳州商税计14990贯120文，其中府城6110贯765文，漳浦3195贯962文，而海口1391贯539文，长泰县则为1040贯844文，海口镇作为海洋贸易港口，开始显山露水，这是漳州海洋贸易兴起的一个征兆。

在漳州开始自己的造城运动时，在她的入海口，一个小小聚落的出现是一个值得关注的开始。这些镇的税收收入不断增长，更重要的是把海洋气息源源不断地带到这里。它赋予城市的眼界，使之成为城市精神的一部分。

海商黄琼的官司

宋绍兴三十一年（1161），漳州海商黄琼做了一件看起来相当了不起的事情，到京城临安控告福州西外宗正司长官赵士衍强行购买他的大型海船。

宗正司是宋王朝管理赵氏宗族事务的机构。福州和泉州，因为地方富庶，有足够的财力供养而成为宋朝宗室机构的两大中心。被控告的这个长官是太宗皇帝六世孙，属于濮王的一支，按照辈分应该是皇叔。

绍兴三十年（1160）对黄琼来说是一个不走运的年份，他带着大船来到南蕃贸易，不知什么原因，父亲客死异乡，货物被人强夺。黄琼空船而归，面临破产。官府命令他卖船偿还债务。

这个命令看起来合情合理，因为出海贸易借下的巨款债务，除了卖船还能做什么。不过黄琼大约不满意海船卖出去的价格，最要命的是，买船的是西外宗正司长官赵士衍，用的还是假名，这一宗交易变得十分可疑。官司打了两三年，结果，赵士衍被罢免官职，和他一起被免职的还有他的堂兄弟泉州的南外宗正司长官赵士㒟。

按朱熹的记载，赵士㒟去官也是"夺贾胡浮海巨舰"所致。大约在绍兴二十六年的时候，在泉州的赵士䂂强买蕃商的大型商船，理由也是借钱未还。蕃商不服诉诸知泉州和提举市舶，三年没有结果。当时的知泉州范如圭倒想澄清这个案子，结果自己丢了官职。另外，绍兴末年，泉、广两个市舶司和西南二宗司正屡屡违禁走私铜钱，已经引起地方政府不满和朝廷注意。

这件宗室丑闻的处理充分顾及皇家体面。在《宋史》里有一段描述，"令建宁节度使士䂂知南外宗正司，以事去官，言者请择宗室文臣之廉正者代之"。次年，士䂂在赴新任路上死去。他的墓志铭把他描述成是一个严肃但不冷酷的人，以善良引导宗室，有上古三代才有的高贵品格，因在南宗正司的出色表现迁官。几乎是一个完人，不过听起来像是跟谁怄气似的。至于赵士衍，在被处置两年后，因为将朝廷赏赐的半数重新贡献给朝廷支持抗金战争，受到新皇帝的奖谕。

这件事的直接后果是朝廷命令，禁止西外、南外宗正司官员参与海外贸易，不过不担任宗正司职务的不需要接受这项诏令约束。

这桩宗室丑闻出人意料的收场释放出一个清晰的信号，那就是朝廷对东南沿海海洋贸易秩序的关注。

宋王朝是历史上领土最为狭隘的王朝，北方肥瘠之地已为辽、金占领，通往中亚的丝绸之路也被切断，依靠海洋扩大贸易维系财政是最为妥帖的选择。无论是吴淞江口的上海，或者九龙江口的海口，或者著名的东方大港刺桐，这些港市贸易秩序直接关系王朝的根基。

宋王朝对民间海洋贸易表现出前所未有的兴趣。高宗皇帝认为"市舶之利最厚，若措置得当，所得动以百万计，岂不胜取之于民，朕所以留意于此，庶几可以少宽民力"。朝廷开放海岸线上的港口，从胶州湾到杭州湾到福州、泉州、漳州到广州湾再到琼州海峡，允许蕃商自由航行。

为了避免外国使团操持的朝贡贸易对民间互市造成冲击，宋王朝甚至明令禁止商船擅带贡使，违者徒二年。而民间商人则听其自便。高宗皇帝相当务实地回绝朝贡请求，给出的理由也十分充分。他说："比年以来，累有外国入贡，太上皇帝冲谦弗受，况朕凉菲，又何以堪？自今诸国有欲朝贡者，令所在州军以理谕遣，毋得以闻。"

中国历代王朝一直保持一种特殊的外贸政策，外国以蕃属的名义、朝贡的方式与中国开展贸易活动，番邦以低价物品朝贡，帝国以远大于贡品价值的物品恩赐，这是一种需要花钱购买的国家关系。大唐是这种贸易形成的繁盛时期，万国来朝，四夷宾服。但荣耀的背面，是巨大的财政支出和缩水的税收。

宋王朝在国力不堪的形势下做了一个相当明智的决定，外国贡使让位于民间商人，王朝荣耀服从于国家财政，这是宋王朝近代品质的一种表象。

朝廷极为重视海洋贸易，绍兴年间，一个叫蒲阿里的阿拉伯商人娶了右武大夫曾芧的妹妹，在广州定居下来，过起安逸的生活。高宗皇帝知道了这件事，命令地方政府劝诱他回去，继续做他的生意，并且希望他招揽更多的蕃商。

朝廷对商人也是礼遇有加。每年番舶回航时，照例有盛大的欢送宴会，番汉纲首（船长）、船员相聚一堂，饮酒作乐，气氛十分友好，朝廷为此每年要支付三千贯开支，在当时，这算是一笔巨款。

巡检司，一种维护航道安全的军事机构，最初设置是为了缉盗，此时却具有招引客商的职能。军人设寨于海上，哨望、守卫。一旦商船进入管辖海域，便有兵船沿途护送。黄淡头巡检司，在漳浦海面，每年夏季，东南风起，官兵就要出海航行招徕客商。番舶遇到巡检司船只时就可以置酒庆贺了，因为充满风险的海上旅程即将结束，接下来是安心等待市场回报。这样的招引行动，同样出现在十五、十六世纪的亚洲水域，那些殖民地总督,为了维持财政运转往往也这么做。

就这一点而言,一个远离权力中心的破产海商与皇室贵族的官司以两个皇室去职告终意味着法律天平实际上向平民倾斜,这种情况在其他任何一个朝代,也许是天方夜谭。宋王朝绍兴年间的漳州海商黄琼做到了这一点,帮助他实现这一点的也许是前途渺茫的商人为自己被损害的商业利益奋力一搏。但是,压倒那两位皇室贵族的最后一根稻草一定不是穷途末路的细民释放出来的力量,而是朝廷对整个国家命脉所保持的高度警惕。

提刑司调查的结果是将船只归还黄琼,不过,如果黄琼不能偿还加倍的利息,那么船只还是归宗正司。这一事件导致的直接后果是国家政令的调整,从此,宗正司官员不再参与海洋贸易。而对每年领取150贯财政供养的宗子来说,继续从事海洋贸易未尝不是保持皇族体面的正途,皇帝显然充分考虑到了这一点。

这个事件处置保持了一个合理的尺度,海商黄琼成功地,至少部分成功地捍卫了自己的利益,官府摆脱了不作为的难堪,朝廷明智地约束了宗室,两个出事的宗室得到其他任用。大多数人想得到也许包括朝廷想得到的结果阴差阳错地让一个破产海商实现了。

事件显然很快成了过去,事实上一两个宗室的去留似乎也没有那么重要。但是事件本身做出了一个意味深长的喻示,当皇室权力遭遇游戏规则,天平的倾斜方向有时会变得出人意料。黄琼是一个通晓游戏规则的商人,当他知道他的维权诉求不可能有结果时,直接越过州县,到临安投书登闻鼓院,被登闻鼓院斥退后他再向上级机构登闻检院投诉。这是一个知识丰富的商人,熟悉程序并且耗得起不菲的诉讼费用,他与皇室成员叫板的勇气使我们看到宋人所具有的某种近代品质。

因为触犯商人利益倒霉的,也不止赵士衍兄弟。南宋建炎元年(1127),高宗皇帝下诏"有亏蕃商者,皆交置罪"。绍兴十六年(1146),

宋代海船。

三佛齐国王曾经投书广州市舶司，抱怨抽税太重，以致亏损。广州市舶司大约没有在意他的诉求。这事传到高宗耳朵，皇帝随即表示："市舶之利，颇助国用，宜循旧法，以招徕远人，阜通货贿"，结果，广州市舶使袁复——那个满心想为王朝增加赋税的人被降了官职。

至于招引商舶有功的，奖励。抽解超过 5 万贯的，授官职。一些商人借此步入仕途，这对他们继续做买卖太有利了。

参加海洋贸易的，不仅仅是皇室，连僧侣都走出山门，泛海去了。昭庆，道名，林姓，晋江人。临济宗高僧。生于北宋天圣五年（1027），以家贫自幼被送入漳州芝山开元寺。成人后，与朋友组成海商集团，航行于福建、广西、山东之间，做海上买卖，十几年后成为富商。元祐年间，林昭庆将资产托于同好赡养父母，两手空空再入空门，然后云游各地，于元祐四年（1089）八月十四日圆寂，秦观在《淮海集》记了这事。

这一事件折射出来的另一个重要信息，当天潢贵胄与僧侣成为海洋贸易的一分子，重商倾向实际上已经渗透到宋代社会生活的方方面面。被巨大的海洋贸易利润构建起来的社会各阶层的鸿沟看起来并不那么不可逾越。

在巨大利益的推动下，闽南社会各阶层都被卷入到这股海上冒险当中，上至皇室成员、贵族官僚，下至失意士人、破产农民，以及像昭庆这样的僧侣构成一个成分十分复杂的海商系统。舶商，一种世代相袭的以海上贸易为业的社会阶层出现了。他们出资打造泛海巨舰，或者租用他人船只，有时他们自己出海，有时则把商务委托给代理人。这些人的身份通常是纲首，把同船数十人的身家性命拧在一起。他们同舟共济，有时一去十载。如果成功，荣耀属于他们，如果失败，他的前途会很黯淡。黄琼成功地利用了游戏规则对自己的财产实施了一场保卫战，不过他的结果好像是一个谜团，他将如何应对他的巨额债务，在规则适用于他也适用于皇亲国戚的时候。

官僚资本进入海洋贸易领域成为普遍现象，做过漳州军事判官的蔡襄注意到这种现象。三十年前他入仕时，士大夫阶层以赢利为耻。此时已不一样了，人们调动资金、驱动舟车，往来各地，即便朝廷禁止，也不忌讳，而时人莫不慕之。国家明令禁止官员参与通藩买卖，但看起来不过是一纸空文。

官僚资本的出现预示着商品经济和海洋意识正在对封建土地所有制产生激烈的冲击。官商依仗权势贸易营利和朝廷三令五申成为奇异景观，平民和皇室成员对簿公堂预示着一种新的社会关系正在形成。

海洋经济发展对社会意识形态的变化产生巨大的影响。陈淳，理学大师朱熹的弟子，一个终身清淡自守的程朱理学传播者，重新依据圣贤经典讨论赢利。在《北溪字义》里，陈淳说："亦是人家为生之道，似不可阙。但当营而营，当取而取，便是义。若出于诡计左道，不当营而营，不当取而取，便是利。"

在宋代，商人话语能力是一个有趣的话题。当国家财政七成以上由商人创造，而优秀商人出任各种政府官职已经成为商业惯例，还有谁能阻拦海商阶层的兴起。一些年后，阿拉伯商人后裔蒲寿庚成功地控制了泉州军政成为海商话语权的巅峰之作。

漳州海商黄琼的结局书中并没有更多的交代，他是从此消匿于民间，默默终老，还是保住了他的船、继续他的海洋贸易，等到了起死回生的那一天。因这场平民与皇室的官司而变得充满戏剧色彩的故事，也是宋朝历史中一个极为有趣的小片段。

漳州海商黄琼在历史记载中的昙花一现实际上给我们提供一个有趣的关注焦点，那就是他的浮海巨舰。长途运输涉及大宗贸易，支撑长途运输需要成熟的造船技术，这两个因素又涉及资金来源与运作方式。最后，当大海船载着数量不详、价值不菲的货物航向远方，这实际上考量着航海人的眼界和胆识。

海洋贸易的资金来源往往要么是众筹，这看起来是现代股份制的雏形，可以分摊投资风险；要么是借贷，一种流行于港口的融资方式，正如这个时期流行于地中海沿海港市那样。那些心怀梦想胆大包天的人如果不满足于在家乡终老，带上借来的钱和采购的货物再乘信风去蕃人的地盘，待明年风起归来，也许挣得钵满盆满。金融家大约也十分乐意把钱借给出海远行的人，航行的风险意味着高额的回报。高额的利润通常可以抵消一部分风险，放贷人和航海者都在用生命和海洋赌博，谁都想做把宝压对的人。海商黄琼便是以这种方式，以至少一倍于本金的利息借到了他泛海的资本。不走运的是他不仅血本无归还失去了自己的父亲。

航海技术的进步也是一个值得关注的因素，宋代福建的造船技术已经成熟，南宋丞相吕颐浩曾经提到："海舟以福建为上。"福建船是一种尖底船,"面阔三丈,底阔三尺,约载二千料"。这种船不同于江、河、湖泊航行的平底船,适合在海道深阔、风浪巨大的海洋航行。普通海舶一艘三十米长,载重120—200吨。

闽南海商依靠浮海巨舰和指南针将商船驶向南洋群岛,穿过马六甲海峡,进入孟加拉湾,到达印度洋,进入阿拉伯海和波斯湾。原来由阿拉伯人控制的印度洋,开始扬起宋人的风帆。

此时,漳州与泉州、福州、兴化已经并称福建四大造船基地。这四个地方"凡滨海之民所造舟船,乃自备财力,兴贩牟利而已。"海舶和舶来品甲香成为朝廷土贡。负有招舶功能的黄淡头巡检司的设置则意味着漳州正在成为泉州港、福州港之后又一个重要的外贸港口。

漳州商船的国内航线,上抵杭州,远至密州,下抵广州。欧阳修《有美堂记》提到,杭州"闽商海贾,风帆浪舶,出入于江涛浩渺、烟云杳霭之间,可谓盛矣。"至于海路,一般有两条,北上高丽、日本,南边达南蕃诸国交趾、占城、真腊、三佛齐等,就是现在的东南亚一带。

海商把丝绸、茶叶、瓷器输往海外,香药和珠宝则是主要舶来品。朝廷禁榷香药8种如乳香、玛瑙、牙犀、珊瑚。非禁榷香药37种,如沉香、丁香、胡椒。龙溪的丝绸生产工艺已十分成熟,而龙溪漳州出产的黑、白瓷做工也很不错。至于铜钱,是禁止出口的,源于国家对贵金属的保护。这是国家税收重要来源。不过因为中国货物的巨大吸引力,高丽、日本及南洋诸国大都通用中国铜钱,因为需求量太大了,有时不免出现"钱荒",造成市场动荡。朝廷严令,走私铜钱出境者,连同点检官员,一并治罪。

《宋会要》载:太平兴国年间(976—984)朝廷下诏,允许漳州海舶兴贩香料。到了南宋,漳州滨海之民私造海舶已经屡见不鲜。漳州知州廖刚曾提到,漳州海舶出海:"必先计物货,选择水手,修葺器具,经时阅日,略无不备,然后再放。"

这是为长途航行所必须做的长时间物质、人员准备。

海商黄琼非常不走运地在海洋贸易中栽了个大跟头，却由此在历史里留下姓名，他的与海洋的抗争最终演变成与权贵的抗争，这种抗争是不是意味着严酷的海洋生存环境挑战人类的生存极限，并且锻造着以海为生的人们的精神。

忠勇无比的关羽成为神话人物发生在这个时期。关羽在成为宋王朝王室家神祇后不久，又成为闽南人的海洋守护神，说到底是时势使然。他身上所兼具的强悍、信义等品德成了人们迎接生活挑战创造美好未来的动力。一个三国时代的壮士在海洋的波澜下顺理成章地成为万人膜拜的武财神。而国家对海洋的倚重最终使他在神祇世界的地位层层攀升。

海商们在关羽的庇护下满载而归，他们将用财富装饰他们的门第，教育宗族子弟，鼓励博取功名，实现物质财富与家族文化的互相转化。

海洋精神和儒家文化就这样在海滨之地并行不悖，当文庙和武庙两座奉皇帝诏令修建的宋代大型公共建筑穿越岁月走到今天，我们隐隐约约听到历史的波澜。

这就是漳州海商黄琼引发了一桩宋代官司，它向我们一点一滴地泄露那些900年前的信息，比如宋代漳州的航海技术、资本运作状况以及那个时代的人的精神世界和社会关系发生的微妙变化。

李弥逊来了

抗金名臣李弥逊出知漳州的时候，宋室正进入中兴时期。

尽管此时漳州还不够殷实，不过，人口快速增长，城池也在扩大。在之后的100年时间里，这种变化速度还在加快，重要的是，一些有见识的官员陆续被朝廷派到这里，这是地方进入朝廷视野的征兆。另外一些有梦想的人们从这里航海到遥远的地方，这个城市的风物和眼界和以往不太一样了。

金人这个时候也审时度势地放缓了南侵的脚步，这就意味着南方诸州有了喘息的机会。从中亚草原到东海、南海水滨，几股力量相互角逐后处于平衡状态。南方日益成了经济重心，无论是为疆域狭小的王朝寻找财源，或者为依然迫在眉睫的战争作物质储备，南宋朝廷都不能不增加对福建的倚重。

李弥逊到漳州时，已经50岁，这是他仕途最后一站。这个宋徽宗大观三年（1109）的进士，此时已宦海沉浮30年，因为总是那么不识时务地忤逆权贵，大部分时间外放。这是一个颇有才情的诗人，时人评价不俗，他的诗集《筠溪乐府》至今为人吟唱。不过令他建立声名的，却是与金人作战的勇气。宣和七年（1125）知冀州时，逢金人来犯，这个读书人出身的行政长官出巨资、募勇士坚守城池，金军统帅兀术告诫自己的将领，避开他的城池。南渡以后，李弥逊继续反对议和，和李纲为友，忤逆了秦桧。绍兴九年二月（1139），这个经历战争、流亡的人被调到漳州来了。

漳州，离临安有一些距离，待下一场战火烧过来还要等一个多世纪，这是历史给这个城市腾出的时间，使之在物质与精神层面有所积累，这是一个非常重要的时期。

不过，士大夫对这片长期不在视线内的土地还有些不习惯。刘一止在《李弥逊除徽猷阁直学士知漳州》说：漳州"瓯闽一方，披山带海，其地狭隘陡阻，其俗趋利剽轻"，尽管国家财政倚重商人的贡献，不过，商者末流，八闽之俗逐末，这种观点代表主流意识。

南渡以后，城市开始变得宜居。作为行政中心，府衙、县衙、学宫、城墙的兴修扩建，象征她与朝廷关系一步步接近。文庙和武庙作为塑造社会秩序的文化工程得到重视。官员跨行政区域调动，为士绅阶层的文化整合提供一种可能，边远城市在行政管理和意识形态上向权力中心整体靠拢呼应经济苏醒。

李弥逊出身官宦，礼义传家，本人又是饱学之士，重教崇学本是天经地义的事。在地方叙事里，李弥逊将漳州学宫迁移原址是一件标志性事件。

漳州州学在郡治东南，建于庆历四年（1044），政和二年（1112）移于州左。按照府志记载，李弥逊出任漳州前的绍兴五年（1135），漳州仅一人登第。绍兴九年，更是全部落榜。舆论认为，学宫位置不利科举，请李弥逊复旧址。

李弥逊很快这么做了。复建的州学前建棂星门，次建仪门，中列戟门，东西两庑，东曰"御书"，西曰"经史"。中央为大成殿，奉先圣像。

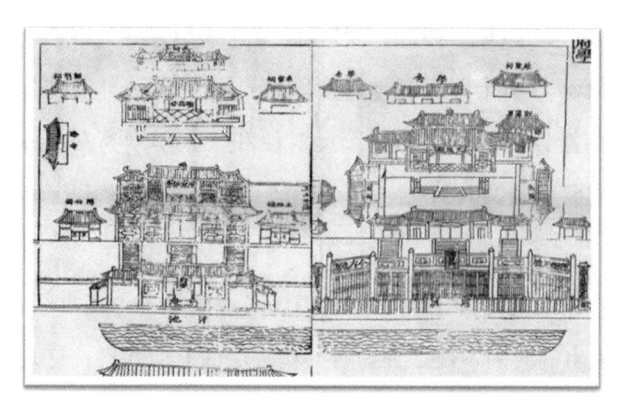

文庙府学舆图（清光绪版《漳州府志》）

旁列十哲，位于两庑。设诸子及先贤于殿后。凿泮池，池中有亭曰"瑞荷"……新州学于绍兴十一年（1141）落成，第二年即有颜师鲁等四人及第，以后接连几年成绩都不错。整个南宋，从这个学宫走出来的进士有180多人，不知是不是巧合。人们把李弥逊守漳州，当成是漳州文化史上一件大事。人们认为，自李弥逊守漳州，尊贤礼士，移刱泮宫，以就吉壤，润饰尊仪而乐于教育。士民感恩戴德，相约建生祠于郡庠之西，取名"有贤堂"。

李弥逊知漳州时，国家连年征战，和议纳贡，百姓流连，社会动荡，此时兴建州学并不容易。绍兴十年春（1140），州学扩建之时，又有贼寇从南边来犯境。李弥逊一边组织军备，一边督建工程，毫不松懈。漳州城墙十分脆弱，不过李弥逊却选择主动迎击，就像在翼州时那样。他的助手通判宗庠在病中领兵出战，以身殉职。

在他任职一年多时间，保护城池，安抚民生，州界百姓安居乐业。

绍兴十年，李弥逊归隐福州连江西山，此后十余年，不请磨勘，不乞任子，不序封爵，以终其身。常忧国事，无怨怼意，绍兴二十三年卒。

今天，漳州惦记他，因为那座仍然矗立在二十一世纪的月光中的文庙，在人们的精神世界里是如此重要。因为它，人们才知道，什么叫历史文化名城。

李弥逊的后继者们在这所学校传播礼乐，作为城市文明的具象，十个世纪的时间，不再变更。

他的一个儿子留在九龙江海口地区福河一带，在那里，他的后裔将看到一个城市是如何因为海洋贸易而崛起的。

他的一个曾孙李韶在嘉熙元年（1237）也出任漳州知州，在他任内造了江东桥。那座桥和文庙成了漳州历史上最值得骄傲的建筑。

宋绍熙元年

等一个人来。因为这座滨海的城市想成为"海滨邹鲁"。

公元1190年，这个人来了。这一年，是宋朝的绍熙元年。

四月，依然是莺飞草长时节，漳州城迎来了建州以来的第138位行政长官。一代理学宗师朱熹信步走进漳州州衙。在他的身后，一座文化昌明的城市在城南白云山的一声轻叹中隐隐在望。

这时候，距武则天垂拱二年建州，已有504年，随着文化重心南移，漳州经历了历史性的发展阶段，人口由建州时的1400户增至10余万户，农工商并举，海外贸易初显兴盛势头，这座城市到了需要给自己重新进行文化定位的时候。

这一年，朱熹60岁，术业精深，名满天下。朱子自19岁中进士，40多年潜心学问，8年出任官职。这是他第一次出任州一级主官。漳州将是他的理学思想体系瓜熟蒂落之地，是他的哲学思想的实践地。

一股巨大的力量推动他对自己的辖地实施变革。

朱子学发端于南宋初年福建理学家杨时、游酢等人，承接周敦颐、二程的理学思想，到漳州时，基本形成完整而严密的理学体系。

朱子以孔孟儒家思想为核心，糅合佛、道、诸子之说，集理学大成。其哲学思想的核心范畴是"理"，或称"道"，或"太极"。他提出的伦理论和社会改革理论中的正君、尊贤、恤民对后世产生深远影响。

作为教育家，朱熹是个使命感很强的人。"笃意学校，力倡儒学"是他施政纲要中最精彩的一笔。州衙前百十步即文庙，也是州学所在。这是当日李弥逊选址的地方。李弥逊和朱熹有类似的家学渊源、游宦经历和抱负。在闽中诸郡县，有相似的惠政和教化之功。因为父亲与李弥逊同时为官，据说幼年朱熹与李弥逊曾有过交集，领略过李弥逊的风采。那个从战火燃烧的土地回来的人，对于日渐见微的国家，有深沉的使命。在他到任后，为文两谒李弥逊。一次在有贤堂，一次在州学崇学祠。从李弥逊兴学到朱子教化，这是漳州文化发展的一个重要时期。

新任知州在这里设"宾贤馆"，延请本地宿儒。

黄樵仲，淳熙进士，曾做过永福尉、汀州录。有善政清誉，曾手书对联自娱，"俸薄俭亦足，官卑清自尊"。现在谢事返乡，乡望颇高。品行学问，均是典范。自然延聘入州学。

陈淳，居九龙江北溪之滨，人称陈北溪，一生未应科举，也未做官，却以布衣之身进入《宋史》。这是一个淡泊功利的人，长期从事讲学和学术活动，著有《北溪全集》《北溪字义》《延陵讲义》，被称作"朱门高弟"。

这段时间，总共有8个学识渊博的儒士成为学官，除黄樵仲、陈淳外，还有施允寿、石洪庆、李唐咨、林易简、杨士训及永嘉人徐㝢。他们把学术精神带到了学校。以后，除徐㝢外，这些人加上王遇和朱飞卿被视作朱子门人。他们淡泊明志、捍卫师门、发扬光大，对程朱理学的传播产生了深远影响。

州学招揽士子，传播儒学要义。知州本人在每旬逢二和逢六分别下州学和龙溪县学授课。知州视学时，僚属敬陪左右，态度恭敬，作士子

漳州文庙，始建于宋庆历四年（1044），一座城市的千年意象。（李海光摄）

表率。

漳州一时间儒道大兴，从者如云。朱熹还创"受成斋"，培养军事人才，练习骑射，以备国家之需。

气节和操守是选拔学子的标准，也是他们要学习和坚持的人生理想。

郡人高登，绍兴进士，因为忤逆了秦桧，贬官在容州。身在逆境，还组织弟子数百，传道授业，最后死在那里。这是一个值得仰视的先贤，朱子在学宫中为他立祠，作祭吊文，盛赞他为一世伟人。

朱子甚至雄心勃勃地做着扩建州学移迁贡院的规划，为"百年之计"，希望新州学有容纳万人规模，仿京城大学规格。然后将贡院迁往东市，贡院旧址则入州学。按照当时的人口规模，这是一个相当长远的计划，传道授业的对象，大约已不限于本州。扩建工程拟定于秋季动工。不过动工之初，朱子已经离去，计划便搁浅了。

在那段流金的岁月里，州学一定拥挤着慕名而来的学子，清风翻动书页的声音和学子拖长尾音的吟哦，想必是朱子留给州学的最完美的印记。

许多年以后，这个朱子授课的地方已成了寂寞所在。流云在天上飞，麻雀在地上走，宽大舒缓的屋脊，有时让人想起圣哲厚重的背影。

宋绍熙元年，从朱熹内心深处发出的充满理性的声音，是历史留给漳州城的最恢宏的记忆。他所引领的那个时代的文化潮流，使一群本地士子成为道德文章名重于时的学者。陈淳、王遇……那些经过大师的手点拨过的人，因为成了朱熹理学思想坚定的传播者，而在历史上留下名字。

在一个崇尚文化的朝代，一个引领思想潮流的官员主政，必然开启一座城市的眼界。研究这个城市历史的人说：朱熹治漳，给城市种下了不凡的精神根基。

移风易俗，是朱子践行自己理学思想时首先需要做的。漳州旧称"佛国"，南宋时寺庙600所，郡俗良家子女多学佛教。在彼时，中国社会经唐安史之乱、五代十国的纷争，佛教盛行亦不失为平衡社会压力的一剂良药。不过许多人遁入空门、不务正业，却又错居市井，峨冠缁裘，出入为群，不免失了佛家修行本分。而寺庙累积田产，竟占总数十分七六，不利于民生，早已是个社会问题。

漳地延续古越遗风，民间信巫。百姓有疾，往往祈祷于神庙。有些浮浪不检之徒，便借机敛财，比如借口为某"王爷"修庙、"通神禳灾"等，能找到什么理由就找什么理由，然后不分贫富，挨户派款，一年敛财无数，成了祸害；民事纠纷也颇为驳杂，百姓打官司成了家常便饭，有时一日讼牒二三百件。讼师，人称"主人头"，善于虚词巧妙，搬弄是非，又与承办官吏互通关节，从中渔利。对于案件处理，官吏动辄科罚，犯罪可以钱财赎买，罪犯逍遥法外，豪族便失了敬畏之心，遇事不过交一二千钱，便可以逃避法律追究。

朱子认为，凡是种种，都是俗未知礼造成的，应该用礼教规范人们的行为。

于是，《谕俗文》《晓谕居丧持服律事》《晓谕词讼教》《朱子家礼》一连串的告示迅速从州衙的大堂发布出来。那些告示也许是在紫阳茶的袅袅香气中写就的吧，充满了长者的劝诫和理学大师的信念，很快成了士民的行为规范。对那些早年遁入空门的青年男女，劝他们还俗、婚嫁，过好世间生活，供养父母，经营持家。女子还俗时涉及婚嫁，费用丰敛随家，不得攀比夸富。私立庵寺是禁止的，以禳灾祈福名义装弄傀儡敛掠财物也是严禁的。至于案件，则区分对待。严重违法害民的，严惩不贷。至于一般的民间纠纷，比如涉及钱米田宅之类的，调解。不使百姓因纠纷伤财废业。丧葬则依古礼。其他劝谕，包括孝顺父母、孝敬长者、和睦宗族、周恤邻里、各修本业、莫犯奸科等，连饮酒赌博、相互斗殴、宰杀耕牛都要严管。

朱子

州官的整肃雷厉风行，社会反应也颇为强烈，有的哗然，有的欣然。

那段保留至今供人凭吊的州衙残墙，见证了这一段一千年前的精神文明建设工程。《漳州府志》的记载里："官曹励志节而不敢纵欲，宦族循法度而不敢干私，胥徒易虚而不敢行奸，豪猾敛踪而不敢猖狂"。不过半年，民间诉讼大为减少。那些附鬼为妖喜欢迎游于街衢之间的不敢轻举妄动，良家女子入空门的，回归世俗复人道之常。仍在佛门的，也各闭精庐，潜心修行。漳州民俗大变，自此儒风习习。

翻开中国历史，我们不得不认真思考的现象是：城市的文明，往往就是这样被一群身形单薄、声音斯文，却贯注着巨大的人格力量的文化大师牵引着。漳州正是在这种历史机遇下，从化外之地，最终走上成为"海滨邹鲁"的道路。

民生也是州官要认真考虑的，朱子认为"天下国家之大务，莫大于恤民，而恤民莫大于削赋。"治漳时，朱子向朝廷奏除无名赋700万钱，减总制钱400万，这些原本都要来自于佃民。针对土地兼并导致赋税不均现象，力主丈量土地，核实田亩，编造鱼鳞册，以复井田名义进行土地改革。高宗时，全国曾有过一次清丈行动，不过，漳、泉、汀三州却没有同步，积弊日久。朱子到任后，便积极谋划，朝廷也让他"相度漳州先行经界"。朱子希望秋冬之交时动手，但朝廷的旨令却在冬至前才到达。其时农忙季节已到，继而春雨连绵，此时行经界碍农事，已错过时机。不久朱子辞职，此事不了了之，终宋一代，漳州再未行经界之事。

在漳州这段时间，也是朱熹学术活动一个重要时期。城南白云山，临九龙江，万古青翠，气象开阔。政务之余，朱子常携童子数十人，上得山来，讲经、作注，听松关鸟语，看晚浦归舟。于是，就在那云气氤氲之时，漳州的山水牵引着圣哲的思想，圣哲的思想牵引着城市的历史。集朱熹四十年心血结晶的《四书集注》，就是在这段时间最后完成的，并且用官帑出版。云山深处缭绕的雾气和州衙大堂酝酿出来的深谋远虑，想必做了朱熹理学的最佳脚注。

《漳州府志》记录这事倒也简洁，只说："朱子曾往白云山讲《诚意篇》。"

今天的白云山依然是一个风景秀美的去处，当人们沿着大师的足迹寻访那段消逝的岁月时，不由得遥想，是怎样高旷的人生境界，使大师在山中挥笔写下了"地位清高，日月每从肩上过；门庭开豁，江山常在掌中看。"这样的句子。

宋绍熙二年四月，大约是一个雨后初霁的日子，朱熹结束300余天的知州生涯返回故乡建阳，在他的身后，一座历史名城的变迁才刚刚开始。

朱子治漳这300多天，对中国文化史来说，是一个重要的时段，从白

白云岩，紫阳夫子讲经处。（蔡刚华摄）

云深处奉献出来的《四书集注》，成了元、明、清三代钦定的科举权威教材，牵引无数士子的心灵，并决定这些人日后的命运。朱子的学术思想，此后一直是封建王朝的官方哲学，在中国的文化版图上留下重要一笔。

对于漳州来说，她成就了一次晋升为"礼仪之邦""海滨邹鲁"等级的机会。朱子教化，漳人"遵若金科玉律，遗教越数百载"，此后这一区域文风鼎盛，影响深远。明中叶以后，王阳明心学盛行，但是在漳州学界朱子学仍占据主要地位。朱子学的格物穷理、求实力行的品格和追求至德之境，深深影响了后世漳州士人。

史书称，漳州在宋以前，俗不通于上国，记载无闻。直到宋，才开始出现记述。主要是"朱子典牧是邦，培化源而揣习俗，文教渐靡。"一批士大夫精英，开始成为国家管理阶层。唐代漳州举明经2人，进士3人，宋代举进士共268人，其中南宋183人。

明代《东西洋考》作者张燮曾这样说："赴宋以来，经制渐进，生选渐繁，钪襫渐殷，风徽渐启，迨乎考亭作牧，嘉与所部兴化名教，经述为沾染，余风流韵益岁过犹有存者，则大儒建标之力也。"

这是一位把眼光投向太平洋的后世学者对朱子的评价。

朱子生活的十二世纪，是一个文明冲突与碰撞的世纪。那个时候，欧洲还是一个封闭的地理单元，古希腊、罗马的精神还没有重现光芒，伊斯兰世界则显得更开放，中国也走向丰盈。在耶路撒冷，基督教世界和伊斯兰世界相互冲突。在中亚草原，东亚文明与伊斯兰文明彼此角逐。

在朱子到漳前一年，铁木真称汗，这就是历史上的成吉思汗。在朱子到漳后第二年，代表武士集团利益的日本幕府时代开启了。

中国此时正散发着世纪悲情，先是金灭辽，再灭北宋，然后在对南宋的两次征伐以失败告终。岳飞收复失地的雄心也以将星陨落收场，各个政治集团花一个世纪的时间互相攻伐，然后还有接下来的一百年。

这是一个权力通过战争不断强化的世纪，也是一个思想追问现实的世纪。国运起落、礼乐崩坏、社会失序，繁华如过眼云烟，生命如风中烛火。一个杰出的思想家在这个时候横空出世。站在时代的高点，回应时代提出的重构中华文化的要求，并且建立了影响上千年历史的理论体系。

朱子借儒家注重内修的理念，谋求整个社会意识形态平衡，进而重塑社会政治生活维系王朝稳定，反映了整个社会主流意识的追求，宋学由此大行其道。朱子学说发展成为"闽学"，影响日后中国社会历史发展的进程。

当朱子致力于恢复儒学传统，兴办学校，宣扬生命理想的时候，欧洲出现了一系列中世纪大学。牛津，在这个时候走进了世界文化史。充满海洋气息的意大利城市兴起，由此产生大量的生活在城市里的中产阶级。这是一群传承新柏拉图主义的人，渴望摆脱宗教禁欲主义束缚，享受世俗的欢乐。东西方两种思潮的兴起，对未来世界历史，意味着什么？

这个世纪，也是个发明与运用的世纪。中国的火药技术、指南针和造纸术通过阿拉伯人传到欧洲，为即将到来的航海时代和文艺复兴助力。

在中国东南沿海，人们依靠已经掌的先进的航海技术和天文水文地理知识，正在走向海洋深处。海洋社会的气息，侵染着闽南的空气。

朱子治漳给我们提供了一个非常有意思的观察点，当一群人正在满怀信心探索海洋、憧憬荷马时代荣光的时候，一群来自中原腹地的人已经深入到海洋深处，然后，又认真地从自己的源头寻找精神力量。

在山呼海涌的闽南，这样的追寻会结出什么样奇异的花朵？

最后的南宋

公元1279年3月6日傍晚，广东崖山，南宋在弥天大火中沉沦。

在此前一天，这片海面还有长墙般的南宋巨舰和成千上万的士兵。

十六艘战船趁雨雾弥漫夺港而出，护送年轻的闽冲郡王赵若和。一路同行的，有宋军统帅张世杰和侍臣许达甫、黄材。

当王朝的希望在元帝国水军的冲击下支离破碎后，丞相陆秀夫背负帝昺蹈海，失去生存意志的杨太后把新婚不久的赵若和托付给帝昺的姐夫内阁侍臣黄材后也跳海自尽。据说那一天，崖山海面浮尸十万。那是南宋王朝悲凉的落幕。

在形势开始变得混乱的时候，朝廷从海上向南流亡，此后，这个破碎的小朝廷被委婉地称作行朝。宋太祖四弟赵廷美十世孙、西外宗正司宗子赵若和，是在流亡朝廷经福州时一路随行的，郡王的身份传是在度宗朝储君之争失势时得到的。祥兴元年（1278），赵若和奉命与新会豪族伍隆起次女伍玉蕊成婚，这是危难之时的政治联姻。崖山，是这对新婚夫妇的分手时。

残余船队到浅湾，即现在的香港荃湾，忽然遇到丞相陈宜中，一行人商定潜回福州，力图匡复。随后船队北上，在潮州与漳州交界海面，遭遇风暴，船队四散，陈宜中船破，从漳浦合浦登岸，那地方就是现在的东山陈城。张世杰落水身亡。赵若和率四艘舰船继续向东行驶，到九龙江口浯屿时，舟械俱损。赵若和与护卫的内阁侍臣黄材、许达甫只好弃船登岸。

赵若和，失国的郡王。

此时，文天祥被执数月，张世杰、陆秀夫溺水，陈宜中失联，赵若和想必已经知道，宋朝真的不在了。

灭国亡族从此隐匿身份，改成黄姓。漳浦，成了他的家。

以后，赵若和将家迁往一个叫鸿儒积善的地方，一直传衍到现在。

元延祐三年正月朔日，风烛残年的大宋魏王十世孙、闽冲郡王赵若和在自己的家谱《赵氏本末序》中写下了那段灭国惨痛以及对在崖山分手的新婚妻子的怀念。

赵若和把宋朝的气数丧尽归于二世皇帝太宗悖逆天伦、谋兄长弟侄，以及朝廷怡于秦桧、贾似道的报应等，叹息与皇室的联系比如上祖图像、玉牒在战乱中流失，最后以"临书涕泣，不知所云"结尾。那是经历了巨大创痛之后的人才会有的心情。

崖山之役，漳州成了宋室遗脉的栖息地。

陆秀夫的后代住到龙溪浦头港边的港脚，陈宜中的后裔留在陈城，许达甫和黄侍臣则继续陪伴没有国家的闽冲郡王，帝室姻亲、制置使杨亮和尚书左仆射杨维邦的后裔隐居漳浦，至于另外还有多少宋室遗臣的后代散落在漳州，就不知道了。

在大宋王朝油枯灯灭的时候，一小群人悄无声息地隐匿到东南海滨荒凉一隅。汴京残梦、临安烟花，扶摇在凛冽的海风里，成为世代坚

赵家堡,王朝遗梦。(吴飞龙摄)

守的秘密。

100年的时光一闪而过,明洪武二十年(1387),御史朱鉴在审理一宗同姓通婚案时,看出蹊跷,灭国王族的身份终于浮出水面。此时,距宋亡国已经110年,赵家的世仇元帝国早已灰飞烟灭,已经成为乡野村夫的赵氏遗脉幸运地等到恢复姓氏的那一天。朝廷象征性地授予其中一些人官职,也许还有微薄的俸禄,重要的是,他们可以清清楚楚地做回赵家子孙了。到了隆庆年间,一个叫赵范的子孙中了进士,做过几任州官,最后还做过浙江按察副使,漳浦赵氏家族开始有了中兴的模样。

万历二十八年(1600),大明朝的退休官员赵范回家建起了一座城堡,这就是现在我们所能看到的赵家堡。汴京的繁华旧梦被复制到小小的城堡里,庭院中的两个大荷池,仿照《清明上河图》中的潘杨二湖,汴派桥自然与汴梁有关,聚佛塔与故都的铁塔暗合,大禹庙也建了起来,因为黄河水患，善于治水的他成了汴京的守护神。"完璧楼"取的自然是归赵的意思。

城堡正门朝北，遥对乡关，南门却堵上了，大约是希望不再有南奔的日子吧。

一座孤城，数百年时光，就这样围住灭国王族的精神领地。

这就是最后的南宋。

在赵家堡建造前39年，黄材的后裔在太武山下、浦西溪边建了一座城堡——浦西城堡，遥望海门、厦门、金门，那是宋室遗脉弃船登陆的地方。

与张世杰一同冲出崖山的，还有提督岭南海路兵马、宋王朝的安定郡王赵伯泽的郡马陈植。

陈植，漳浦陈岱人，淳祐进士；祖父陈景肃，是高登的学生，官知制诰；父亲陈肇，官参知政事、太尉，同平章事。行朝南撤时，陈植与弟弟海监卤簿陈恪输饷护驾，提领船舰事务。冲出崖山后，陈植回到老家。梅岭，当年属漳浦，那是一种能通番船的海港。在那里，陈植收拢亡命，驰檄诸蛮，准备再起。元廷闻风而至，陈植从此隐身山间，终其一生在流亡中度过。没有人知道，那个没有朝廷的将军，最后想到了些什么？

一个叫陈碧娘的刚烈女子出现在崖山海面时，那场空前惨烈的战斗刚刚结束。战场狼藉，哀鸣遍野，她的丈夫潮州右都统张达、从弟陈恪已经战死，大弟陈植下落不明。数个月前，当陆秀夫、张世杰退守崖山时，正是她亲自陪送三个至亲渡海，在浅澳（广东南澳）殷殷而别，从此有了地名辞郎洲。当崖山告急时，陈碧娘将儿子寄养在亲戚家中，自己率人马赴前线助战。在崖山，她见到的只是丈夫的尸体。陈碧娘埋葬了自己亲人尸体后自刎以殉。

《平元曲》是这个文武兼备的奇女子留下的诗歌：

虎头将军眼如电，领兵夜渡龙舟堰。良人腰悬大羽箭，广西略地崖西战。十年消息无鸿便，一纸凭谁寄春怨。日长花柳暗庭院，斜倚妆楼倦针线。心怀良人几时见，忽睹二郎来我面。植兮再吸倾六罐，恪也一弹落双燕。何不将我张郎西，协义维舟同虎帐。无术平元报明主，恨身不是奇男子。倘妾当年未嫁夫，请效明妃和西房。房人不知肯我许，我能管瑟犹长舞。二弟慨然舍我去，目睹江头泪如雨。几回闻鸡几濒死，未审良人能再睹。

　　崖山一战，陈碧娘的良人张达、二弟陈恪从此和大弟陈植阴阳两隔。在行朝流亡闽粤海上的时候，福州、泉州、兴化先后沦陷，汀漳成了抗元最后的根据地。在形势完全失去控制前的1277年春天，宋军开始组织最后的反击。文天祥在漳州盘陀岭告别帝昺后率兵出发，攻取梅州，围攻赣州，然后被俘，然后就义。张世杰则从广东潮州北上围攻泉州。一支来自漳州的义军也加入作战序列。这支队伍的首领是一个叫陈大举的漳浦人，应是开漳圣王陈元光的后代。在蒙古铁骑踏入临安的第二年，会同畲军首领许夫人举事，帮助张世杰围攻降元的泉州蒲寿庚。在张世杰退往海上后，陈大举依然活跃在漳州一带，攻占漳州城，击杀元政府派来的官吏，鼎盛时，拥兵十万，联结五十余寨。这是一支在局势混乱时仓促拉起来的队伍，它的数字统计现在看起来也值得商榷。但是，当元朝廷不得不派出福建招讨使塔里赤、镇国上将军完者带领数万人前来收拾乱局时，这支队伍的威慑力看起来不容小觑。此时，宋王朝已经倾覆，新的朝代也建立了若干年，所有的抵抗看起来开始失去合法意义，抵抗仍然在继续。1281年，陈大举兵败被杀，他的遗部又坚持了老大一阵子。

　　崖山战役展示出世界亡国史上最惨烈的一幕，除了承宣使翟国秀百余人解甲投降、张世杰一小群人突出重围外，数万文臣武将、士兵平民及其眷属随着帝后慨然赴难,为行将覆灭的王朝唱起最后的丧歌。这是一个羸弱的王朝所塑造出来的封建文化最为炫目的精神力量,它为后世留下的忠节观正的政治理想和文天祥等民族英雄群象,成为中华民族的人格标杆。

这种精神力量的形成,是中国封建文化长期浸淫的结果,也是物质条件日渐成熟的必然。

宋王朝是中国经济发展的一个重要时期,特别是南宋建炎以降,北方人口大量南移,南方人口急剧上升,生产技术大步推进,社会经济空前繁荣,尤其是海洋经济发展,一个全国规模的统一市场迅速形成。东部钱塘江畔,"江帆海舶,蜀商闽贾,水浮陆趋,联樯接武";西面成都藩市"海贾冒风涛,蛮商经崒嵂,厚利诱其前,颠沛不遑恤";至于东南的广州、泉州,也是海舶云集,番货如山,海洋贸易鼎盛,就连昔日的海滨荒莽漳州也风物不同以往。随着商品流通,区域间隔阂被打破,物质与精神生活的共同性提高。先秦以来中国封建社会主导思想——儒学在宋代的新成果——理学出现了。朝廷三百年养士无疑大大提高了士大夫精英的话语能力,书院教育普及、邮递网络完善,科学技术如活字印刷的发明加快了文化传播速度。

宋人的民族意识在群雄并起、强邻压境、王朝版图不断受到侵蚀的情况下迸发出来。他们抨击对异族的妥协退让,礼赞"尊王攘夷"。朱子就毫不客气地指出和议"上不为宗社,下不为生灵,中不为息兵待时,只是怯懦,为苟岁月计!从头到尾,大事小事,无一件措置得是当",甚至说"本朝御戎,始终为和字坏"。那个亡国的郡王赵若和也为朝廷"怡于秦桧、贾似道之徒"痛心疾首。这种对朝政直截了当的抨击,是南宋时期民族矛盾异常尖锐的情势下意识形态的一种自我反思与演变,最终以理论体系的形成构建中华民族文化传统,对未来历史产生深远的影响。一种超越社会阶层的民族情感在国家绝续、民族危难之秋所展示出来的波澜壮阔的时代情怀成为激励后人前赴后继、奔赴国难的精神动力。

有宋一代，人们如此近距离地接触海洋，又如此自觉地向农耕文明的精神内核寻求力量，这也许是一个激烈动荡的年代才会有的社会现象吧。

长期偏居东南一隅、远离政治中心的漳州在国家倾覆的关键时刻表现出的民族气节展示了气势不凡的宋人气度。

当蒙古铁骑踏遍东南时，漳州是王朝最后的根据地；当大宋王朝在顽强挣扎中最后灰飞烟灭时，这里仍然活跃着最后的抵抗力量。也正是这块土地庇护了王朝余脉，让南宋王族一块小小的精神领地一直延续到今天。

南宋是漳州社会历史发展的一个重要时段，从抗金名臣李弥逊出知漳州到朱子治漳，汉蛮杂居的漳州其文化脉络日见粗壮，义无反顾地融入中华民族文化传统的版图里并形成自己的城市精神构架。在大宋王朝行将倾覆时，这一切将闪烁出耀眼的人文光芒。

今天，我们似乎在某种程度上仍然生活在那个朝代的遗韵里，那个宋代城市的轮廓、那座李弥逊和朱子的州学的宽大屋脊、那座赵宋王族的海边的城堡背影以及无所不在的日常，仿佛向人们描述一个城市的精神流变史。

The
biography
of
Zhangzhou

漳州 传

第四章

遭遇马可·波罗时代

公元1291年，一个叫马可·波罗的欧洲人离开泉州港，十四艘大型舰船与他同行。据说，他的任务是护送蒙古帝国的阔阔真公主远嫁波斯，然后再返回威尼斯老家。在此之前，马可·波罗已经在中国待了17年，并且得到忽必烈汗的青睐，出任他的荣誉侍从和若干地方的行政长官。

这本是一件和漳州不相干的事情，不过马可·波罗在1295年抵达威尼斯老家后不久就投入到一场与热那亚人的战争并且在亚得里亚海被俘虏。在差不多两年的囚徒生活中，马可·波罗或许为了打发难挨的时光，讲述了他的东方奇遇，并且由他的牢友——一个来自比萨的战俘鲁思悌谦记录了下来。这就是现在我们所能看到的《马可·波罗游记》。它在1298年出版时的名称是《东方见闻录》。这本书在欧洲出版后引起了巨大反响。在大航海时代来临时，马可·波罗关于东方财富的传说吸引了无数欧洲人绕过大半个地球前往东方，并且误打误撞地顺带发现了美洲。

在接下来的两个世纪，那些怀抱财富梦想的人抵达亚洲的时候，他们将在太平洋上最先遇到的便是漳州。

马可·波罗来到中国时的那个朝代的来去有些着急，但是个大开大合的时代。

十三世纪对整个世界历史来说是个颇为活跃的世纪。世纪之初即1206年,成吉思汗的蒙古帝国建立,世纪之末即1299年,奥斯曼帝国建立。这两个横跨欧亚的大帝国通过战争和贸易,将它们的影响力源源不断地扩散出来。不论是大都,还是君士坦丁堡,还是遥远的埃及亚历山大港,或者漳州都将感到这种力量震动的波痕。

十三世纪也是开始思想活跃的时期,欧洲露出些许曙光,让黯淡的中世纪看到希望。巴黎成了欧洲思想中心,英国的罗吉尔·培根、意大利的但丁巨星般出现在这个世纪。

中国的南宋,备受争议的朱熹被确立崇高的地位,他的思想将成为以后三个朝代中国正统思想的象征。

这是一个经济繁荣、强权雄起、文化兴起的时代。

蒙古帝国的崛起打破了华夏大地诸雄并立的格局,金、西夏、大理、西辽、吐蕃、南宋互相周旋,最后进入蒙元版图。在它们快速陨落之前,几乎都迸发过耀眼的光,然后陷于黯淡。

在欧亚大陆,蒙古帝国的崛起引起了一系列连锁反应。马可·波罗抵达中国前十年,忽必烈汗的事业走向巅峰阶段,东起大海,西到欧洲,北起北冰洋,南到印度、暹罗,庞大的地域都在他的统治之下。他的权力比历史上任何一个君主都要强大。尽管这种权威不久就因为帝国分解为钦察汗国、伊尔汗国、察合台汗国、窝阔台汗国与元帝国而打了折扣。

铁木真子孙的征服行动,世界历史上没有任何国家可以望其项背。这个不到二百万人口、长期处于四分五裂的马背民族,短时间内被组织成庞大的军事集团横扫欧亚大陆。在那个年代,据说还没有任何一个科学技术能够有效地阻止蒙古铁骑密集的集团冲锋,这就意味着十三世纪的欧亚大陆没有一个政治或军事集团有足够的力量与之抗衡。蒙古人没有继续往西征服下去的原因，似乎是因为他们失去了继续征服下去的理由。

蒙古人掉头消灭南宋以后，从中国到多瑙河的广袤大地因此畅通无阻。接下来，从十三世纪到十四世纪中叶一百多年的时间里，使节、商人、传教士、梦想家陆陆续续沿水陆通道前往东方。这是蒙古人血腥的东征西讨留给世界的另一件礼物，随着欧亚大陆隔阂被打通，中国与欧洲的贸易往来必须由阿拉伯人作中介的格局被打破。无论陆路还是海路，通行安全较以往有保障了。马可·波罗和他的父亲尼马罗、叔叔马飞阿在这种情形下来到中国。不知他们此行是出于宗教目的，还是商业需求，或者好奇心驱使，抑或三者兼而有之。总之，他们安全地抵达了忽必烈汗的宫廷。

对于中世纪的欧洲来说，远东太重要了。欧洲人非常喜欢的香料，比如胡椒、桂皮、丁香、豆蔻等，以其浓烈的香辛刺激着欧洲人的味蕾，并借机掩盖食物保鲜不佳时散发的异味。这些东西，是热带地区的特产，与气候不温不火的欧洲还有一段遥远的距离。它们从海路被运往欧洲销售，会有巨大的利润。阿拉伯人垄断了这一买卖。实际上，中国人也非常喜欢产于热带地区的这一类奢侈品。香料作为上流社会的标志，它的香氛会影响对一个人的判断。他们也派出大批船队采购这些商品，或者由胡商把它们送上门。至于远东的丝织品，往往通过陆路运往欧洲，比如罗马，并且成了他们的最爱。我们差不多可以想象，披在古罗马人漂亮的身体上的那些薄雾般的东方织物会闪烁出什么样的光泽，就像我们从那些出土于废墟上的古代塑像看到的那样。波斯人是这些织物主要的中间商。这些商人在中国统称胡商，在元帝国，他们是地位仅次于蒙古人的色目人。蒙古帝国建立了疆域辽阔的统一国家，基本扫清了交通途中的各国关卡。虽然这个状态并没有持续很长时间，但这些道路沿线还是形成了数量庞大的国际物资集散地，推动洲际物流不断向前，并且催生出了一大批梦想家。这

梅岭宫口港。（萧镇平摄）

种情形在伊斯兰力量崛起及东西方贸易通道再度被切断以前，一直是这样。当欧洲人不得不回头寻求另一条通往东方的航线时，大航海时代到来了。

在中国，蒙古占领了全部土地后，建立了元朝，在北京建立首都，这就是元大都，蒙古名叫汉八里，也就是"京城"的意思。以大都为中心，元帝国又兴建了几项全国性的大型工程，构建密集的水陆交通网络，比如京杭大运河。这样，帝国的军队可以快速投放到任何地方，同时，全国的物资比如粮食也可以在需要时统筹配置，这些交通主次干线是帝国的命脉。

至于漳州，元帝国中亚草原的羊膻和南部海洋的香辛气味混杂着传到这里，是在十三世纪的七十年代。马可·波罗刚到忽必烈汗宫廷的时间为1275年。4年后，忽必烈汗灭宋。

漳州是最后进入元帝国版图的一幅土地，在新的时代，她升格为路一级的建制，隶属福建行中书省。最初行省的长官往往又兼漳州路的首脑。元至元二十一年（1284），新翼万户罗良便是以行省参政的身份守漳州。这等于赋予她省辖区的地位。甚至有一段时间，漳州成为福建行省的治所。对一个在改朝换代中坚持到最后的城市，这大约是新朝表达敬意的一种方式。

成宗大德三年（1299）二月，福建行中书省废置，辖区划入江浙省。江浙省辖三十路一府，范围包括浙江、福建及江东、江西、安徽一部分地区。这是元代十个行省中的重中之重。当时中国最富裕的城市杭州、湖州、嘉兴、徽州、泉州以及上海所在的松江府都在这个行省。这是朝廷的核心财源，地广人稠，水陆交通发达，民物纷杂，赋税居天下十之六七，产出丰厚，三十一个路府民物殷盛，其地理位置又外控岛夷，有相当旺盛的海洋经济，日后一些著名的商邦如徽商、闽商、浙商都以这片区域为发源地。这就意味着漳州在即将踏入十四世纪时开始成为中国核心经济圈的一个组成部分。

行中书省的设立是元帝国行政管理体制上的一个重大变化，据说是在武力消灭其他政权后帝国版图空前广阔的时候，为实施有效治理而模仿阿拉伯及罗马帝国制度设计出来的。作为前所未有的地方一级行政机构，下设路、州、府、县，职权之重无可比拟。"凡钱粮、兵甲、屯种、漕运、军国重事，无不领之。"这种朝廷放权于地方的管理形式，使漳州路的地位得到了大大的提升。

朝廷对这个行省特别倚重。元成宗铁穆耳即位后，选派的江浙行省平章政事是木华黎的后人、忽必烈的养子脱脱。朝廷以隆重的礼仪送他上任，相信他的皇族地位、名望和权力足以与他需承担的责任匹配。

漳州在进入核心经济区后与江浙省其他地区的经济联系快速增强。此时漳州经过战乱，户不过二万余，人口不过十一万，借区域整合，发展了和富裕地区之间的联系，她在经济上的起色变得顺理成章。交通网络进一步贯通让这种联系很快转化成物质力量。

元朝统一全国后，交通建设有一个跨越性的发展，一个密布全国的交通运输网状格局正在形成。元人许有壬说："大都小邑，枝疏脉贯，际天所覆，犹身焉。"无论是从元大都颁发的政令，还是来往于各商埠的商旅，倚靠四通八达的水陆交通网络以及高密度的舟楫，可以抵达帝国的任何地方，哪怕是穷乡僻壤。在元人看来，交通网络如人身血脉一样，通过人流物流把幅员广大的国土连接在一起，这是帝国富有生命力的征象。所以道路建设是国家的要务，可以不惜人力、物力和财力努力完成的一件大事。

作为帝国经济核心区的江浙行省，其交通网络最为发达，从杭州到福州，有宽阔的驿道和健全的驿站制度。从福州到漳州，又有蜿蜒的驿道连接今天的福清、莆田、仙游、惠安、泉州、南安、厦门同安。忽必烈又动工修建了几条全国性的交通工程，其中一条从泉州港出发，经过福州、建宁，越过武夷山，沿信江至鄱阳湖入长江，到真州最后沿新开通的京杭大运河抵达京师，将整个南北物流连通起来。泉州，在这个时代已经成为"东方第一大港"，其贸易规模超过埃及的亚历山大港，来自世界各地的商船让这个港口散发出炫目的财富光芒。漳州至泉州，则早已有便捷的交通连接。这就意味着，漳州的物流实际上已经能够抵达京都。漳州与中国的政治和经济中心的时空距离已经大大缩短，从元大都出发顺风而下，不过十天，便可到达福建沿海。这种进步几乎是革命性的。

闽南地区在这个时代已经成为中外商品的集散地，通过陆路、内河水路与海路，各国商品源源不断地流向这里，然后输向全国各地。比如荔枝，产于闽地、江浙、川蜀及两广，但以闽产为上品，一年产量非常之大，无论是国内的，还是新罗、日本、琉球、大食的人都很喜欢。每年单依靠荔枝贸易，商人便能从中获得重利。至于漳州的木棉、海盐、铁器、茶叶、龙眼也销往各地。泉州港的辐射作用日益明显，依靠地缘关系，漳州实际上已经纳入全国经济的范畴并且和其他经济体建立了广泛联系。

大量的人口开始迁入漳州。战争带来人口的大量流失，在宋元丰年间（1078—1085），漳州人口已经到10万户，但是到元初，这个数字变成2万余户，人口呈断崖式下滑态势。空出的生存空间被新的外来者填补。

唐初，漳州的主要居民是蛮獠，然后汉人来了，在之后的数百年里，这两个民族便是漳州的主要居民。

战争带来的人口流失只能通过行政和经济的联系来解决。朝廷命官、商人、旅行家、僧侣来到这里，蒙古人、色目人、女真人、突厥人、畏兀儿人进进出出，或作官员，或作军人，或作商人，怀着不同的目的、不同的使命，或者长留，或者作过客。

几个姓氏在漳州社会生活中扮演过重要角色，马氏，元代漳州的一大家族。一个生于1258年的马氏家族成员马润，做过漳州路的同知。马润的祖先为蒙古帖木儿越哥，蒙古汪古部人，在金朝做过马步军指挥使，便用官职做了姓氏。这个家族后人信奉了聂脱礼派基督教这个教派。

马润的祖父月合乃，在忽必烈统治时期出任军储都转运使，时间大约在1261年。马润的父亲马世昌，做过尚书省左右司郎中，官居漳州。马润也出生在漳州，长于漳州，最后卒于漳州，这个蒙古血统的人却以文墨入官，政绩不错，诗也写得好。

他的长子马祖常，通过参加科举获得做官资格，以后做到礼部尚书；次子祖义，乡贡进士；至于三子祖烈，做到江浙行省宣慰使，俨然是书香世家，与汉人无异。

乌古孙氏，祖先来自女真乌古部。乌古孙泽长期任福建行省廉访使，做过漳州路推官，入朝后担任中书参知政事、中书右丞、大司农等高官，也能作诗文。

阿尔浑氏，又称阿鲁温、阿鲁浑，原是中亚突厥部一支，信仰伊斯兰教，成吉思汗西征时归附蒙古。这个姓氏中有个叫迭里弥实的，事母至孝。在漳州路做达鲁花赤，也颇有政声。明军收漳州时，从容自尽，士绅于龙溪县东门外为其建表中祠，墓碑犹存。

此外，还有漳州路达鲁花赤要忽难、漳浦县达鲁花赤撒都剌、伯颜等。作为上流社会的人士，他们在漳州的出现无论从文化上，还是从政治生活上，都留下了痕迹。不过来到漳州的人，更多的是农夫、商人，没有他们，人口规模和经济重建是个伪命题。

社会被清晰地分为四个等级：蒙古人、色目人、汉人、南人，但是，文化还是开始呈现融合的态势。在忽必烈汗发出尊崇孔子的诏旨后，学习圣贤之书的，不再仅仅是汉人。那些弯弓射雕的蒙古人、女真人也开始手披口诵，有些人甚至希望加入士人行列。一些圣贤著作被译成蒙古文，在蒙古人中传颂。当朱子学说主导了元帝国的文教领域后，人们开始适应这个新的朝代。至元二年（1265），漳州路的达鲁花赤兄占伯重修了正在损毁的文庙明伦堂，一大批宿儒被邀请到路学做教师。游牧民族出身的帝王想通过恢复儒家传统来重建政治及社会秩序，并且平复战争创伤。但这是一个流动的社会，被战争和商业推动着，许多不可测的因素会在人流和物流中出现。快速形成的帝国在使用农耕政权的管理制度消化上也是一个问题。所以推广儒学不能解决有元一代漳州此起彼伏的反抗。这是这片区域的最高长官——达鲁花赤——镇守者（蒙语）比较头疼的事情。

这个时代，漳州的海洋经济日益显露了兴盛的迹象。沿海港口继续发展，与泉州、广州的贸易正在加强。政府有时会派出船队往东北采购粮食。梅岭——大航海时代的贸易重镇，成为忽必烈汗的海军基地。一些征伐日本的元帝国舰船，将从那里启航。帝国海军的士兵，往往从当地召集。他们中的一些人会成为船长，或者领航员。这本不是特别难的事情，因为帝国的舰船那么多，它们像密云一样被快速制造出来，然后又在频繁的战争中，像浪花一样被打碎。在大汗的水域，据说浮着数万这样的舰船，一次出征常常有数千艘跟随主帅。

在前一个朝代，漳州商船已经参与东南亚水域贸易，他们熟悉那条航路以及沿岸国家的风情，东亚的日本、高丽也是航程中的目标。

此时，越来越多的人前往东南亚贸易，一些商人，或者南宋遗民在那里生活，并坦然保持对故国的念想。

据明初三次随同郑和下西洋的马欢在《瀛涯胜览》中描述："爪哇国者，古名阇婆国也。其国有四处，先至一处名杜板，次至一处名新村……此地约千余家，以二头目为主，其间多有中国广东及漳州人流居。"旧港，则"国人多广东、漳泉人逃居此地者"。明初印尼爪哇岛的杜板及苏门答腊的巨港,生活着很多漳州人、泉州人、广东人。杜板的一个华人聚落,有漳州人和广东人千余家,这样的市镇规模不可能在短时间内形成,推测在上一个朝代已经有人在那里居住。而中国历代铜钱,在爪哇一带流通。

漳州的手工产品正通过邻近的泉州港和稍远点的广州港输往东南亚,比如漳绒、漳纱、吉贝布(棉布),主要销往日本。日本的天鹅绒,它的手工技术应该源自漳州,铜铁器则销往渤泥(即今文莱)、三佛齐(苏门答腊)、爪哇、天堂(阿拉伯)一带,蔗糖销往占城。大量的香料则是主要输入品,它们让空气弥漫着优雅的气息。

公元1258年,海上丝绸之路上的强国阿拔斯王朝被旭烈不率领的蒙古军团消灭,强大的阿拉伯船队突然衰落。这种短时间内形成的权力真空把泉州港推向巅峰状态,也让漳州海商有了赚钱的机会。不过距离漳州海商有本钱在太平洋上睥睨群雄,还有两个世纪。

元朝延续宋朝的市舶制度,至元十四年(1277),也就是南宋倾覆前,设立泉州、庆元(宁波)、上海、澉浦(浙江海盐)四个市舶司,以后又增加至七个。十年后,元政府干脆整合组建新的海上贸易机构,叫"行泉府司"。这个机构,管理一万五千艘海船及许多海上驿站,为宫廷运送各种舶来品,同时还有水军保护航船安全。蒲寻庚降元后,似乎还奉了忽必烈汗的命令前往番国招引商舶。

蒙古人非常热衷于海洋贸易,这是元帝国的国家财源,也是拥有巨大权力的统治者表达心情的一种方式。他们派出使臣,带着重金穿梭于海上,足迹遍及海外诸国,甚至到达北非。他们保持了数条海外贸易航线,比如东洋航线,航往日本、高丽;南海航线,在元代已相当成熟,漳州商舶,航行在这条线上。比如吕宋,到了下一个朝代,它成了中西贸易中一个极为重要的中转站。这想必是前朝的积蓄在后世结出的果子。另外还有西亚航线，也飘着漳州商舶的帆影。那里盛产乳香、象牙、犀角，中国是这些奢侈品的最大市场。

商人在其他朝代是属于四民之末的，地位有些不堪，在这个朝代倒不是问题。政府鼓励商业，因为它让国库充盈。元帝国是禁止北人南下定居的，但是却允许商人南下贸易。同样，南方商人北上也已受到鼓励。至于商旅往来的交通要道和旅舍，有士兵保护，商人往来也很自由。忽必烈汗曾经诏谕海外诸国："诚能来朝，朕将礼之。其往来互市，各从所欲。"让他们想到哪儿就到哪儿。所以当年的职业选择好像有一种普遍倾向，万户侯做与不做是可以的，不过，当一个追逐厚利的商人却是普遍的心愿。马可·波罗是个色目商人，这不妨碍他被忽必烈汗派去做扬州长官，等到他想家的时候，他同样可以放下一切，做回他的威尼斯商人。至于那些诸王、驸马、权豪、势要，也乐意做一个有特权的商人。对他们来说，没有足够的运输舟船是不可思议的事情。当然他们是不需要出海涉险的，委托自己的亲信做船长或者商务代理就可以了。虽然看起来这个由游牧民族建立起来的帝国非得按民族或种族分出个高低贵贱，不过商人是每一个等级都愿意从事的职业。尽管朝廷是禁止官员参与买卖的，但是上述对象好像不在乎这些限制。

这种氛围十分有利于商业的发展。漳州商船出海要到泉州去领取公凭，于是诞生了一种新的职业——"保舶牙人"。通过他们，船舶回航时必须回到原发地接受抽解，商品随后进入流通市场。这是元政府控制海外贸易获取财源的一个措施。

马可·波罗抵达中国这个时期，大致属于日本的镰仓时代，幕府有些衰弱，不过还是幸运地两次击败元帝国的入侵。

马可·波罗记录了其中的一场战役。战争发生的时间在1279年，也就是南宋灭亡这一年。忽必烈汗派出庞大的舰队，约莫十万士兵从刺桐港和京师两个港口出发横渡大海抵达日本，范文虎和阿剌罕是这支军队的统帅。这次声势浩大的征伐，最后却因主帅不和而失败。

为害中国东南沿海的倭患也在这个时代开始出现。

在下一个朝代，冯梦龙在《三言二拍》里讲述了一个发生在元朝的悲欢离合的故事。一个叫杨八老的陕西商人来到漳浦县采办由广州转来的"番货"，不巧遇到倭寇登陆，被掳往日本，装束也与真倭无异。一些年后，杨八老被裹挟着来到浙江，被元朝官军擒获。此时，杨八老在原籍的儿子杨世德已经中进士任绍兴县丞，成了审理这个案子的法官。一番曲折后终于父子相认，一家团圆。在《三言二拍》中的另一个故事，贾似道被郑虎臣锤击杀于漳州木棉庵，也发生在从漳州前往漳浦的驿道上。漳浦，在宋代已经是一个繁华的城市。从它的几个港口出发的商船，可以直抵广州、泉州，番舶泊岸，商人云集，市井上响着各国口音。在它境内的盘陀岭，一直是古代江南与岭南的分界，是两个区域经济的叠合部，它的经济实力借贸易不断攀升。

另一个案例来自南宋皇室的姻亲黄氏家族。崖山败亡时保护闽冲郡王赵若和逃到浦东的侍臣黄材，传到他的孙子黄宽夫。十二岁那年，倭寇登陆，全家被杀，黄宽夫被掳上船，出海后又因超载被抛落海中。那个不幸的孩子靠慌乱中抓到的一块木板漂流到大担后，被从广东贩货的嵩岭人林世英救起。长到十六岁时，娶了林家二女儿，回到浦东。在姑母的帮助下，讨回被侵占的财产，重建家业于岭南，遂易"浦东"为"浦西"。这段经历，写于元至正六年（1346）黄氏族谱，浦东现属龙海港尾，漳州南太武山北面港湾对面。

这个发生于十四世纪的人间悲喜剧有足够曲折的情节和复杂的时代背景，如果不是隐匿于黄氏族谱而是成为冯梦龙的小说题材，一定可以赚足天下人的眼泪。

再过200年，到了明嘉靖四十年（1561），浦西黄氏第十一代黄深魏率族人建起一座城堡，建成的时间比赵家堡稍早一些。经历了亡国之痛的浦西黄氏，此时又成为望族。

倭寇为患实际上也从侧面反映了这个地区经济的繁荣已经引起别人的垂涎。

总的来说，这个朝代来去匆匆，给人的印象多少有些浮光掠影，但是她斑驳的色彩以及在自己时代开启的大开大合的格局，为后世留下了许多伏笔。

至于漳州，关于她的文字资料相当有限，这就意味着，这是一个值得联想的话题，特别是当人类的海洋时代即将来临的时候。

The
biography
of
Zhangzhou

漳州传

明帝国的财富端口

第五章

大航海时代来临

十五世纪，地球的两端——中国和欧洲几乎同时把目光投向海洋。

在亚洲朝贡体系和商业贸易平行交织，使大明王朝坐拥国内市场和外部贸易圈。朝贡国家向大明王朝以朝贡表示忠诚，作为回报，帝国则以册封的形式承认它的权力，同时赠予昂贵的礼物和开展贸易的机会。这种机会几乎影响这些国家的财政。在西方人到来之前，亚洲以朝贡贸易为基础，形成影响广泛的贸易圈。宗主国与藩属国之间展示出一种相对柔和的多维的关系。

海禁政策与朝贡贸易成为大明王朝海洋政策的基石，在帝国创立之初，正是为打击昔日的竞争对手、断绝流亡海上的残兵生存根基的军事策略，在完成自己的使命后，成为建立与周边国家关系的一种手段。民间自由贸易等同于违反帝国禁令的走私行为，制度挑战者将遭到帝国军队的无情驱逐和捕杀。朝贡贸易商人作为帝国客人得到保护，海外番邦的使船在回程之后赚得盆满钵满。未来的几个世纪，大明王朝的物质文明显示出巨大的影响力。三十几个国家为取得贸易机会而臣服。即使遮天蔽日的下西洋船帆退出海洋世界舞台，朝贡贸易圈所建立的航线依然散发出巨大的生

明永乐十五年（1417），郑和和漳州府龙岩县人王景弘率船队经东山岛海域，遇风泊船净港（马銮湾）。（叶美珍摄）

命力，在这些航线上劈波斩浪的，是不知疲倦的民间商船。

在十六世纪中叶，漳州一跃而起与大明王朝海禁政策松动密切相关。

这个世纪，欧洲的贸易中心仍然是地中海。罗马帝国之后，阿拉伯人、波斯人先后抵达这里。最近的几个世纪，亚平宁山下的两个城市——威尼斯和热那亚统治了这里并且成为强劲的对手。

他们打造出强大的海军，并且依靠出色的海上力量控制了和亚洲的贸易。在美洲大陆被发现，中国、印度被了解以前，威尼斯发展出辉煌的现代贸易和文明形式，热那亚人则退出了竞技场。今天我们看到的那座美丽的水城是那个时代的倒影。

但是随着奥斯曼帝国的崛起和新航路开辟，地中海的衰落只是时间问题。不过地中海孕育的海洋精神为他们赢得了前所未有的荣光。美好的身体和强健的灵魂一直是地中海留给未来的财富。地中海培育了马可·波罗，也将培育克里斯托弗·哥伦布。

葡萄牙人开始他们的海上冒险，最初似乎是为了挑战威尼斯对香料贸易的垄断。他们另辟航路从欧洲绕过非洲最南端前往亚洲的路途如此遥远而危险重重，以至他们不得不花了几十年时间才做到这一点。

一个叫亨利的葡萄牙阿维斯王朝王子为此组织了十四次非洲探航，时间大约在1419—1434年间，这个时间和郑和下西洋的最后十几年正好重叠。当来自漳州、福州的工匠、水手、医生、士兵汇集在福州河口地区整装待发时，地球的另一端，葡萄牙最南端的阿尔维加首府、亨利王子的总督驻地，一个叫萨格里什的小村子建立了一所航海学校，在招揽了一群天文学家、数学家、地学家、制图专家、工匠、水手、亡命徒和急于逃脱债务的没落贵族之后，大航海时代拉开了序幕。

五个世纪前，在萨格里什寒冷的城堡里，表情阴郁的亨利王子面对同样阴郁的海洋，这个终身未婚的王子已经投入他的全部精力和财富，当他的舰队沿着非洲海岸越走越远，未来意味着什么？

1487年，葡萄牙人迪亚士绕过非洲好望角进入印度洋。另外一支探险队则通过陆路经红海抵达印度各港口。这就意味着从海路抵达印度只是时间问题。

在十五世纪的最后10年里发生的两件大事对后来的世界历史产生了重大影响。一件事是哥伦布发现了新大陆，另外一件事是达·伽马开辟了抵达亚洲的新航路。

在葡萄牙人即将向印度发起最后冲刺时，另一个伊比利亚半岛上的国家西班牙也早已跃跃欲试。

1492年8月3日，出生在热那亚——马可·波罗老家的犹太人克里斯托弗·哥伦布带着西班牙国王和王后伊莎贝尔给印度君主和中国皇帝的国书，率领三艘船和90多名船员从西班牙巴罗斯港出发，横跨大西洋，他们没有找到中国，却意外地"发现"了美洲大陆。这是一次意义非凡的

岁月烟云古月港。（吴瑜琨摄）

"地理大发现"。欧洲和美洲、新大陆和旧大陆之间越来越紧密地联系在一起。随着新航线开辟，欧洲人的海外贸易中心由地中海转移到大西洋海岸，那是全球化的开端。

1519年9月20日，葡萄牙贵族麦哲伦在西班牙国王资助下，率领一支由5艘帆船226人组成的探险队，从西班牙的塞维利亚港起航，经大西洋、太平洋、印度洋和好望角，后通过大西洋回到欧洲。船队于三年后回到欧洲时，只有一艘军舰"维多利亚"号回到塞维利亚，生还的人不包括麦哲伦。这是人类的第一次环球航行，分开的世界从此联系在一起。

在哥伦布登上美洲大陆50年后，在安第斯山脉发现的储量丰富的白银将催生大量的帆船贸易。从墨西哥的一个叫阿卡普尔科的港口出发的商船，满载美洲的白银航往亚洲水域。在吕宋，他们遭遇了从漳州月港出发的满载丝瓷的中国商船，一条重构世界历史的海上丝银之路就这样诞生了。

十五世纪末十六世纪初，是欧洲资本主义发展和封建制度瓦解转变时期。美洲发现和殖民，促进世界市场的形成。大量的美洲白银流入欧洲，推动西方以不可阻挡之势崛起。来自中国的丝绸和瓷器，毫无疑问也为欧洲文艺复兴带来亮丽的一笔。

在海洋世界，两个新兴的国家相互竞技。1497年7月8日，出生在葡萄牙锡尼什的贵族达·伽马奉国王命令，率四艘小军舰组成的舰队，从里斯本出发，寻找通向印度的海上航路。在1498年5月20日到达印度的卡里卡特——半个世纪前郑和抵达的地方，中国人叫它古里。船员在1499年9月9日回到里斯本。返航艰难至极，随行的一百多个船员，大多死于灾难和坏血病，最终只有55人活着回到里斯本。不过，满载而归的香料和宝石让人热血沸腾。

这条航线的开辟成了欧洲人从事亚洲贸易殖民活动的开端。在1869年苏伊士运河通航前，欧洲经过印度洋沿岸各国和中国的贸易，主要通过这条航线完成。达·伽马发现印度一百年后，英国、荷兰和法国等欧洲国家才有能力挑战葡萄牙在非洲、印度洋和远东海域独霸的局面。

达·伽马，那个在今天我们所能看到的十六世纪初的油画上的有鹰一般眼神、脸部线条锐利的葡萄牙贵族让人印象深刻。那一次海洋探险对他和他的国家来说太有利了。

到1511年，葡萄牙人建立了一条从本土经非洲好望角抵达亚洲马六甲的漫长的航线。在这条航线上的港市、船员，要么向他们臣服纳款，要么被他们洗劫。国王曼努埃尔给1505年的驻印度全权贸易代表阿尔梅达的指令是，在非洲东部黄金海岸、印度以及红海入海口建立城堡或军事基地，控制沿线的海上贸易。

每年春季，舰船载着大量的士兵和大炮从里斯本出发，展开一系列攻击行动，回程满载着各种各样的香料。十六世纪的头十年，葡萄牙王室派往印度的船只大约138艘，里斯本香料堆积成山。

葡萄牙军舰——那一座座浮在海上的流动炮台，改变了传统的贸易形式，亚洲水域多国家、多民族种族的和平贸易消失了，垄断贸易成为亚洲新的海洋贸易模式。当葡萄牙人以这种方式抵达中国时，冲突不可避免地发生了。面对强大的大明王朝，以及在这里经营数个世纪的闽南商人，葡萄牙人无法再像在非洲和西亚那样为所欲为。在与闽南商人的恩恩怨怨中，中葡贸易进入一个新的阶段，这个阶段是世界历史转折时期。

发现 Chincheo

十六世纪，欧洲人的航海图上，出现了一个新的名称——Chincheo。这个城市，绘在九龙江出海口。最初是在北岸，后来移到了南岸。

Chincheo，根据闽南话的记音，应该是漳州。十六世纪，漳州是中葡贸易的一个节点。

发现 Chincheo，是欧洲人在大航海时代最有价值的收获，对中国人而言，那是新的眼界。

欧洲人来到 Chincheo，是因为那里有一个叫月港的国际民间贸易港市，距离漳州府城，不过40里。九龙江（漳州河）从那里出海。

九龙江（漳州河）则是闽西南物流通道。水道主要分为二支，西溪一支，上源为船场溪，船场溪发源于平和与南靖山区。下游漳州平原，平原之上的漳州府城，是商业城市。手工业发达，府城临水，其货物通过沿岸码头源源不断送到海口。对九龙江水道物流吐纳举足轻重。九龙江干流北溪直上漳平、龙岩。这两县旧隶漳州，漳平是延平府与汀州府的分水岭。在九龙江上流，越过大山，可进入闽江流域和汀江流域，商道将三个流域相连。九龙江流域的辐射功能由此扩张，由此决定了出海口的贸易活力。

东南亚海图局部，附于1596年出版的《东印度水路志》，作者荷兰人林斯蒙顿，图中标注漳州府(Chincheo)、漳浦县(Cha baguco)、小琉球(Lequeo pequeno)，即台湾岛。

《漳平县志》记载："以东南溪河由月港溯回而来者，日有番货，则历华口诸隘，以至建延，率皆奸人要射，滋为乱耳。"月港开市前，这已是一条走私月港番货的商路。海商，王朝海洋政策的违禁者，以自己的冒险催动九龙江水道物流，迎来月港繁荣。

宣德年间，月港已经出现走私贸易。在成（化）弘（治）年间（1465—1505），已有"小苏杭"之称。没有人相信，那些打破秩序为生存而浮舟水上的人，将使漳州成为未来全球经济的一个节点。

葡萄牙人抵达九龙江海口地区时，这里已经是一个繁忙的水域，商船往来，络绎不绝。在她的河段、港湾，飘着白色的风帆。九龙江水道把漳州平原和山区的物资源源不断地送到河口,然后装船,输往沿海港市和东南亚、日本一带。同时各国的物资,也跟着返程的商船回到河口地区,再散向内陆、沿海港市。而当地的风俗受域外风物浸染,已经形同化外。

漳州河口一带,住着当地最富有的商人,在下西洋船队告别海洋世界后,他们成了亚洲水域的主人。他们跟着信风,航行在东南亚海域,有时也越过马六甲,在印度西南海岸贸易,那也是福建商人传统的贸易区域。日本也是他们常去的地方,当然是在发现银矿之后。他们中的一些人沿着中国海岸,一路上行抵达辽东,或者大明王朝的藩属国朝鲜。那里有质量上乘的人参、毛皮。饥荒时,甚至运来大米。他们在沿途留下聚居点,如满剌加、吕宋,如杭州、天津卫。至于从广州到漳州航线也活跃着漳州商人,他们是船长、水手、领航员和通事。广州有数量可观的番货,让他们的回程收获满满。传统上,来自岭南和江浙的"苏广杂货"在本土的市场最受青睐。至于漳州河沿岸的码头星列,那里可以提供合适的货源。他们身份多变,经营灵活,是长途贩运商,是供货商,也是采购商。嗅觉灵敏而勤快,市场需要什么,他们就能弄到什么。小到针线,大到海船,都是他们的商品。与他们合作,便不需要为货源发愁。这就意味着外来者,只要乐意彼此分享红利,即使人地两生也能完成买卖。

漳州河口地区,有设施齐全的船坞和货仓,隐匿在曲曲折折的河段里。那些经过数十天长途航行的船,可以在港内或者附近的小岛比如浯屿,维修船具,补充淡水和粮食。

在河口地区还很容易找到说各种语言的翻译、船长、领航员,后来葡萄牙人探航中国台湾和日本,推测船上就有漳州的领航员,正如葡萄牙人探航印度时,阿拉伯人帮了大忙一样。因为有漳州航海人,他们前往目的地的航行,省了许多麻烦。

一群优秀的工匠聚集在港口一带,据说他们的工艺是郑和时代留下来的。将近一个世纪前，下西洋船队在福州长乐整装待发，大批士兵和各类专业技术人员前往那里集合。来自福建沿海的造船工匠，在那里造出当时世界最大的宝船。漳州的工程技术人才，不会错过那一场盛大的狂欢。他们有足够的才华，证明自己的能力。也许是因为那一段经历，日后，大明王朝琉球册使船——封舟的打造常常依靠他们，帝国海军有时要委托他们打造军舰。

他们打造的船，就是流行于闽浙一带的福船。这种船，不同于航行于印度洋上阿拉伯人的三角帆船，也不同于在中国沿海航行的平底河船，它们高大如楼，船首高昂，腹尖上阔，船身狭长，抗风搏浪，擅长冲犁，对倭寇形成巨大的威胁。

十六世纪初，葡萄牙人开始把他们见到的中国帆船，称作"Junco"，那是闽南话的译音。因为他们看到的差不多都是这种船。就像与他们打交道的，最初都是漳泉人一样。

到了今天，那些欧洲航海国家——荷兰、法国、英国，都用这种发音指代中国帆船。后来在海峡两岸航行的"戒克"船，也发源于此。

不错，Junco——"船仔"，正是那个时段东亚水域的主宰，代表漳州河口地区的荣耀。

那群人驾着"Junco"到处冒险，看淡生死，视大海为田园，视异域为故乡，追逐财富梦想，无所顾忌。明人郑晓曾经这么评价："汀漳山广人稀，外寇内逋，与南赣声势联络。海物互市，时起兵端。人悍嗜利，喜争大抵漳州为劣"。那一种"劣"，其实是在恶劣的生存环境下汉文化的另一种阳刚表现。

在时人眼里，他们像佛郎机、像日本人，具有强悍喜争的海洋性格；漳州商民，仿佛是汉族文化中的异质成分。他们最终以对生存环境的挑战在海洋世界掀起大波大浪，并让东来的欧洲人，感觉到最初的棋逢对手。

浯屿，明代漳州海洋门户，南中国重要港市，见证中葡贸易的繁盛。（吴瑜琨摄）

海门岛，位于九龙江海口，中国海商与西方商人的贸易跳板。（吴瑜琨摄）

生存条件使人们不得不走向大海。这片土地三面环山一面向海，粮食不能自给，海路是唯一的生命线，如果走陆路靠脚夫之力，货物运输成本是海路的二十倍，民生靠海，虽然繁华的泉州港近在咫尺，王朝管理却有些鞭长莫及。

自闽越灭国，这里几成无人区。蛮獠——畲族祖先，慢慢成了主体人群。然后中原移民，覆盖这里，渐渐形成新的族群。这个族群，有畲族的不拘，有中原文化的坚忍，受海风浸润，衍变出海洋族群与大陆族群混合的品性。他们安土重迁，从中原到海边，从海边到海岛，到处有他们的身影。没有迁移就没有足够的食物，或者荣耀族人的财富。自然条件让他们习惯迁徙，从杭州湾一路飘来的季风洋流，流过家门口，流向南洋。这几乎就是下南洋的天然通道。一个心怀梦想、不受羁绊的少年，哪一天在家待腻了，跟人上了一条船，走几天几十天海路，就到了海岛。如果不死，那些海岛会给他们带来许多机会。

并不是他们天生漠视秩序，就像生活在伊比利亚半岛的葡萄牙人那样，山脉隔断了他们和内地的联系，使他们必须向海洋寻找食物和其他所需。

数个世纪的时间内，他们驾着艨艟斗舰扬帆海上，从一个港市航向另一个港市，从一个海岛驶向另一个海岛，他们是海上骄子，生活在峰谷浪尖。在王朝不允许他们下海时，他们凌波而去。当他们获得财富，荣耀乡

十七世纪航行于东南亚的大明商船 Junco（船仔）。

邻，他们愿意回归秩序，即使在海洋王国权倾一方、富甲天下时，只要有机会，他们仍然愿意做王朝顺民，他们要求的回报，仅仅是自由贸易和贸易的自由。

尽管是在王朝海禁时期，民间贸易就是走私，是必须惩治的违法行为。不过百姓习以为常，官府也有些熟视无睹。说到底，海洋贸易关系到百姓口腹。至于驻军，有时也参与贸易。这是"海禁"政策下非常态的海洋贸易。于是，在帝国统治的最脆弱的地带，在一群突破牢笼的海洋商人推动下，一个世界级的港市在高压政策下崛起了。

当大明王朝最终承认这种贸易形式时，他们已经在海路积累了大量人脉，形成影响广泛的贸易网络。

葡萄牙来到亚洲水域，他们遇到早在这片水域航行的闽南商人。他们显然交过手，不过他们很快发现在这里并不像在印度和非洲那样随心所欲，他们彼此交火，相互依托。漳州海商是可靠的货物供应商、熟悉沿海情况的内引，适应外来人的商业规则。这片水域几股力量的争锋与平衡，大致建立在利益共识之上。最重要的是他们发现生活着一群和他们相似的人。如果不是这种品性，十六世纪海洋贸易的巨大利益不会留给漳州。

大明王朝的海禁政策，在给其他港市带来毁灭性打击时，反倒给这里带来意想不到的机遇。因为偏僻而复杂的地理条件，因为一群超越秩序的商人群体。

在宋元时期，福建对外贸易的主要港口在泉州港，刺桐，那个堪比埃及亚历山大港的伟大港口，马可·波罗赞美过她，曾有如林的樯桅、炫目的香料宝石以及来自基督教、穆斯林世界的商人。但是因为海禁，这个传奇港市寥落了。市舶司——庞大的海外贸易管理机构看起来闲来无事，迁往省城。因为那里是大明王朝与琉球朝贡贸易的港市。每年有若干次琉球使团，从这个港口上岸，前往京都。这倒可以忙一阵子。

九龙江海口地区的崛起并非毫无预兆。刺桐繁荣时，这里舟楫聚集，形成港市。因为刺桐贸易，积累了足够多的航海人和外贸人才，等到刺桐港凋零，那些星散的商船便汇集到九龙江海口地区。因为那里有曲折的海岸线，交错的港道让走私船隐匿自己的行踪，载着王朝禁止的货物。至于交易获得的利润，足够让他们甘心冒着各种风险，即使丢掉自己的脑袋，也不能遏制跃跃欲试的心。海商们在这儿造船、取货、藏匿所得，刺桐的繁华，让他们搭了轻便车。现在回到家门口，一切顺风顺水。乡邻，大抵从这种违禁的贸易中得到好处，帮衬他们，视他们作衣食父母，或者时代英雄，敬仰他们，把自己的男孩托付给他们，希望有朝一日，也像他们那样，行走海上，为家族赢得财富和荣耀。

月港，条件并不算优越，却出人意料地崛起了。

葡萄牙人在发现"Chincheo"前，实际上已经知道漳州。他们在1511年抵达马六甲时，已经知道那儿出产丝和樟脑。当时马六甲王国有4个沙班达尔，大约是一种管理贸易的官员。其中一个沙班达尔管理中国、琉球、Chincheo和占婆的商人。

麦哲伦抵达菲律宾时，在当地土人身上发现丝，这些丝织品是不是来自漳州，却是个悬念。

1515年，葡萄牙人来了。葡萄牙国王曼努埃尔一世派遣费尔南·佩雷斯·德·安德拉德(Fernao Peres de Andrade)率船队去"发现中国"，结果发现了"Chincheo"，他们派出的分舰队在马什卡雷尼亚带领分舰队抵达Chincheo，因错过信风，在那儿待了几个月。

1540年，葡萄牙人在浯屿修建了临时居留地。

1547年，他们还在那儿。

平托，一个生活在那个时代的葡萄牙人，说他曾在那里遇到五艘葡萄牙商船。

海商的活动范围不断扩展，贸易中心渐渐南移到月港。每年三四月，风汛起时，葡萄牙船从东南亚其他港市进来，他们在浯屿抛锚，月港发货，出没在走马溪、安海、崇武。

　　此时，Chincheo贸易已经十分繁盛。来自巽他(Sunda)、马六甲、帝汶和北大年的葡萄牙人，都赶往这里。

　　1550年到1588年，葡萄牙人编写《通商指南》，明确表明葡萄牙人常在浯屿过冬，在烈屿(Leh-Sn)装货，在海门岛(Hai-men Island)修理船具，补充供给。在料罗(Lailo)驻泊通商。至此，中葡贸易中心已经转移到月港。

　　Chincheo迎接外面世界的人们时，生活在那里的人也正走向外面的世界。

　　十六世纪初，经历漫长的等待，成千上万的漳州人来了。Chincheo是他们的出发地，海洋世界正等着他们。

日本白银的诱惑

嘉靖二十四年（1545），一艘前往东南亚贸易的漳州商船忽然被风吹到岛国日本海岸。这是一次有惊无险的旅行。回来时，海商带回的货物获得不错的利润。消息传开后，漳州商船纷纷驶往岛国。漳州与日本的民间贸易由此开始。

这段记载来自同安名士洪朝选《芳洲先生全集》，那艘误打误撞的漳州商船从日本带回什么，没说。

也就在这个时候，福建与日本的贸易突然呈现猛烈的扩张趋势。

这一年十二月，漳州海商李王乞等3个人载货前往日本，遭飓风漂到朝鲜，被朝鲜捕获后送到辽东交给明政府。

嘉靖二十四年三月，有日本船数十艘直驶泉州的围头、白沙等澳停泊。这些船的船主、水艄大多是漳州人，他们熟悉当地情况，无须当地人指引就可以直接交易。活动在这一片海域的各国商人闻风而至，附近的土产比如月港的新线、石尾棉布及湖丝、中药川芎，是热销商品。这是一桩相当有规模的买卖。当地百姓络绎不绝地来到海边，酒肉柴米也能卖个好价钱。这里的海市曾一度十分喧闹。

嘉靖二十五年（1546），613名福建海商被朝鲜方面送回。

嘉靖二十六年（1547）三月，又有347名福建海商被朝鲜方面送回。这些人都是前往日本贸易不走运地被风吹向朝鲜。朝鲜国王称：自李王乞等人往日本贸易为风所漂开始，到现在又捕获冯淑等人，两年多时间，被送回福建的已多达上千人。

这是一个令人担忧的数字。

两年中被藩属国掳获的海商达上千人。那么更多的顺利抵达日本贸易的海商是多少？

嘉靖三十三年（1554）六月，漳州海商苏毛等30余人在前往日本贸易时，被官兵诛杀。

明朝法律规定，犯禁到日本贸易的，诛。

嘉靖三十三年六月，一艘到漳州贸易的日本商船返航时因船只损坏被掳。日本商人丝二老描述："日本铜兴居人与唐人蔡四官等11人买卖大明事，同博多州人、铜兴人、平户岛人到漳州府买卖，还乡时船败，铜兴人平田大藏等20人、博多州时世老及蔡四官等扶持三板浮流登岸。"那个叫蔡四官的能把日本人带到漳州买卖，即使不是漳州人，至少与漳州有很深的渊源。

漳州此时在海洋贸易中风生水起。

嘉靖二十六年，浙江巡抚提督福建军务朱纨就说过："访及漳州等府，龙溪等县沿海月港等地方，无处不造船下海，无船不登岸行动，外通番夷，内藉巨室，勾引接济，积习成风。"

嘉靖三十七年（1558），漳州海商谢策、洪迪珍曾招引日本人到浯屿贸易。一次就来了3000多人。

是什么原因，使原先冷淡的中国对日本贸易，突然火了起来？答案在白银。

在漳州商船大量驶往日本的这个时段，日本发现了储量丰富的银矿。

1542年，日本在今天的兵库县发现生野银山。接下来，石见、左渡的银山、金山相继被发现，并且大量供应国际市场。十六世纪，在国际市场流通的白银，大约有15%来自日本。

这是一个影响深远的发现。

正如1545年美洲波多西发现银山最终刺激万里之外的漳州通过吕宋与美洲、欧洲发生贸易关系一样。1542年日本生野银山的发现引起中日民间贸易迅猛扩张，中国东南沿海，一批与日本贸易关联港市迅速兴起。宁波的双屿、漳州的浯屿、月港及诏安梅岭、漳潮共管的南澳成为引人关注的国际港市。

唐船，漳州与日本的那些事。

日本商人与中国海商的交易，通常以白银结算，这比来自伊比利亚半岛的葡萄牙人、西班牙人更受欢迎。正因为如此，漳泉海滨的百姓都愿意与日本人做买卖，他们早早把本地出产的货物储存在自家库房，到风汛期便拿去换白花花的银子。他们那么了解日本船，他们什么时候来，来多少人，甚至带来多少货物，一般都能提前知晓。这对于彼此买卖太方便了。

白银成了中日贸易关系的催化剂。在此之前，漳州海商对日本并不感兴趣，因为那里没有什么值得一提的东西。

但是，日本市场却对中国商品表现出旺盛的需求，去日本贸易的商人发现大到船舶、小到针线在日本都很受欢迎。像丝棉、药物、器皿之类，差不多全由中国供应。举行国家祭祀大典时国王穿的服装也以中国丝绸为原料。

一个到过日本贸易的中国商人说："大抵日本所须，皆产自中国，如室之必布席，杭之长安织也；妇女须脂粉，扇、漆诸工需金银箔，悉武林造也。"有四种商品在日本特别受倚重。它们是饶州的瓷器、湖州的丝棉、漳州的纱绢、松江的棉布。据说，湖丝每100斤价格500—600两银子。丝棉每100斤200两银子，红线每斤700两银子，水银每100斤300两银子，连缝衣针一根也要7分银子。

至于大件商品，如福船，一艘可以卖上千两银子，哨船也有数百两银子，书籍价格也很昂贵，《批点通鉴节略》可以卖40两银子、《舆论》卖20两银子。

一般情况下，中国商品在日本售卖价格会数倍于原产地，硝、铁一类的有时高达二十倍。如果市场供应短缺，价格上还要大幅上扬。

日本白银和中国手工业品一拍即合，中国市场对白银的渴求和日本市场对中国手工业产品的旺盛需求使中日原先一边冷一边热的中日民间贸易成为两相情愿的热络买卖。

1533年，中国的吹灰炼银法传入日本，更提升其炼银产量。日本白银源源不断地通过东南沿海民间孔道输入中国。同时，带动大量的中国商品流入日本市场，在白银的驱动下，日本社会进入快速发展时期。

漳州商船成群结队地飘向岛国。中国东南沿海每年6—10月份盛行东南偏南风，10月至次年2月又盛行西北偏北风，利用信风，商船上达日本，下通东南亚。在风的吹动下，商船驱动着宁波双屿、漳州浯屿、漳潮共管的南澳进入快速发展时期。

在银矿被发现前，没有人把岛国市场当一回事。倭刀倒是好东西，但不是一般等价物。只有生野、石见的白银被发现了，才会有嗅觉灵敏的商人闻风而动，在中日航线上终于出现了商船不再单方行驶的模样。

日本人终于等到不一定要靠朝贡贸易或者掠劫也能弄到心仪的货物的时候，这种变化太让人有底气了。

嗅到了白银气味的不单是中国海商，驾着船在亚洲到处游荡的葡萄牙人也从中看到了机会。伊比利亚半岛的产品对亚洲人没有什么吸引力，不过他们的火器制造技术相当出色。这东西在关键时刻可以用来做商品交换。葡萄牙人的贸易对象主要还是中国人，不过他们几乎垄断了从澳门到日本的航线。依靠这条航线，他们弄到数量巨大的白银，这使他们获得中国货源变容易了。

日本白银的突然出现推动了十六世纪四五十年代的东亚水域国际贸易，使其成为各种力量命运的舞台。

十六世纪上叶，在中国商船扬帆海上时，日本海上力量南下，葡萄牙、西班牙海上力量东进，三股力量扰动在亚洲水域。日本银山的发现加速了国际物流，形成前所未有的新格局。中国东南沿海，一系列港市突然壮大，日本市场也不那么让人轻易忽略，葡萄牙人则找到了这些贸易的抓手。

在国际海洋形势发生巨大变化的时期，大明王朝进入嘉靖时代，海洋力量的崛起显然严重触碰了皇权的底线，海禁加剧了。随后，涉及政治、经济、军事层面的振荡发生了。

这种振荡，是大时代来临的前兆。

十六世纪最初二十年，闽浙海面还算平静，葡萄牙人只不过初来乍到，倭患还不算严重，海上贸易还讲规则，民间贸易刚刚兴起，商船多从事和平买卖，没有明显的结伙需求。日本白银出现之后，情况开始变得不一样了。

武装海商集团在这个时候出现了，那么多追逐财富的人碰到一起，海上不免闹哄哄的，打架是常有的事，海上冒险打的是群架，群架打大了，武装海商集团就出现了。五十艘船，或者一百艘船，甚至更多的商船结成群党，分泊于各港市。日本人也捎带进来，穷的，借其强悍，以为羽翼；富的，搭伙买卖，分享利润。野心大的都想在贸易中获绝对优势，最好是垄断航线上的买卖。海商们彼此争夺贸易权力成为必然，葡萄牙人的到来加速了这一进程。最初，海商们还以乡族、语言为纽带构建彼此关系。很快他们就发现无国界、跨种族贸易集团的好处。白种人、黑种人、黄种人、中国人、葡萄牙人，也为利益拼搏，也为利益结成共同体。

武装海商集团的出现是海上贸易扩张的一种投射，只有足够的利益，才会有足够的能力和需求去建一支武装到牙齿的船队。这些武装商船最初也许是规避风险，彼此交锋。不过，触碰王朝海禁政策是一开始就注定的事情。最终，武装海商集团之间的交手必然上升到与国家军队之间的对抗，到了这个层面，问题就大了。

接下来就发生了后面要提到的走马溪那些事情。

这就是日本白银在东亚水域激起的波澜。

公元 1549，走马溪

公元 1549 年，中国的嘉靖二十八年二月二十一日，漳州诏安走马溪，一场中国军队和葡萄牙人之间的冲突爆发，2 艘葡萄牙王船、2 艘哨船、4 艘叭喇唬船被击沉，33 个葡萄牙人被杀，203 个葡萄牙人、黑人和中国海商被俘，葡萄牙文献中的数字是 400 多人，中国军队以绝对优势取得了胜利。

这是一场小规模的武装冲突，在世界战争史上，无论从哪个角度讲都不算一场经典战斗，但是，却直接改变了一个封疆大吏的命运，同时，影响了整个中国东南沿海海洋的局势。

这一年，中葡关系出现重大转折。

（一）

葡萄牙人和漳州的交集发生在十六世纪上半叶。在明代的文献里，他们被称作佛郎机。到道光年间徐继畲编《瀛寰志略》时才用闽南话音译成葡萄牙。

1508年3月13日，葡萄牙人迭戈·洛佩斯·塞凯拉从里斯本出发，航向圣·芬蒂斯岛以西那片广阔的海洋。临行前，国王多姆·曼努埃尔命令：了解中国人，他们从哪里来？从多远的地方来？对欧洲人来说，此时的中国是谜一样的国度。除了一百多年前马可·波罗梦幻般的描述，他们对中国的认知几乎是一张白纸。

1509年9月11日，葡萄牙船队抵达马六甲，他们发现港口中泊着三四艘中国商船，不过因为马来人的敌意，他们不能接触这些商船，直到他们返航，他们对中国人的情报一无所获。

几个世纪以后，人们一再提到中国人与葡萄牙人的第一次交集，那几艘中国商船从哪里来一直是个谜，不过有日本学者认为，那是漳州商船。在这个年份，每年有这个数量的漳州商船越过海洋抵达这里。

因为大明王朝对马六甲这个蕃属国的忽视，葡萄牙人很快地控制了马六甲。1514年，他们开始将注意力转向中国。

接着，在中国东南沿海出现了一系列中葡贸易区，现在研究者往往把这些贸易区称作"十六世纪的自由贸易区"。

葡萄牙人在一个非常有利的时机进入亚洲水域，这个时候，大明帝国正在衰落，庞大的郑和舰队在八九十年前已经退出海洋世界的舞台，只留下令人敬畏的传说。而葡萄牙人却靠最初的几条小船在大明帝国的朝贡贸易圈内为所欲为。

葡萄牙人的第一个登陆点是广州港。三年后，另一支船队抵达广州。官府最初并没有为难他们，除了有时让他们在寺院学点礼仪。1518年他们的一支分舰队由乔治·马什卡雷尼亚斯率领在寻找琉球群岛，不过因为错过风汛期，他们仅航行到Chincheo的海岸城市做了一次颇为有利的贸易。有人推测这次探航的领航员是漳州人。因为从广州到琉球这条航线上，活跃着大量的漳州伙长、水手和通事，和他们合作是最明智的选择。至于Chincheo，有学者认为是泉州，也有学者认为是漳州，按照闽南话记音，是漳州的可能性更大。当时，漳州河口的月港已经是一个繁华的大港，"十方巨贾，竞鹜争驰，真是繁华地界也"。葡萄牙人和漳州人在这儿都做了一次成功的买卖，心情不错地返航了。这是漳州地面第一次出现葡萄牙人。

葡萄牙人在1519年于广州屯门岛建起一座小城堡。在中国建立一个永久性居留地一直是他们的梦想，因为这样他们就可以将此前已经占领的印度果阿和马六甲为支撑建起从本土到中国的海上贸易线。这将使他们从海洋贸易航行中获得巨大利益。

葡萄牙人并不满足于做和平商人，他们很着急地利用贸易据点抢掠商船和攻击村落，这导致他们在1522年被彻底赶出广州。

他们的下一个落脚点是浙江定海的双屿，这地方离定海40里，原是"国家驱遣弃地"，在海禁时期，闽、浙、粤三省民间贸易商船聚集在这里。南风汛时勾引外国商船由广东北上，北风汛时则勾引外国商船由浙江南下。大约在嘉靖十九年（1540）至嘉靖二十七年（1548），福建海商李光头、许栋等人在这地方待了九年，营房、战舰无所不具。葡萄牙人由他们引导下到这里贸易。漳州海商实际上成了双屿中葡贸易的开启者。据葡萄牙人平托说，到1540—1541年，那里已建房屋1000多栋，居住了3000多人，其中葡萄牙人1200人，这是葡萄牙人在东方最富有的居留地。

葡萄牙人很快又犯了和广州一样的毛病，而大明王朝直接派出了6万大军、数百艘战舰，从水陆夹击双屿港，5小时后，这个十六世纪远东地区最繁华的民间贸易港灰飞烟灭。

葡萄牙人在双屿港居留地遭遇失败以后就到了九龙江出海口的浯屿岛。浯屿，距漳州陆地岛尾2.8千米，面积不过1平方千米，屿首尾两门，船皆通行，浯屿西面浯屿澳，港湾平稳是天然避风港。洪武年间，江夏侯周德兴在大担太武山外设浯屿水寨，以控漳、泉二府。成化时，防务日渐空虚，水寨内移至中左所（厦门），原先的浯屿水寨被海商占据，很快成了民间海洋贸易活跃地带。每年三、四月风汛期，外国商船来到闽粤海面，往往在浯屿抛锚，本地商人也于此时前往浯屿泊船，出货地点就在月港，贸易旺季，从浯屿到安海、崇武水面飘着各国商船的白帆。葡萄牙人与漳州海商之间建立密切的贸易关系，葡萄牙人进入福建海面，主要还是经济方面的原因，即逃避广东的征税。兵部尚书张时彻曾说："商舶乃西洋原贡诸夷载货，舶广东之私澳，官税而贸易之，既而欲避抽税，省陆运，福人导之改泊海沧、月港；浙人又导之泊双屿"，每年六月末，望冬而去。

万历漳州府志记载"有佛郎机船载货泊浯屿，漳龙溪八、九都民及泉之贾人往贸易焉。巡海道至，发兵攻夷船，而贩者不止。"此时，葡萄牙人和福建人从事和平贸易，与当地关系尚属和谐，即使官府发兵攻击，也还没有大规模的冲突。

葡萄牙人在这里又建立起一个居留地，到这一年十月，都指挥卢镗率兵船到达这里时，发现葡萄牙人已经背倚东北面向西南建了一座营寨，外围木栅，兵船前去挑战时，闭门不出，而在外洋从潮州、安海方向驶来的接济快船络绎不绝。那些船有极好的性能，官军的哨船根本就追不上。

据葡萄牙人平托描述，在浯屿，葡萄牙人推举了一个叫苏舍的做总督，管理一切事务。有一个阿美尼亚人在漳州待了六七个月，生了一场病死了，苏舍查封他的财产，发现有2名中国商人欠阿美尼亚商人3000金币，看起来无力偿还，这位总督便扣押了两人。这事引起中国官方不满，禁止与葡人交易。葡萄牙人没了生意也得不到粮食，开始撒野，四处袭击附近村民。事发之后，中国军队出动120艘船只围剿葡人。结果，泊在月港内的13艘葡船尽数被烧毁，500多个葡人只有30人侥幸逃走。

嘉靖二十八年正月二十五日，逃走的葡萄牙人再次返回。二月十一日，葡船在诏安县走马溪附近的灵宫澳下湾抛锚。尽管死了那么多人，葡萄牙人还是不肯放弃任何赚钱的机会。

走马溪位于漳州诏安县南端，是闽广噤喉之地，抗倭名将俞大猷描述这个地方两山如门，四季不为风患，离县城及各水寨都比较远，接济者旦夕往来，无所顾忌，这几乎是上天给予海商一个天然的避风港。那些番舶自彭亨航行到此时，经历了数十天旅途，水米已经用尽，一定要在这里停泊储备，然后再航往日本。在另一个季节，从宁波南下的船只，也一样到这个地方休整。和其他海港相比，这个港口不须担心风暴和官府追捕，所以是海商的必经之地。在走马溪边的梅岭，百姓一直以海洋贸易为生，数里的范围，千余人家从事海洋贸易，其中田、林、何、傅、苏等家族势力相当庞大。他们或者出本贩番，或者造船出海，或者接济外国商船，地方风气彪悍险狠，外人不能轻易招惹，这是常年在风口浪尖营生的人才有的品性，有点像佛郎机人。

都指挥使卢镗和海道副使柯齐发现葡萄牙船抛锚后，立即指挥浯屿、铜山、悬钟水寨士兵和福清、海沧兵集结，同时又通过地方关系抚谕梅岭的田、傅等百姓归服效命。官军于是在梅岭设伏，二月二十日，兵船发走马溪，二十三日，战斗爆发，卢镗亲自擂鼓督阵，一时铳石俱下，泊在港内的船只悉数被歼，这就是历史上著名的走马溪之战。

克路士在《中国志》里关于这场战争经过的描述和中国人略有出入："第二年（1549），舰队军官更加严密地防守海岸，封锁了中国港湾和通道，以致葡萄牙人既得不到货物，也得不到粮食，但是，不管警戒防卫多严，因为海岸岛屿很多，它们成排地延伸在中国海岸，舰队不可能严密把守到没有货物运给葡萄牙人。

东山湾海面，中葡走马溪之战，发生在这片水域。（吴瑜琨摄）

但货物并没有多到可以把船装满……他们留下30多名葡萄牙人看守船只和货物，让他们保卫这两艘船，并设法在中国某港口售卖留下来交换中国货物的商品，盼咐之后他们启航赴印度。

中国舰队的官兵发现仅留下两艘船，其他都走开了，就向他们发起进攻。由于受到某些商人唆使，他们向官兵透露这两艘船上有大量货物，而防守的葡萄牙人数很少。因此他们设下埋伏，在岸上布置一些中国人携带武器好像要袭击船只，同葡萄牙人打仗，以激怒葡萄牙人，让他们走出船交战。这样，两艘船就没有防卫，暴露给舰队。而舰队则可以隐藏在突入海中的一个岬石背后，以就近攻击他们。留下来看守船只的人被惹怒，没有注意到埋伏，其中一些冲上岸与中国人交战，埋伏的舰队士兵看到对方中计，立即袭击了这两艘船，杀了一些暴露出来的葡萄牙人，把另外一些躲藏的葡萄牙人打伤，俘获了这些船只。"

走马溪之役，葡萄牙人在福建沿海的美梦灰飞烟灭。

战斗结束后，数万百姓聚于海滩，哀悼失去的生计。

这是发生在十六世纪的一个悲催事件。

1548—1549年是东南沿海极为动荡的年份，能征善战的福建军队在前线指挥官都指挥司卢镗、海道柯乔率领下发动一连串攻击并且取得胜利，"海禁派"与"驰禁派"从舆论对立演变到政治交锋。这一切是一个叫朱纨的人出任浙江巡抚提督福建军务引发的直接后果。

（二）

嘉靖二十六年，即公元1547年，朱纨出任浙江巡抚兼管福建海道、提督军务时，中国东南沿海正处于无序状态，成千上万只商船跟着汛风游弋，追逐财富的信息，对王朝禁令置若罔闻。

在此之前，浙江巡抚御史杨九泽曾上书朝廷要求复设巡抚重臣，统摄闽、浙两省官员、军队，浙江的宁、绍、台、温皆枕山濒海，连延福建福、兴、泉、漳。沿海虽然有江夏侯留下的城池控制要害，但已构不成联防功能。商船在海上机动，在管理薄弱的接合部抛锚，官府鞭长莫及。所以他建议，设巡抚重臣，以漳州为驻地，南御广东，北控浙江。朝廷基本同意这个方案，把闽、浙两省连为一体，原先巡抚南赣、汀、漳都御史朱纨出任这个职务。

关于海洋贸易，大明王朝统治集团内部一直存在"海禁派"和"驰禁派"的交锋，两个派系背后都有强大的利益集团推波助澜。朱纨出任巡抚重臣意味着中国海洋政策走向出现明朗化迹象，海禁的执行力度将前所未有的强化。

朱纨，一个非凡的大明高官，有经过长时间儒家思想训练出来的理想和信念，即使手握重权依然清贫自守。作为现行秩序的坚决维护者，他有挑战异端的勇气和手段。他能够毫不犹豫地用海盗，当然也包括海商的血祭他的信念之旗。皇帝赐予的令牌让他的行动更加果决。他的到来引发了一场波澜。中葡冲突爆发在他任巡抚的1548—1549年，这是两种力量的博弈，一个是正统的封建势力，有强大的精神背景；一个是新生的海洋力量，有令人气血偾张的激情。

朱纨毫不迟疑地向自己的同僚和治下的狡民挑战，他报告皇帝："治海中之寇不难，而难于治寇引接济之寇；治寇引接济之寇不难，而难在于治豪侠把持之寇。"他十分清楚地意识到，对手在等着他，希望他在奋力冲刺时露出一个破绽，好给他致命一击。他的对手有朝臣、有巨商，但更多的是以海为生的从未谋面的平民。但他不是一个孤独的行者，福建都司掌印署都指挥卢镗、海道柯乔，还有许多忠于职守的僚属以及数以万计闽浙士兵汇集在他麾下，他代表皇家意志和正义的力量，力图通过铁血手段重建秩序，恢复洪武时代的荣光。

1545年4月，朱纨的大军摧毁了双屿。10月，扫清了月港内的葡萄牙商船。1549年2月，走马溪之役成为所有故事的高潮部分，葡萄牙海上力量被彻底清除出闽浙。

这是朱纨人生的巅峰，胜利的荣耀最终属于这个大明王朝的忠臣。

朱纨，王朝的牺牲。

（三）

葡萄牙人在中国防务空虚时抵达海岸，洪武时期那种战舰如云、旌旗蔽日的盛况成过眼云烟。朱纨到达漳州巡视时，铜山水寨1859名官兵，仅见258名；悬钟水寨官兵919名，仅存238名；浯屿水寨3441名，仅存655名。至于战船，浯屿水寨剩下13只，悬钟水寨勉强凑齐了4只，至于铜山水寨剩下最后的1只。行粮已经几个月没有发放，军队几乎没有战斗力。1547年葡萄牙人抵达浯屿时，巡海道柯乔、漳州知府卢壁、龙溪知县林松派官兵清剿，没有任何胜算。这一年稍早一点，备倭把总指挥白濬、千户周聚、巡检杨英在浙东海面出巡时非常丢人地被海寇商人掳去，最后悄悄花钱赎回了事。

来自伊比利亚半岛的商船给东南沿海带来意想不到的商机，为旺盛的市场需求驱使，商人们在中国东南沿海游荡了近半个世纪，为寻找一个合适的落脚点。在双屿，数千甚至上万商人在那里居住，其中1200人为葡萄牙人，各国商船云集，令那个港繁荣。至于浯屿，至少生活着500葡萄牙商人。各国商人长期混居，使当地风俗习惯形同化外。那些港市冲动、吸金，通用丛林法则，虽然有时他们愿意平心静气地做一个正当商人，但他们更愿意为一次贸易纠纷大打出手，这样的方式显得高效，也合乎他们的冒险性格。

这些人常常组成国际海商集团，成员包括葡萄牙人、华人、日本人、黑人、马来人。他们驾着武装商船四处游荡，建立自己的贸易网络，有人沟通信息、有人提供货源、有人接济口粮。他们有些底气时，便掠劫商船、攻击村民，甚至劫掠官员。

当地百姓与他们也冲突、也贸易，既是伙伴，也是对手。滨海地区从事海洋贸易的人口数量巨大，如漳州府诏安县梅岭一地，几个巨族比邻而居，连绵数里，气势逼人。

实际上，在葡萄牙人绕过大半个地球抵达东亚水域以前，漳州商人已经成为这里的主角。在王朝海禁政策的高压下，他们以语言为纽带，连接乡族、宗族，组成贸易集团跟着信风在海上冒险，形成了繁盛的贸易潮。在滨海地区形成有别于内地的海洋社会。在那里，人们不事耕作、纺织，但可以吃精美的食物、穿华丽的衣裳、住漂亮的大宅。连三岁小孩都知道，浯屿是衣食父母。农耕社会中不可思议的事情在海滨不过是一种生活常态。

葡萄牙人算是找到了做生意的好地方，虽然王朝海禁政策不曾改变，但是他们仍然愿意在这地方飘荡半个世纪。在福建和浙江，那里有许多合适的避风港和隐蔽的海岸，他们可以在那里度过冬季，并且借机囤积货物、修理舟具。宁波双屿和漳州浯屿、月港早已是热闹的港市，有充足的货源。货主或者商务代理人有丰富的海上贸易经验，交易并不困难，当地人也没有对他们另眼相待，不过是过往的许多客商的一类，他们的船携带了武器，中国商船也往往如此，一言不合，拉开架势，彼此开打，没什么稀奇的。

与内陆地区不同的一点是，士大夫阶层公开支持海洋贸易。林希元，一个身份为考察闲住佥事的泉州人说："佛郎机之来，皆以其地胡椒、苏木、象牙、苏绸、沉、速、檀、乳诸香与边民交易，其价皆倍于常，故边民乐与为市。"伊比利亚半岛当然没有热带香料，苏绸是中国的，葡萄牙人的老家看起来也没什么像样的东西，不过葡萄牙人善于驾着商船做长途买卖。流通提升商品的价值，这看起来不是件坏事。林希元甚至说："佛郎机未尝为盗，且为吾御盗，未尝害我民，且有利于吾民也。"

在早期的全球化时代，盗与商并不是非此即彼的问题，即使林希元本人不是有意睁着眼睛说瞎话，至少他所看到的全是海洋贸易的无限美景，对糟糕的管理形势是视而不见。

林希元本身就是一个热衷于建造违制大船下海贸易的人，航海贸易太有利了，所以他大约十分满足于在老家做一个闲住的官员，至于京都的繁华与他何干。

朱纨直接在给皇帝的奏章中点名了这个人，这使那些浮在或者不浮在水面的人惶恐不安，但他们必须等待机会。

（四）

走马溪之战成了朱纨人生的转折点，戏剧性变化发生在战斗结束的不久。当朱纨和他的僚属们还沉浸在胜利的喜悦中，朝臣的弹劾文书已上达天听，理由是未经请示即大规模地处决俘虏。

兵部侍郎詹荣提出一连串质疑，最要命的一点就是将海寇头目和普通贸易商一概处决，有无枉误。

御史陈九德，算是他的同僚，直斥朱纨"残横抚臣，不候明旨，专擅刑杀"，他指出朱纨两大罪责："擅杀""滥杀"。

兵部尚书翁万建等一批朝臣纷纷质疑。

舆论发酵的结果是朱纨解职，但还没有迹象显示他必须死。兵部给事中杜汝桢和御史陈宗夔被派往漳州调查，商民和俘虏的证词显然不利于朱纨，走马溪之役迅速被描绘成一场官员受贿、主事者虚报战功、为掩盖真相擅杀无辜的闹剧。

朱纨的辩解显得有些无力，他说："臣看得闽中衣食父母尽在此中，一时奸宄切齿，稍迟必后悔。"

战斗结束时，数万当地百姓聚集海滩哀悼他们失落的生计，而朱纨已经敏感地意识到"闽中衣食父母尽在其中"的后果。

他的尚方宝剑随即溅起更多的血花，96个俘虏为此殒命。这是朱纨清廉人生中一个绕不开的瑕疵。

大明王朝的忠心臣子在他的巅峰时刻露出了一个致命的破绽，这个破绽迅速成为政敌攻击他的理由，性格刚硬的朱纨没能躲过这重重的一击。

压倒朱纨的最后一根稻草其实不是他的滥杀、擅杀，而是嘉靖皇帝的猜疑。获得皇帝"便宜行事"的朱纨在事发一个月后上报天听，显然触碰了皇帝——这位海禁派最大首领的底线。

兵部三司最终裁定朱纨、卢镗、柯乔罪名成立，连其他参战的将领也受牵连。

朱纨仰天叹息"纵天子不死我，大臣且死我；即大臣不死我，而二粤之人必死我"，遂慷慨饮鸩，年仅57岁。

朱纨在局势动荡时被朝廷委以重任，他的强硬立场引起全方位的冲突，并且在内部激起猛烈的对抗。在政治、经济、军事局面引发震荡时，每场战斗的结果都是以数百上千名葡萄牙人的丧命告终，至于有多少政府军士兵和商人为之殉葬，没有详细的数字。

皇帝心思、朝臣敌视、百姓怨怒，最后由一个高官自杀收尾，从此大明王朝不再设置巡抚重臣。"中外摇手不敢言海禁事"，"驰禁派"在和"海禁派"的第一次激烈交锋中取得胜利。

这个事件带来的最严重后果是刚刚整合的闽浙海防体系又散作碎片。此后十几年，倭寇在东南沿海长驱直入，带来另一场灾难。

（五）

走马溪之役逃脱的30几个葡萄牙商人于嘉靖二十八年（1549）在广东浪白澳登陆，至1560年，在浪白澳居住的葡萄牙人又达500–600人。

葡萄牙人重新在广东找到了机会。一个重要原因是广东方面对1522年前后那段冲突的认识记忆犹新。葡船被驱离后，原先繁荣的市井交易变得萧条，百姓生活也受到影响，军队供给面临困难，连给皇上的海外贡品，原本是从番货中抽解的，现在也消失在清单中。最重要的是，广东官员的俸禄常常是用番货发放，官员领不到工资，这下麻烦大了。

当时的巡抚向朝廷报告了这种情况，请求重开贸易，皇上很快就准了，因为报告提到的是朝贡。善于文字游戏又通晓朝廷心态的地方文官看起来解决了一项棘手的难题。

嘉靖三十二年（1553），葡萄牙人找了一个看起来说得过去的借口，说是船遇风涛，需要有个地方晾晒贡物，他们找的地方是澳门。他们以别国的名义朝贡，向官府广东方面缴交20%的赋税，同时接受一支派驻在营地附近的明朝军队的监督。自此，葡萄牙人结束了在东南沿海到处遭逐的日子，放心经营起从果阿经澳门到日本、东南亚的多边贸易。这条航线为他们赢得数倍甚至数十倍的巨大利润。早在这条航线上做长途贩运的漳州海商则成了澳门居民中人数最多的群体。

葡萄牙人最终在1569年获得中央政府的在澳门居留贸易的许可，在拥有合法的名义后，尤其是在经历了1549年的激烈冲突后，他们也变得不像初来乍到时那么找打了。

更重要的是，从这里流入的海外白银，将和从漳州月港流入的白银一起汇成粗壮的银流，成为撬动大明王朝经济的杠杆。

（六）

在另一个语境里，走马溪之战审判的结果，形成了欧洲人对中国社会最初的印象。盖略特·伯莱拉——葡萄牙贝拉省卡斯特罗大领主的儿子、走马溪之役的幸存者，大约是一个温和的人。在被俘之后，他幸运地躲过了大处决，在福建做了三年囚徒后被流放广西，回国后根据自己的亲身经历写下了《中国报道》。

伯莱拉描述了在他看来在基督教国家不可能发生的事情，在一个陌生的国家，城里的两个大官是他们的死敌，没有译员，不懂这个国家的语言，但得到了他们认为公正的判决。伯莱拉拿他们生活的老家和中国做了对比，在他们那儿，无论哪个城镇，像他们这些失去自由的异乡人如果受到控告，不知道会是什么结果。

伯莱拉赞叹道："这些异教徒在这方面是多么超越基督徒，比他们更讲公道和事实。"伯莱拉描述了一个物质和精神生活都超越基督教国家的国家形象。

后来《中国报道》成了克路士的《中国志》的重要资料来源，这个没有来过中国的葡萄牙人说："这些信偶像的和野蛮的民族有他们自己良好的司法手续和秩序，也表明上帝使一位不认识真神的皇帝本性仁慈。他做出了极大的努力，以及他对大案的慎重，看来是这个国家善治和德政的根源，以至于尽管中国如我们所说的那样伟大，却维持了长久的和平和无叛乱。"

克路士真诚地说："上帝保佑它，因为没有被人入侵破坏，也因为它保持了繁荣昌盛和富强。"

伯莱拉和克路士关于中国文明的描述后来成了十六世纪风靡欧洲的《中华大帝国史》中的重要素材，深刻地影响了欧洲人对中国的认知。

这是走马溪之役的另一项意外收获。

学者廖大珂对中葡交往的这一时段有过历史性总结："走马溪之战后，葡萄牙人重新退回广东海面，结束在福建的活动。尽管葡萄牙与福建的接触并未完全被切断，但是双方的直接交往却一时中断了。然而，早期葡萄牙人在福建的活动对于后来福建乃至中国对外关系的发展产生了深远的影响。它不仅改变了福建的对外交通和贸易的态势，把福建和正在形成的世界市场逐渐联系在一起，而且使福建认识了西方，也使西方认识了福建，极大地促进了世界对中国的了解，从而在日后很长一个历史时期影响着中国与欧洲的交往。"

皇家意志与嘉靖倭患

公元1522年，正德皇帝突然去世。宗室旁支兴献王朱祐杬之子朱厚熜入继大统，这就是嘉靖皇帝。嘉靖皇帝统治的四十五年时间，最后十多年是东南沿海倭患最为严重的时期。

年轻的皇帝敏感、多疑。对于突如其来的好运气，很快表现出极强的适应力。他成为新皇帝时，一个葡萄牙使团正在中国宫廷，谋求与大明王朝建立正常的贸易关系，这是他要处理的第一件国际事务，这是正德皇帝留下的政治遗产。没有人意识到对它的处置会影响日后东南沿海的海洋局势。廷臣本来已对这个外邦使团心存不满，适逢马六甲使节又来到宫廷，向自己的宗主国申诉被葡萄牙人武装占领的惨痛，广州方面也刚刚又传来消息，有葡萄牙舰队在海上动武。这是年轻的皇帝所不能忍受的，他打发了他们。

从日后形势发展脉络上看，这是一个缺乏广阔视野的决定。坐视最重要的藩属国沦陷，使大明王朝丧失了这片水域一系列朝贡关系国家。马六甲的咽喉地位，又使葡萄牙控制了中国与印度洋的贸易关系。随后，皇帝发现那些海上藩属不能再如期前来中国宫廷了。

悬钟古城，始建于明洪武二十年（1387），戚继光、郑成功屯兵处，位于诏安湾西岸，伸入东海和南海交汇水域。（萧镇平摄）

在中国东南沿海海外贸易昌盛与倭乱形成的历史大背景中，葡萄牙人扮演一个重要角色。希望与中国建立贸易关系的是葡萄牙国王曼诺埃尔一世。国王对这个传说中的国家充满期待并考虑部分或全部占领中国的可能。他希望在中国沿海建立一个战略观测点，然后将触须向纵深方向延伸，正如在亚洲其他国家采取的手段那样。他们有胆量利用一支小舰队对中国展开进攻，为撬开贸易大门。失败是再自然不过的事情，舰队的几个首领落入中国军队手中，等待他们的是斩首。

葡萄牙人武装占领一个贸易据点的计划落空，但是与中国贸易的巨大利润依然吸引着他们。他们在沿海游荡不去，并且与正在强大的闽浙海商建立贸易关系。

外国商船几乎在一夜之间消失，它们全都驶向漳州海面，广州港很难再看到番船的影子，市场上已经看不到来自安南、满剌加的产品并且日益萧条、公私匮乏。海洋贸易的利润快速流向闽地，漳州海商不期然地拾了

个大便宜，一些著名海商首领在这个时期出现，没有他们的牵引，浙江双屿岛的中葡贸易大约会更晚一些。在王朝的海禁政策下，他们的历史身份相当不明朗。

随着闽浙沿海海洋贸易规模扩大，海商集团走向壮大。这对于一心想加强皇权的年轻皇帝而言，是不可容忍的。于是禁海的命令一道道驰往沿海州县，中央政府与海商的冲突浮出水面。

嘉靖四年（1525）朝廷下旨："查海船但双桅者，即捕之，所载即非番物，以番物论，俱发戍边卫。官吏军民，知而故纵者，俱调发烟瘴。"

嘉靖八年（1529），朝廷又发诏令："禁沿海居民，毋得私充牙行，居积番货，以为窝主。势豪违禁大船，悉报官拆毁，以杜后患，违者一体重治。"

嘉靖九年（1530），以九龙江河口地处边远，"威令不达"，福建巡抚都御史胡琏命巡海道由省会移置漳州，并在海沧设安边馆。

铜山古城，始建于明洪武二十年（1387），位于东山岛北部。驻军与倭寇、葡萄牙人、荷兰人屡屡交手。（吴瑜琨摄）

六鳌古城，始建于元代，洪武二十一年(1388)设千户所，抗倭名将俞大猷、戚继光屯兵处。（吴瑜琨摄）

镇海卫城，地处龙海太武山麓，始建于明洪武二十年(1387)，辖铜山、六鳌、悬钟千户所。与天津卫、威海卫、金山卫并称明初四大卫。（吴瑜琨摄）

嘉靖十二年（1533），因为"漳民私造双桅大船，擅用军器、火药，违禁商贩因而寇劫"，兵部命令："浙、福、两广各官，督兵防剿，一切违禁大船，尽数毁之。自后沿海军民，私与贼市，其邻舍不举者连坐。各巡按御史速查连年纵寇及纵造海船官，具以名闻。"

嘉靖十五年（1536），福建巡抚都御史白贲在九龙江出海口海门、嵩屿设捕盗船，加强对沿海地区管理。

嘉靖二十七年（1548），浙江巡抚都御史兼管福兴漳泉等处海道都御史朱纨在福建革渡船、严保甲、禁接济、通番。

嘉靖三十年（1551），官府又在月港设靖海馆。

嘉靖四十年（1561），靖海馆改海防馆，以海防同知"颛理海上事"。朝廷对月港管控的加强意味着九龙江出海口民间海洋贸易正在勃兴。

士兵开始被充实到沿海空虚的卫所，一批优秀指挥官被调整到重要岗位，朝廷希望快速扑灭沿海商民冒险犯禁的热情。

梅岭望洋台，悬钟所城海上门户，石上文字为嘉靖五年（1526）福建布政司右参政蔡潮巡视沿海时书。（萧镇平摄）

但是此时，全球经济已在形成，美洲已经纳入全球贸易体系。感受到世界经济的脉动，中国海洋贸易也进入扩张阶段。葡萄牙人的到来又把中国商人操控的亚洲贸易带入全球经济。海禁政策受到贸易扩张的挑战。皇家意志和海洋贸易冲突烈度越来越强。大规模的倭患正是在靖海馆设置不久即爆发。

倭患是国内和国际社会矛盾相互作用引起的结果。海洋经济的猛烈扩张与大明王朝海禁政策的不相容是引发倭患的主要原因。此时海洋民间贸易已经不约而同地以白银作为结算单位。在新开采的日本白银的驱动下，强大的物流把无数人的利益联结在一起。中国市场对白银需求是刚性的，随着经济规模的扩大，到了白银一显身手的时候了。

而此时国家对白银的调度也捉襟见肘，宫廷用度、财政开支、军备整顿，没有一项不用到白银。国库日渐空虚也刺激着人们不断地寻找新的白银源。在这个王朝，中国历史上第一次面临来自陆地和海洋军事力量的压

力。中亚游牧民族的骑兵冲击，已经危及京畿要地；来自欧洲的海洋冒险家，有能力深入省会城市。国家需要一支人数可观的常备军队，其中还有一部分是职业军人，给他们配备最好的武器，其中一些还是顶尖火器，让军人去解决王朝的危机，这一切都需要钱。

银矿开采热从建文帝时代就已经开始，到永乐、正德年间达到高峰，达22万斤每年，接下来迅速回落，每年不过数万两，到嘉靖皇帝的四十五年，每年平均不过4万两，这意味着国内银矿正走向枯竭，大明王朝用开采更多白银以振经济的希望面临破灭。

银荒已经干扰了市场运行，尤其是江南大市场，银荒问题特别严重。景泰年间，北京一两白银值一贯钱，到了南京变成两贯，到了宁波成了三贯。

嘉靖皇帝已经意识到这个问题的严重性，他命令在全国范围内找矿。嘉靖十六年（1537），皇帝命令开山东等处银矿。嘉靖三十五年（1556），

土楼，世界文化遗产，从山区到平原、海滨都有它们的身影，明朝时曾大规模修建，传与防倭有关。

更是命令在全国范围内开矿。

但是大规模开矿的效果并不显著，储量本来就不多，开采成本又居高不下，问题好像出现在管理环节上。开采银矿，费去帑金三万两，得矿银不过二万八千五百两，这是赔本买卖。

与此同时，因为发现银矿而拥有大量白银的日本的朝贡使团利用白银差价赚得盆满钵满，但对于中国百姓而言，银荒是一场灾难。

谭纶，福建巡抚都御史。他说："夫天地间惟布帛菽粟为能年年之，乃以其银之少而贵也。致使天下之农夫织女终岁劳动，弗获少休。每当催科峻急之时，以数石之粟、数匹之帛不能易一金。彼一农之耕，一岁能得粟几石？一女之织，一岁能得帛几匹？而其贱若此，求其无贫不可得也。民既贫矣，则逋负必多。逋负多矣，则府库必竭，乃必至之理也。"

当大明王朝的经济与白银挂钩，而国家和民间同时患上白银饥渴症时，切断海洋贸易等于切断银源，其引发的后果是地震性的。

嘉靖王朝的社会矛盾危机看起来像是一场与金融有关的危机，葡萄牙人来了充其量只是给皇帝的权威心态添堵，白银的粉墨登场才是真正的诱因。倭患成了这个矛盾的一个引爆点，嘉靖皇帝统治的后十几年，倭患的灾祸与市场的饥渴成正比。

东南沿海几个国际贸易港口被清除是矛盾的引爆点。

中国和日本的朝贡贸易关系持久而有些纠结。有时为了解决倭患而建立朝贡关系，有时又因为倭患而中止朝贡关系。

早在元代，日本九州和濑户内海沿岸豪族、商民就为了提振经济而南下渗透到中国东南沿海。

日本的战国时代，时间发生在1477—1583年。战争、灾荒，国王对国家失去了控制能力，战争中失势的武士和破产的农民成为流人，乘船南下，人烟稠密的中国东南沿海是抢劫的目标，他们有时成千上万人数百条船蜂拥而来，所过之处往往俱为瓦砾。九龙江口海洋贸易区也是他们袭击的重要目标。倭寇袭来的方向，一路从金门攻入，一路从大担烈屿袭来。

嘉靖三十四年（1555）四月，一伙倭寇驾七百艘船，每艘大的载二三百人，小的三四十人，各自备粮食，在海上漂流两个月，因南风不便、吃光粮食才回去。六月份又重新开洋，遇到早先派出去的21艘先遣船，说被明军杀了三分之一，结果船队掉头返回岛国。这伙倭寇人数数万，如果不是风汛不给力，沿海大约又是一片烽烟。

德川幕府在谋求与大明王朝建立朝贡关系不可得的情况下，实际上也参与或纵容了日本海盗对中国沿海的侵袭。

大明王朝的嘉靖年间，国内形势也不容乐观，连年灾荒，赋税又重，即使富庶如江浙、繁华如江南，窘于饥馁者比比皆是。官府催逼又紧，佃民迫于贪酷苦以役赋困以饥寒，强壮的四处流亡，索性入海为盗，有些人直接加入倭寇队伍。

张溥在《七录斋论略》中说："倭寇之盛衰其事主在于朝廷，而不主于蛮夷。"这是很有代表性的观点。

糟糕的海防、中国商品的巨大诱惑给海商们提供了一个壮大的机会。

海商在新形势下的整合使东亚水域海洋贸易出现了新的契机，整合产生新的规矩，规矩影响秩序。海商以行动证明他们并不一定是现行秩序的挑战者。他们仍然希望向自己的王朝效忠以换取海洋贸易的自由。

嘉靖王朝最杰出的海商是浙江人王直，在双屿岛被摧毁后，他在日本九州西海岸外群岛取得了若干个岛屿，以那里为基地整合了闽浙海商。在他的海洋王国里，他拥有极大的权力，以至人们称他"徽王"。他甚至提出为朝廷缉盗以换取贸易的自由，因为海盗对正在形成的自由贸易本身也是个威胁，海商努力向朝廷证明自己和海盗是有区别的，但皇帝显然并不这么看。

王直被自己的同乡总督胡宗宪诱捕并处死，使正在形成的海商集团分崩离析。王直的贸易伙伴漳州海商洪迪珍接手了王直的数千部众，这里面当然也包括一些倭寇。作为一个口碑不错的商人，洪迪珍以在海上救助落难同胞受人尊重。他在对日贸易中取得的财富让他不难做到这一点。当官府开始追捕他的时候，他轻巧地逃脱了。但是，他留在陆上的家眷成了囚徒。洪迪珍从此走上武装对抗朝廷的道路，中国东南沿海也随之燃起冲天火光，洪迪珍的生命从此走向沉沦。经过若干年的海上掠劫后，在洪迪珍试图与朝廷和解时被逮捕处死，同他的伙伴王直一样。

民间海洋贸易系统在官军的攻击下瘫痪，失去控制的武装海商和海盗不会有什么区别，就像来自岛国的真倭和土产的假倭不会有什么区别一样。假倭有时会加入真倭，真倭有时成了假倭的兵员补充，这两股力量的合流使东南沿海连年遭受荼毒。嘉靖三十二年（1553）的一次海盗入侵，东南数千里同时告警，持续三个月的攻击，20余处州县被焚，天日俱暗，无数男女被杀被掳。

官兵必须服从皇帝的意志，但官军的战斗力往往没有想象的那么强大，他们和武装海商一触即溃的情况时有发生，他们的首领被掳也是有的。更多情况下，将领对民间海洋贸易已经熟视无睹，有些人干脆就自己驾船到海洋做起买卖，拦路者处境堪忧。不会有人愚蠢到对皇帝的旨意说不，但不失时机把他的大臣拉下马时有发生，皇帝的意志影响臣子的命运，所有的迹象表明皇帝并不明白这一点。都察院右副都御史、总督南直隶、浙江、山东、两广等处军务张经和胡宗宪在倭患猖獗时被委以重托，又在战功赫赫时死于非命。中间两任总督则因无所作为被罢免。位高权重的封疆大吏处境就如夹心烧饼，朝廷压制的力度正反映着海商反弹的强度。

在中国东南沿海乱象横生的时候，关于通番互市的争议也愈演愈烈。典型的观点是把乱源归于互市，主张断绝一切海外联系，问题是当海洋贸易的气氛正像沸腾的银水，而人类的财富欲望不可抑制的时候，谁还能阻止汹涌的洪流。

一个比较折中的观点则是把倭患归结于朝贡贸易渠道不够通畅。学术界至今仍有人把1523年宁波的日本人"争贡"之役看作嘉靖倭患的伏笔。日本大名佃川氏和大内氏家族两个使团为勘合真伪之争在宁波大打出手，顺带又袭击了劝架的官军，杀了备倭都指挥刘锦、千户张镗。这一事件直接导致朝廷废除福建浙江市舶司。朝廷断绝了与日本的朝贡关系，引起了一系列冲突。20年后，冲突走向高潮。对于渴求中国商品的日本社会，这绝对是一个寻衅打架的理由。福建都指挥司卢镗——那个与葡萄牙人冲突中的前线指挥官，也是持这种观点。

另一个观点则直接把倭患猖獗的原因归结于海禁政策。当倭寇从海上蜂拥而来时，如果没有内地商民的接济米粮是坚持不了太久的，更不敢贸然深入的，正是因为王朝的海禁政策断了沿海百姓的生路，才有那么多人铤而走险。

大明王朝的主事唐枢说了一段非常明智的话："寇与商同是人，市通则寇转而为商，市禁则商转而为寇，始之禁禁商，后之禁禁寇。"在海禁的强大压力下，寇商之间的身份转换，好像只是瞬间的事情。当商人能够以合法手段取得利益，他们是王朝顺民、朝廷的拥戴者、被保护者，当海禁政策剥夺了他们的生存空间时，他们是叛逆者、反抗者。

头脑清楚的廷臣已经意识到，不是东南沿海百姓出了问题，而是王朝的海禁政策出了问题。

唐枢的意见相当犀利，他认为：开市之日，也必然是海商为利益相互争斗之时。但是，这个世界本来就是充满争执的世界，没有一块土地不是充满争执的土地，只要商人间的冲突不祸及内地就行了，哪怕他们把海水扰个天翻地覆又如何。

待到俞大猷和戚继光训练出一批强大的武装后，局势出现了转机。嘉靖四十四年（1565），在漳潮共管的南澳岛，另一个著名的海洋民间贸易区，漳州海商（或说广东海商）吴本率领的海寇商人与明朝水师进行了一次惨烈的战斗。15000个海寇商人被斩，吴本只带着700人逃脱。之后，东南沿海大规模的海盗基本被扫清，持续十余年的嘉靖倭患开始渐渐走向低潮。

嘉靖王朝时期也是世界历史正在发生重大转变的时期。中国东南沿海那么多事件纠结在一起，形成一个巨大的倭字。弄明白缘由是个机会，弄不明白成了麻烦。皇帝的权威是必须尊重的，市场的需求也是不能逃避的，百姓的口腹更是不能视而不见的。东南沿海的海洋贸易势态到了一个十字路口，左转或者右转取决于皇家意志。最后朝廷在左右权衡时选择了一个中间点，这个选择还得等到长寿的嘉靖皇帝去世新皇帝登基那一年。

事实很快证明这样的选择是对的。

接下来，漳州的时代来了。

隆庆年，历史的拐点

（一）

1567年年初，在位四十五年的嘉靖皇帝终于去世，大明王朝进入隆庆年间。相对于长寿的前任，明穆宗朱载垕的在位时间不过6年，但是这6年，却是世界历史的拐点。

此时，距郑和下西洋已经过了100年，大明王朝的海上力量已经隐匿在浩渺的碧波里。葡萄牙人自世纪初东来，在东南沿海从事长途运输并获得了澳门居留的机会，西班牙人在发现美洲大陆后半个世纪发现了波多西银矿，至于日本，战国时代即将终结。因为发现岩见银矿，格局也在急剧变化。这一年织田信长正在进攻美浓叶山城，他的势力如日中天，不过很快死于家臣明智光秀的谋反，而后日本进入德川幕府统治，这个时代，与中国有很深的交集。至于东北，崛起于白山黑水的满人此时还没显露出它是毁灭汉人王朝的终极力量。

新皇帝即位后，开始起用前朝因谏争获罪的官员。

九月十六日，户部尚书马森上奏，太仓银库实欠三百九十五万两。

新朝的开头有些闹心。

此时,东南沿海形势处于胶着状态,帝国海军仍然奉命追缉走私海商,海商们的抵抗也从来不吝性命。

圣旨忽然下了,朝廷同意开海贸易了。

此时,海禁政策已经实行了200余年,作为洪武皇帝钦定的国策,似乎并无回天可能。至嘉靖时,官府和商民的冲突几至白热化。然后,忽然就开海了。而且是在东南沿海的漳州。这个王朝让开了一个小小的口子。

明穆宗

此时,月港想必突然进入短暂的静默,对于突如其来的好运气,有人未必相信这是真的。但所有人绷紧的神经突然就松弛了下来,原先剑拔弩张的双方,可以坦然坐下来喝酒,像什么也没发生一样。这种感觉太好了!

至于福建巡抚涂泽民,那个力主开海贸易的人,不知是什么心情。对一个扼守东南的封疆大吏,接受过传统文化的训练,见识过海氛汹涌,东南沿海发生的巨变,对未来预示着什么?

月港开海突然发生,却并非毫无预兆。此前,朝廷一直有"海禁"与"海弛"两派纷争,纷争牵扯到不同的利益集团,若干大臣因此殉难,无数的海商因此殒命,而倭患四起,东南沿海一度失控,形势如火药桶,一点即燃,燃而不灭。

东南沿海因为倭患而荒芜。所谓倭患,除了来自岛国的"真倭"之外,也包括数量更大的武装海商和不满于海禁的地方领袖和追求生计的百姓。辉煌的明朝,在嘉靖的后期被多种力量从内外部撕裂,此时需要采

179

取一个行动调整这一切，以让绷紧的社会不至于坍塌。而海商家族经历了100多年泛海已经积累了巨大的财富，他们曾打破秩序，现在却希望回归秩序，在经历了殒身灭族的惶恐之后，他们希望用一种合适的方式向朝廷证明他们是合法的臣民，愿意效忠于朝廷。这样，经月港士绅请求，海澄县建立了，时间也在隆庆元年。

大明王朝的皇帝自然不需要像欧洲的君主那样，必须和自己的臣民一起投资海外贸易才能解决财政危机。作为全球最大经济体的皇帝，他拥有的比欧洲国王多得多，但是形势正在恶化。

龙溪籍的选官李英、陈銮向皇帝奏请建县。嘉靖四十四年（1565），知府唐九德"议割龙溪一都至九都及二十八都之五图"，凑立一县，最后由军门汪道伦和巡抚御史王宗载奏请朝廷批准。从龙溪县滨海析一县，县治就在月港桥头，县名"海澄"，寓"海疆澄靖"之意。

海澄设县并不意味着大明王朝的基本国策已经动摇，开放的目的只是为了管控，朝廷的视野仍然不在海洋，那里是化外，是蛮夷之地，欧亚大陆东端，从草原到海水，广袤而肥沃的土地，那才是王朝重心所在。

官僚集团其实有自己的逻辑。当时一个叫邓钟的，说出了自己的观点，"海禁开于福建为无弊者，在中国往诸夷，而诸夷不入中国也"。让商人出海，到夷人那儿贸易，等于将可能的祸害堵在门外，并将王朝急需的银子带回家，正所谓各取其便。

在选择开放口岸时，朝廷忽略了宁波、福州，甚至泉州，那些曾经的市舶司的驻地。

明州（宁波）曾与扬州、广州为中国三大港市，但因倭寇，被嘉靖皇帝罢市，从此寥落。浙江商人曾经密集舟山群岛的双屿，但不久灰飞烟灭，没人愿意掀开那片疮疤。

泉州，在元代是东方第一大港，舶货充羡，号为天下最，但已堵

海澄城隍庙，庙中算盘高悬，彰显一个港市的财富梦想。（吴瑜琨摄）

塞，无法驶进大船。自北宋到明初，市舶司历380年，终于在成化十年（1474），移往福州。刺桐花谢，不复往日盛况。

至于福州，海外贸易远溯隋唐以前，市舶司驻地，自成化十年专司对琉球贸易。但是，这种官府主导的贸易并没有给港市带来真正的商业利益，对于"厚往薄来"的朝贡——一种必须以财政支出来换取的经济外交，对国家反倒是一种压力。作为全省的政治、经济、文化中心，在那儿开市，让夷人自由往来，也不符合王朝的安全考量。

于是命运垂青漳州。李英在《请建县治疏》云："切念闽中八郡而漳州为遐陬，漳州八邑而月港为边隅。论生聚则蜂蚂栉筐，而货贝聚集，闽南之粤区也。"

在一个远离政治中心却又物质充盈的地方开放港市，把不可遏制的欲望导向海洋，这太符合王朝的利益了。

1567年，明朝在月港立县，"县治所以设于月港者，正以其地近海，潮汐吞吐，气象豪雄，舟楫流通，商贾辐辏。"

对于一个以大陆思维管理海洋的王朝，月港的地理位置太适合做开市的孔道了。

月港随之成为大明王朝唯一允许商人出海贸易的口岸，此时整个中国，只有两个口岸对外开放，一个在广州，那是内向型口岸，只允许外国商人到中国贸易，葡萄牙人为此独享从澳门到日本的贸易利润；另一个在月港，只允许商人出海贸易，所有中国海商，只有通过这个孔道才能合法地出海。

月港海商，实际上掌握了中国对外贸易的权利。从此，至少五十年间，月港扼帝国财富咽喉，呼风唤雨，原来躲在暗角的走私商人，突然合法地取得了中国对外贸易的权力，坐拥财富梦想。

这是时局改变命运的时代。

1567年对大明王朝来说是一个重要的年份，长寿皇帝的去世带走了对海洋的狐疑，在他在位的后十年，因为成功地起用了戚继光，海洋的倭患也基本清除了。这也意味着开启东南沿海那扇窗户的时候到了。吸纳温润的东南风，释放鼓胀的欲望并且让欲爆的社会高压消化于无形，便成了顺理成章的事。

那扇窗改变的不仅是一个港市的命运。

今天，九龙江口那些仍然繁忙的港区，四个多世纪前，已经是全球贸易的节点。每年进出这个港区的大型中国商船数十至数百艘不等，那些商船往往三四丈宽，十余丈长，载重200—800吨，搭载船员、商人400—500人。商船于每年风汛期出发，次年乘风归航，九月间修理，做再次出航准备，周而复始。

催动商船不知疲倦地在南中国海出航的，除了无畏的水手，还有"子

月港，帝国财富的端口。（郭群燕摄）

母钱"——一种流行于月港的商业信款，类似于地中海银行家为商人提供的信贷服务。丰厚的利息，唯有丰厚的海洋贸易利润，能够与之匹配。

月港开放洋市以后，差不多一个世纪的时间里，中国物产从月港源源不断地流向世界，同时，东印度的香料、美洲和日本的白银，外来物种也经由月港流入中国，月港成为全球贸易中最重要的港市。

月港时代来临了。

月港崛起时，正处于首轮全球化的开启时期，在海洋贸易推动下，一批洲际贸易的新型港市应运而生。葡萄牙的里斯本是东方香料与非洲黑奴的中转地。威尼斯和热那亚是地中海交易中心、文艺复兴的发源地。印度的卡里卡特成为印度洋西海岸最大的物流中心，来自东南亚和非洲、欧洲的商品在这里集中，再输往波斯湾、红海与地中海，至于中国的月港则承接着朝贡贸易网络，此时也风生水起。这些港市分布在不同水域，却通过全球经济，使彼此成为一体。

公元1567年，明穆宗在中国东南沿海画下了这道圈，对那时的世界意味着什么？

（二）

西班牙人占领马尼拉是亚洲贸易中最有价值的一环。

1565年4月，也就是月港开市前两年，西班牙人抵达吕宋，2个月后，西南风起，一艘叫"圣·巴布洛号"的大帆船满载香料前往墨西哥南海岸阿卡普尔科，开辟了从亚洲到美洲的太平洋航线，此后的二百五十年间，从1565到1815年，大约有五百艘大帆船航行于大海。

这就是著名的大帆船贸易。

1571年，即月港开市后第4年，西班牙人占领马尼拉。一条联结月港——马尼拉——阿卡普尔科——西班牙本土塞维尔的洲际航线把全球经济连为一体。

每年6月，西南风起时，大帆船从马尼拉出发，启航北上，到北纬45°—42°水域，全程一万余海里，历时6个月，运去数量可观的丝、瓷、香料。回航时间在次年二、三月，商船运载美洲白银顺着洋流直航，花一半的时间，就可以抵达马尼拉。

在远东所有港市里，马尼拉在自然和经济地理上无疑是一个中心，北方大陆——中国的丝织品和瓷器、爪哇的丁香、锡兰的肉桂、印度的胡椒以及波斯的珠宝汇集到这里，然后运往美洲殖民地和欧洲，以马尼拉为中心，形成一个巨大的贸易圈。

在西班牙人抵达前，中国商人、日本人、波斯人、阿拉伯人已经在这里进行贸易数个世纪，留下了各自文化的印记。

西班牙人刚到时，马尼拉的中国人不过 150 人，不过几年间，人数已达数千人。十年后，上升到近三万人。这些人，大多来自海澄。那个地方，距马尼拉不过七个昼夜，而百姓七成以上从事与海洋贸易有关的生计。在马尼拉驻留的中国人，几乎全是漳州人。

此时，整个中国的商品，都是那个年代最优质的手工产品，汇聚到月港，然后输往海外。

西班牙大帆船带来全球经济的消息。

两种商品，就足以征服世界——华美的丝绸、优雅的瓷器。

瓷，是最大宗的外销品，主要生产基地来自九龙江北溪、西溪沿岸数百个窑口，平和南胜、五寨，华安东溪，是最著名的产地。今天，那些散落在草间的碎片被岁月冷却，仿佛见证过窑火熊熊的年代。五个世纪前，漳州瓷出现在阿姆斯特丹市民新贵的餐桌上、土耳其宫廷里、丰臣秀吉的雅集上。在经历了若干个主人后，它们中的一些进了博物馆。和它们一样展出的，有时是伦勃朗的作品，比如《出巡》，在阿姆斯特丹街市，时间黯淡，一群全副武装的士兵，带着那个时代的表情。来自东方的瓷器，安静地放在它的旁边，仿佛经历一场穿越。

十六世纪下半叶，漳州织造业进入黄金时期，来自江浙丝织品的技术迅速本土化，漳纱、漳绢、漳缎、漳绒、漳绸，这些做工精美且价格极具竞争力的织品，在国际市场上走俏。

当时的马尼拉主教萨贝扎注意到，每年有 30—40 艘商船从马尼拉运走110万—300万里亚尔白银，作为交换，中国人从本土运来了数量可观的生丝和丝织品。中国的薄如云羽的织物因曾出现在古罗马的皇帝身上带来了梦幻般的欢呼，不过，当它成为伦敦上流社会女士盛装舞会上的霓影或者墨西哥新移民的寻常生活的一抹日光，时光已经流转了一千年。

另外有100多种商品也从月港输出，大到船舶，小到针线，没有它们，异乡人的生活将十分寡淡。

作为全球最大的手工产品原产地供应商，中国人有世界最好的粮食——米，最好的饮料——茶，最好的衣料——棉布、丝织品及皮货，拥有这些主要物品和数不尽的其他次要物产，一个西方旅行家这么说道。

"从中国运来的多种丝瓷，以白色最受欢迎，其白如雪，欧洲没有一种产品比得上中国的丝货。"另一个欧洲人说。

促进全球性贸易的是白银。

西班牙人占领阿兹特克帝国，在经过一轮精心洗劫后，他们发现，他们实际上面对着一片贫瘠的土地，除了有很多的玉米和龙舌兰，再也没有其他能调起他们的胃口。1545年，好运气终于来了，在安第斯山脉深处，有一个叫波多西的小村落，村落的边上，有一座叫里科山的，极为荒凉，仿佛是在世界尽头，就在那儿，西班牙人发现了人类历史上最丰富的银矿。随后，数万印第安奴隶被送到这儿，西班牙人一夜暴富，波多西村成了波多西城。到十七世纪初，波多西拥有16万人口，一半挖矿，一半为矿业服务，成了西半球最大的城市。

接下来的1565年，在秘鲁的万卡韦利，西班牙人又发现了丰富的水银矿。西班牙人利用水银从银矿中提取纯银。西班牙人的财富累积飞快地达到巅峰状态，仿佛可以用银圆买下整个世界。

当白银潮水般涌入市场时，最初它们的价格便宜得像石头一样。但当白银恰到好处地出现在国际市场时，全球经济正极速扩张。在东方，世界最大的经济体,丝绸和瓷器的故乡,随着生产力的快速上升,它的市场也患了白银饥渴症。

仿佛是冥冥中的安排,当大帆船载着美洲白银驶向马尼拉,公元1567年,大明王朝忽然在中国东南沿海豁开一道口子,上百艘大型商船载着丝绸和瓷器从那里奔涌而出。在马尼拉,来自东西方世界的物流骤然交汇,世界不一样了。

1573年,也就是西班牙人占领马尼拉第三年,从马尼拉出发抵达阿卡普尔科的两艘大帆船,载运3712件中国丝绸和22300件优质的中国瓷器,这些瓷器有些还镶上漂亮的金边,非常适合上流社会的餐会;1574年,有6艘中国商船抵达马尼拉;1575年,有12—16艘;1576年,差不多也是这个数。这种贸易基本稳定下来。月港发放的马尼拉船引,每年16张,但随着商人们对马尼拉热情的高涨,实际远远超过这个数。

1580年,有40—50艘中国商船驶入马尼拉湾。三、四月,是马尼拉最旺盛的季节,中国商船已经离开月港,七天后,出现在马尼拉。中国货物挤满马尼拉的码头,阿拉伯人、印度人以及随后而来的欧洲人带来他们的香料和白银,使那个十六世纪的国际港市充满了财富的气息。从这一年开始到世纪末,几乎每年都是这个数字,这是月港和马尼拉贸易的最鼎盛时期。

一般年份,大帆船每年从阿卡普尔科运来200万比索的银子,返程时,满载丝绸和瓷器。

这些丝瓷随回航商船从阿卡普尔科登陆,进入美洲市场,然后经塞维尔运达欧洲市场。

塞维尔,大航海时代一座了不起的国际港市,塞万提斯的家,西班牙占领马尼拉这一年,他正作为"侯爵夫人"号战舰的士兵参加勒班陀海战。塞万提斯生活的1547—1616年,正是月港在海洋世界呼风唤雨的时段，不知他是否看见，西班牙世界的银流如何推动着满载中国丝瓷的商船缓缓驶进塞维尔的港湾。

福建巡抚徐学聚说："我贩吕宋，直以有佛郎银钱之故。"

闽人何乔远也说："渡闽海而南，有吕宋国……多产金银，行银如中国行钱。西洋诸国金银皆转载于此以通商，故闽人多贾吕宋焉。"

1573年12月5日，新年就要到了，这个时候倒不是商船出航时节，不过西班牙驻马尼拉总督恩瑞奎兹给国王的信中也说："与中国贸易必须用白银，因为生意人对白银的重视远过其他物品。"

另一个总督摩加，据说是一位法官，在1609年出版的书中提到，采购中国货物用白银或里亚尔支付，因为生意人既不想用黄金或其他物品，也不愿把除白银外的东西运回中国。进口到马尼拉的商品如此之多，人们很难想象房间的哪一件精致的东西不是来自中国的。这个被中国商品折服的总督估算，每年运入马尼拉的物品总价为130万西元。当时的马尼拉主教萨贝扎则称，每年有三四十艘福建船从马尼拉运走250万—300万里亚尔的银圆。

从1571年波多西银矿投入使用后，白银产量剧增，在1581—1600年，仅这个银矿年产量就高达254000千克，占世界白银产量的60%。十六—十八世纪，美洲银产额分别占世界白银总额的75%、84%和89%，它们中的大部分被运往中国。

卡雷里（Gemelli Careri），一个十七世纪的意大利旅行家，记载"中国皇帝把西班牙国王称为白银之王，因为在他的辖区内没有优秀的银矿，他们有的都是西班牙人带来的墨西哥银圆"。对于中国人来说，有足够的能力提供欧洲人喜欢的瓷和丝，以交换中国市场饥渴的白银。

当月港商船争先恐后地涌向马尼拉时，马尼拉成了仅次于日本的中国商品海外市场。

据全汉昇估计，从1567年后数十年，海澄向马尼拉的货物贸易增长了8—10倍。

通常情况下，阿卡普尔科大帆船会比月港商船早些抵达马尼拉，在那里压冬的月港商人，习惯于将价格提高一倍。在马尼拉，日常生活用品大多需要进口，中国商船运去的除了丝瓷，大多数生活物品，是一些贱恶之物，也能卖得好价格，让商人满载而归。

从马尼拉运回月港的除了白银，几乎没有什么别的东西，以至月港新增了一项饷税，叫加增饷，只适用对吕宋贸易商船，每船另加银150两，商人有意见了，后来调整到120两。

1598年，从美洲运到马尼拉的白银100万西元，1602年为200万西元，1604年为250万西元，1620年高达300万西元。这些白银的大部分流到中国，至于月港，是白银流入的主要通道。

从1571年开始，当全球经济通过月港——马尼拉——阿卡普尔科联系在一起，对世界意味着什么？

（三）

在大帆船的贸易中，阿卡普尔科兴起了。

当西班牙的航海者弗里亚尔·安德烈斯·德乌尔达内塔带着第一艘大帆船抵达阿卡普尔科时，阿卡普尔科还是个年轻的港市，1550年刚刚建立，几乎没有公共设施，荒凉，人烟罕至，没什么商业，淡水也要从很远的地方运来，一直到1598年，菲利普国王去世时，这里的住户也不过二百五十户。

但是，贸易风带着大帆船到来时，这里几乎成了嘉年华。市镇举行盛大的集会，人们载歌载舞，举着贸易保护神，高唱圣歌，到码头迎接商船，祝福买卖兴隆。

在此之前，美洲西北海岸地区，大帆船到来的消息，会成为当地要闻，官方会公布交易日期，提醒人们准备好比索、里亚尔。然后，成千上万的人，包括王室官员、商人、士兵、小贩、脚夫、搬运工都会涌向阿卡普尔科。利马、爪亚基尔的船只也会沿海岸驶向那儿。此时，大量的里亚尔、商品和粮食源源不断运抵那里，人们交易、寻欢，把一个海滨小镇变成一个嘉年华。

因为马尼拉大帆船搭载的大多数是中国商品，当地人索性将它称作中国船。中国货物从阿卡普尔科上岸后，沿着普韦布拉、奥里萨巴运到韦腊克鲁斯，再从那儿输往欧洲大陆。那条道路，也被称作"中国路"。在贸易季节里，"中国路"上尘烟滚滚。

然后，一切又恢复了宁静，等待下一个年度贸易风再起时。

在国际市场，中国商品拥有绝对优势。中国的丝织品价格是西班牙同类产品的1/3，在秘鲁是1/4，在欧洲大约是1/4到1/3之间。如果是麻织品，差价更大。欧洲产的麻织品，几乎是中国同类产品的8倍。中国丝织品覆盖整个西班牙世界，几乎令其同类产品窒息。

因为在西属美洲和欧洲大陆拥有广阔的市场空间，大帆船贸易的二百五十年间，丝织品一直是最重要的货物。

到十七世纪初，墨西哥土著居民逐渐停止纺织业生产，在马尼拉也一样，至于西班牙本土，纺织工场几乎全部毁灭了。中国丝织品价格如此低廉，连印第安人和黑人也能穿上它们。因为价格因素，美洲市场即便中国产品缺货，而欧洲产品充斥市场，人们一样不会问津。

白银的大量流出，引起了西班牙人的警觉。1586年6月17日，西班牙皇家委员会的一名官员忧心忡忡地向国王菲力普二世抱怨，因为白银大量流入中国，已经挖完了殖民地的财富，请求国王停止中国产品进口到美洲。

1598年6月24日，马尼拉大主教也在给国王的报告中提到："每年从新西班牙载来100万西元银币，却违背陛下的旨意，全部转入中国异教徒手中。"

在南美，另一个主教也抱怨，从马尼拉每年得到200万白银，所有银子都被中国人赚走了。

中国丝织品凭价格优势对西班牙丝织品市场的冲击几乎是灾难性的。而月港商船不知疲倦地从马尼拉吸走数量巨大的美洲白银，也令西班牙人不安。国王曾经对白银外流进行阻击。1587年，国王禁止墨西哥或南美殖民地向中国或马尼拉直接贸易。1593年，又限制墨西哥与菲律宾的贸易。每年从马尼拉驶往墨西哥的阿卡普尔科港口的的商船限量两艘，载重不超过300吨，货物价值不超过25万比索，回航时不超过50万比索。但是，这一切努力看起来打了折扣，当新任马尼拉总督也胆敢无视国王禁令，挟带白银赴任，还有什么人能够浇灭对中国贸易的热情，毕竟，新世界的华美时光，没有中国商品的点缀，想必是索然无味的。

更重要的是，来源单薄的殖民地财政，转口贸易是其支柱。1618年，他们从中国丝绸经马尼拉转运美洲的贸易中征收50万比索商税，仅此一项，几乎可以维持一支常备舰队。至于对为白银而来的数万月港商人，每年还需要向殖民当局交纳一笔数量不菲的贡金和人头税。

当中国货物的进口税占马尼拉全部进口税的九成以上，谁肯对这种影响非凡的税源的流失熟视无睹？

在中国商品冲击下，墨西哥的织造业走向衰落。1600年，西班牙殖民地当局开始对当地养蚕户加以限制，断绝本地蚕丝供用，改用源源不断输运又物美价廉的中国蚕丝为墨西哥工厂提供原料。1637年，墨西哥一家以中国生丝为原料的织造厂拥有1.8万名工人。

（四）

在中国商船从月港涌向马尼拉时，另一个中国商品海外的市场日本也迎来它的黄金时期。

福建巡抚许孚远在给皇帝的报告中提到："及贩鸡笼、淡水者，往往私装铅硝等货潜去倭国。徂秋及冬，或来春方回。亦有藉言潮、惠、广、高等处籴买粮食。径从大洋入倭，无贩番之名，有通倭之实。"硝，战争物资，在西方火器技术传入日本时，它决定谁是胜利者。

月港开禁之后，最受中国海商欢迎的地点是日本，但大明王朝对日本一直是海禁的。于是出现了假借往东南沿海贸易为名，出海后径向日本贸易的事情。实际上，海商们往往也以往暹罗、占城、琉球、咬留吧的名义前往日本。商人逐利，这是官府无法掌控的。

1627年12月20日，西班牙人赛维古斯博士也提到"尽管他们被禁止与日本通商，违者将被处死、财产被没收，但在过去几年里，一些船还是载着货到日本去了。他们在中国港口谎称是去菲律宾的。"

十六、十七世纪，中国丝绸在日本拥有巨大市场，从宫廷到民间都以使用中国丝织品为荣，丝织品在日本市场甚至具有货币的交换价值，像瓷器在拉丁美洲一样。

阿维拉-古隆（Avila-Giron），一个在日本的西班牙人描述了当时的情形："自从24年前丰臣秀吉征服整个国家以来，人们开始穿得比以往任何时候都奢侈。现在从中国和马尼拉进口的生丝不足以满足日本人的需求。"他说，这个国家生丝消耗量平均为3000—3500担，有时甚至超过这一数字。除了生丝，丝织品一样拥有广阔市场。

一份西班牙人的记录提到："（来自中国的）几千万纯色或带刺绣的天鹅绒、纯色的琥珀、缎子、薄罗纱以及各种各样的面料，每年都销售一空，不分男女，都穿各种各样带彩的衣服，无论少女还是未婚新娘，即使五十岁以上的妇人，也是如此。"

葡萄牙人也观察到，1622年以前，他们从长崎从事丝绸贸易可获得50%—100%的利润。至于日本，也感受到了这种贸易带来的妙处。物质提升了人们的信心，财富开阔了视野，而品位则引领了奢侈品市场。在江户时代的初期，华丽的衣饰，也许是庶民文化的一种表象。从十七世纪开始的二百多年时间，被视为日本集体意识和国家认同的重要阶段。

这个时期，日本人发现了贮量丰富的银矿，他们便向中国月港海商，也向西班牙人、葡萄牙人、荷兰人采购中国丝绸，也包括其他货物。从十六世纪开始，有50几个金矿和30几个银矿陆续被发现。物质繁荣带来社会快速发展，纷乱的战场归于平静，日本进入德川幕府统治时期。

日本的出口商品中，95%是贵金属，其中银占85.8%，剩下的，才是微不足道的木材、食品、工艺品。大约在月港开市前后，白银已是日本最重要的出口产品。至于日本海外贸易最鼎盛的十年（1615—1625）里，从日本运出的白银13万—16万千克，相当于当时除日本外世界白银总产量的30%—40%，两股巨大的银流，即美洲白银和日本白银，促进了亚洲贸易的兴起。到了1668年，日本终于禁止白银出口。

德川家康——德川幕府第一位将军，极为倚重海外贸易，这是他重要的财政收入。为了确保中国货源供应充足，他总是不遗余力地接引中国货船，为他们提供多种便利。朱印状，一般只发给日本船主，但中国船商也经常得到这类证书。

终明之世，通倭之禁甚严，但巨额利润如此诱人，禁令越严，对日贸易愈炽。月港开海贸易之前，日本白银已经成就了一批诸如洪迪珍的漳州大海商。然后，中国船每年运到日本的生丝至少1500—2000担，在1613—1640年间，每年有大约60—80艘中国帆船抵达日本，而在1555—1640年间，中国商船是九州各港市的常客。在十七世纪早些时候，每年有30—60艘船到日本，高峰期一年93艘。他们运来丝、瓷，也运来白糖。

1645年后，战火从东北一路南下，赴日贸易船只数量开始下降，但是每年还维持在50—60艘不等。通过对日贸易，中国人从日本运走大约3000万两白银，月港，是日本白银进入中国的一条通道。

德川家康，德川幕府第一代将军，他的时代与月港时代时间重叠。

平户，在长崎西北部，城下町，在日本锁国前，是主要的国际通商港市。在鼎盛时期，大约有一万闽浙人在这里生活，唐风曾经滋润过这里的风土人情。

德川将军也开始感受到西班牙国王一样的烦恼。德川家康的生活时间在1543—1616年之间，那时，月港已从崛起的国际民间走私港变成大明王朝法定的商人唯一出海口岸。战国乱世将在他手里中止。德川家康于1603年出任征夷大将军，开启长达二百余年的幕府时代。当他的事业为白银堆砌成华美的形状，他会在哪个闲适的午后，轻轻端起中国茶杯，轻抿一口香气沁人的茗茶吗？

（五）

1609年，佩德罗·德·巴萨——一个在亚洲从事商业活动达25年的葡萄牙商人注意到了一个重要现象。在中国，一个金比索可以兑换5个银比索，换言之，当时的中国金银比价是1:5。如果中国白银短缺，价格就上升到1:6或6.5，最高达1:7，而在西班牙通常是1:12，从中国购买黄金可以产生75%—80%甚至100%的利润。这就意味着，中国商品抵达马尼拉，即使货物销售价格基本持平，单单运白银回国，通过赚取差价，就可以获得巨大的利润。实际上，当欧洲的金银比价高达1:15时，对于从阿卡普尔科驶往马尼拉的商船来说，白银已经成了最有价值的运输品。

日本也是这样，十七世纪二十年代，日本金银比价最高时1:13，而中国大致在1:8。

十六、十七世纪，中国白银在国内市场的价格一直远低于国际市场。在这种情况下，欧洲人在中国、日本、欧洲之间开展所谓套汇业务，也造成了白银大量地流向中国。

就这样，新大陆的白银把世界各处相隔遥远的地区关联起来，一个世界市场形成的同时，另一个世界性的金融市场隐约着在推波助澜。

那个聪明的葡萄牙人，想必赚足了钱。是什么，继续让他在亚洲盘桓不去。澳门已经成了记忆，那里大约曾有他的家。日本，想必有他的伙伴，里斯本已变得遥远，那些成船成船地驶往澳门的漳州人，已经成了那里人数最多的社群。月港，磨炼了他们，现在，他们和那个叫佩德罗的，是不是一样赚得盆满钵满？

弗兰克在《白银资本》中认为，1400—1800年是以中国为中心的单一世界体系格局。他认为，在国际贸易中，有四个地区，美洲、日本、非洲和欧洲，长期保持贸易逆差，美洲和日本用白银来弥补它的逆差，非洲则靠出口奴隶和黄金来解决这个问题。只有欧洲，因为缺乏任何令人心仪的产品来弥补，长期贸易赤字。于是，从非洲出口到美洲，从美洲出口到亚洲，又从亚洲出口到美洲和非洲，一个全球性的贸易网络就这样形成了。

白银，成了永恒的话题。在全球最大的经济体——中国永远保持顺差的情况下，全世界的银流奔向中国。

（六）

与部分解除海禁同时的，是解除银禁。

1567年，也就是月港开放洋市这一年，朝廷宣布："凡买卖货物，值银一钱以上者，银钱兼使；一钱以下者，止许用钱。"

自此，白银成为国家法定货币，大明王朝最终迈进银本位大门。

明朝立国之初，发行宝钞，禁止民间用银，违者论罪。宝钞不能与任何贵金属互兑。太祖对宝钞寄予厚望，但是没有充足储备金，国家信用薄如纸片，民间并不流行。官员薪俸配给，也不看好。纸钞发行的初衷也许是为了解决财政危机，但描绘的远景形同画饼。随着宝钞滥发无度，纸币大幅贬值，最糟糕时不值面值3%，在流通领域宝钞全线陷落，白银大行其道。《明史》记载，明宗时期，朝廷开始弛用银禁，朝野率皆用银。尽管皇家禁令仍在，"阻钞者追一万贯，全家戍边"，但人们再蠢，谁肯用真金白银换取一张纸片。

隆庆元年，开放银禁就好像开放海禁一样，仿佛只是顺势而为的一

饷馆码头，美洲番银的气味已经散去。（由龙海市海丝文化研究会提供）

件事。

但是，大明王朝就此终结洪武体制，走进银本位大门。白银终于以合法的方式，走进经济生活，接下来的一系列社会变革产生了意想不到的影响。

张居正的赋税改革在1670年开始试行，这与月港开市、国家解除银禁、海外白银大量涌入中国几乎同步。

"一条鞭法"最基本的内容就是国家赋税以白银征收。这一貌似平常的改革，一举打破3000年来的实物田赋制度，从此田赋缴纳以银子为主体，同时，百姓对国家承担的徭役和其他杂役，也可折算成银两交纳。百姓以白银购买的方式履行对国家的义务。最初，"一条鞭法"只在江南布政司所属部、州、县试行，因为这片区域早已被白银浸润，即使在银禁未开之时。十年之后的1581年，"一条鞭法"在全国推行。

白银成为国家法定货币，迅速渗透到社会生活方方面面，推动内向型农耕经济向外向型的市场经济转变，中国社会开始从古代社会向近代社会转型。社会结构发生巨大变化，传统体制再也无法恢复活力。

在那个儒家道统社会，张居正划时代的改革仿佛不经意间动了谁的奶酪，那是他的命运以悲剧性收场留下的伏笔。

隆庆是他生命的巅峰时期，在历史转折时期，他带着国家走过了政治和经济危机，潮水般涌入的白银让皇帝拥有取之不尽的财富，手中的权柄也越来越重，这是他生前死后备受诟病的一个重要原因。万历十年（1582），张居正在志得意满中死去，身后极为哀荣，但三个月后，他的家族毫无悬念地受到清洗。皇帝——他爱着和信赖的学生似乎迫不及待地想从他的身上取回失去的东西。

但他曾经带领的国家已经走上了与外界相连的道路，这是一条没法回头的道路，当白银已经将世界变成了一个商业化的世界。

中国的关税制度，也随之发生变化。隆庆五年（1571），广东方面开始试行丈抽制，根据商船大小抽取饷银，不再采用在中国延续了上千年的抽分制，按比例向商船抽取实物充当饷税。

在此之前，月港饷税由海防馆负责征收，海防馆成立于1563年——正是海澄设县前夜。这个时期，正是月港海商和皇权矛盾最激烈的时期。月港开市后，海防馆舶、饷并管，既监督进出港商舶，又负责回港商舶征税，获得的"商税"，用于本府军事用途。海防大夫——军事系统的派驻官员负责这一项工作。由一个军事机构管理港口税收，从一个侧面折射出大明王朝对海洋贸易的复杂态度。

1593年，明政府成立月港督饷馆，这是中国市舶制度的一件大事。

军事管制和税收管理从此彻底分开，由此开启了近代中国海关制度的先河。

今天，督饷馆门前的码头，美洲白银的气味已经散去，饷馆码头的名字还在，不由得让人想象那花样的世界。

白银的广泛使用是繁盛的海外贸易的结果，它带着中国从实物经济向货币经济转化，催动明朝社会经济的成熟和市场的扩容，并呈现出与以往不同的面貌。当日本和美洲银圆迅速造就了一个充满活力的经济社会，一个值得思考的问题是，一旦开放的市场遭遇威严的皇权，未来将会发生什么样的变化。

白银刺激了大明帝国的市场经济，催生了一系列重大的社会变革，同时，造就了一个快速世俗化的社会。仿佛与经济转向银化相呼应，《金瓶梅》《二刻拍案惊奇》向人们展示了繁花似锦的晚明社会景观，最终由张岱——那个世代生活在西湖暖风里的世家子弟，在家国沦陷后，用他的《西湖梦寻》为那个时代续写了袅袅不断的尾音。

这是一个与古代世界截然不同的经济世界，一个由白银构筑的世界。

无论是解除海禁和解除银禁，这两者都贯穿了整个大明帝国的皇权与市场的博弈，构成了明朝末年波澜壮阔的社会经济生活，并确立了漳州在大航海时代的叙事风格。如果说白银曾经创造了一个持续二百多年的世纪风暴，那么月港就是最初的"风暴眼"。

在西方史学界，往往把1571年作为世界大历史、近现代全球贸易和世界市场形成的历史性拐点。实际上，在此之前的1567年，月港开市显然创造了这一历史性机遇的先决条件，而发生在四十年代的银禁松弛则成为事件的前奏。正是中国社会经济生活中巨大的白银需求拉动了世界性白银的生产，而丝瓷贸易带来的中西方巨大的贸易顺差，唯有白银能够平抑。一个最容易被人忽略的细节是，当中国经济缺乏自己的主权货币，中国社会对白银的依赖远远超过西方社会对中国丝瓷的依赖，日后发生的一连串历史悲剧，也与它有关。

白银成为世界货币后，大明王朝深刻地卷入世界经济。汉学家牟复礼这样表述，"到1644年，中国是世界历史的一部分，它深受世界贸易中白银流动的影响，深受粮食作物传播造成的农业转变的影响"。

历史的逻辑似乎是这样，当帝国的命脉和全球经济联系在一起，白银成就了繁花似锦的大明王朝的最后时光，无意间也埋下了毁灭的种子。几个看似不相关的事件使建立在外国白银基础上的帝国大厦摇摇晃晃。因为感觉到白银大量流失的巨大压力，1634—1636年，西班牙决定限制拉丁美洲白银流向菲律宾。1639年，在马尼拉的西班牙人和中国人紧张的关系再次激化冲突，二万多人被杀。也因为失去了长途贩运的商人，马尼拉流入中国的美洲白银大量减少。同样在这一年，日本德川幕府开始闭关锁国，禁止商人从澳门往长崎贸易。两条引导银流流向中国的通道几乎同时关闭。中国市场白银进口骤然减少，物价暴涨，经济危机来临了。此时，恰逢小冰期，肆虐全球的自然危机与经济危机相伴而生，庞大的帝国机器忽然丧失应对危机的能力，最终，一场饥民暴动，帝国大厦轰然倒塌了。随之而来的清帝国承袭了"白银帝国"衣钵，直到1840年。

1644年，也就是大明帝国覆灭这一年，英国议会派和保皇派发生一系列冲突。九年后，新生的资产阶级取得胜利，斯图亚特理查一世被处死，克伦威尔成为护国主，英国完成了向近代国家转型。

这似乎是东西方世界分流的一个特殊阶段。

漳州海上商业版图

（一）

1617年，即明万历四十五年，一本由漳州官方主持的中国通商指南刊印出版。

这本名为《东西洋考》的书籍，撰者是龙溪人张燮。这个经过严格的封建科举考试挑选出来的举人，用士大夫优雅的笔调描述了那条由无数粗放的海商和水手行走的针路以及与这些针路有关的历史、地理、经济及航海知识。日后，它将成为研究中外关系史、经济史、航海史、华侨史的一部必读资料。这本书，也是我国与西方航海力量在海外接触的最早资料。

漳州府司理萧基、太仆少卿周起元、漳州府督饷别驾王起宗分别为它作序。为一部通商指南配备这样的阵容，在中国古代是有些罕见的事。

这一部漳州视角下的海洋通商指南，向人们展示了万历年间的漳州海上商业版图，那些海上传奇的起点是月港。

张燮接到写一部漳州人的通商指南邀请时想必不会有什么犹豫，尽管这个时代，商业依然是末流，而王朝的基本国策仍然是海禁。但整个中国长江以南早已是一个商业世界，来自海外的白银让这些地方像个世界工厂，而闽南，士大夫从事商业活动早已成为传统。

两个有权力的地方官员，漳州府督饷别驾王起宗、海澄县令陶镕一起出面邀请一个地方上有影响力的举人来做这件事，就像那个时代邀请那些有名望的士人来做史志一样，足见漳州府官员们对编写一部通商指南的期待。

对张燮来说，这也是一件需要认真对待的大事。

张燮家族已经在海澄，也就是龙溪生活了若干个世纪，自然了解那个海滨聚落怎样在数十年间成长为东南巨镇。不过，他未必了解，隔着两个大洋，另一个叫阿姆斯特丹的国际港市，和海澄有差不多一样的规模，在张燮的年代，正和月港发生着深刻的交集。他自称海滨逸史，自然饱受域外风物侵染。他有士大夫的情怀。400年前那个漳州知州朱子素为他推崇，这不影响他对海洋世界的描述。

官府的档案向他敞开，这使他能够完整地掌握相关统计，比如，一年发放多少张船引，船引指向哪些国家，有多少进口番货，纳税的标准是什么，进港船应缴纳什么税种等。他采访了商人、船长、领航员，那些海外风情，在他的书里显露出某些士大夫的趣味。尽管他不曾在海上航行到那么遥远的地方，辗转的传说，也不免带着多棱镜般的色彩。不过，数个世纪以后，当他的书和那个时代海洋世界发生的事叠合起来，那些历史的真实，便影影绰绰地出现在我们面前。

一些神秘的航海资料，据说是那些遥远的针路的来源。我们今天所以说它神秘，是因为《东西洋考》和那个时代的许多航海资料出现在漳州地面上，并且共同指向一个源头——郑和下西洋。那些航海资料包括失落了若干世纪后在伦敦被重新发现的《顺风相送》《指南正法》，也包括已经消失了却在那个时代被屡次引用的《渡海方程》，那么多的航海资料不约而同地指向漳州，也喻示了中国东南沿海海洋贸易中心转移到了漳州的这个事实。

而那个时代，按美国学者坚尼雅的说法，正处于中国东南沿海漳州发展周期。

1617年的这个时段，海洋世界正在发生剧烈变化，欧洲航海国家先后东来，刺激亚洲水域贸易形势。作为唯一合法的商民出洋贸易口岸，月港在全球化进程中走向全盛。

每年风讯来时，大明朝的海商和他们的雇员开始搭乘贸易船出洋，成千上万的人从月港出发，加入庞大的海外贸易队伍，100—300艘大型商船载着中华物产分头奔赴东西洋，前往东南亚的40多个国家或地区。

月港开市后，对洋船有所限定。万历十七年（1589），福建巡抚周寀确定为年限88艘，即东洋44艘，西洋44艘。东洋一路，吕宋16艘，余则2—3艘，以后又增至110艘，加上鸡笼、淡水、占城、交趾州等处共117艘。至万历二十五年（1597），再调整为137艘。其时，抵达万丹的船程为16—20天，到巴达维亚为43天，而到吕宋仅7天。因为路途关系，人们青睐东洋，而东洋一路，人们又把眼光盯着吕宋。那些申请了西洋商引的人，往往出海后立即折向东洋方向。

在欧洲人来到亚洲水域之前，漳州海商、水手已在这儿航行了数个世纪，依靠航线上的贸易据点，打造了一张复杂的商业网络。十六世纪，当欧洲人出现在亚洲水域，他们首先面对的，就是这个网络。

（二）

在中国，那个时代如果说有哪个城市最接近海洋，那一定是漳州；如果有哪个港市最接近西方，那一定是海澄。漳州，也只有这样的城市，才

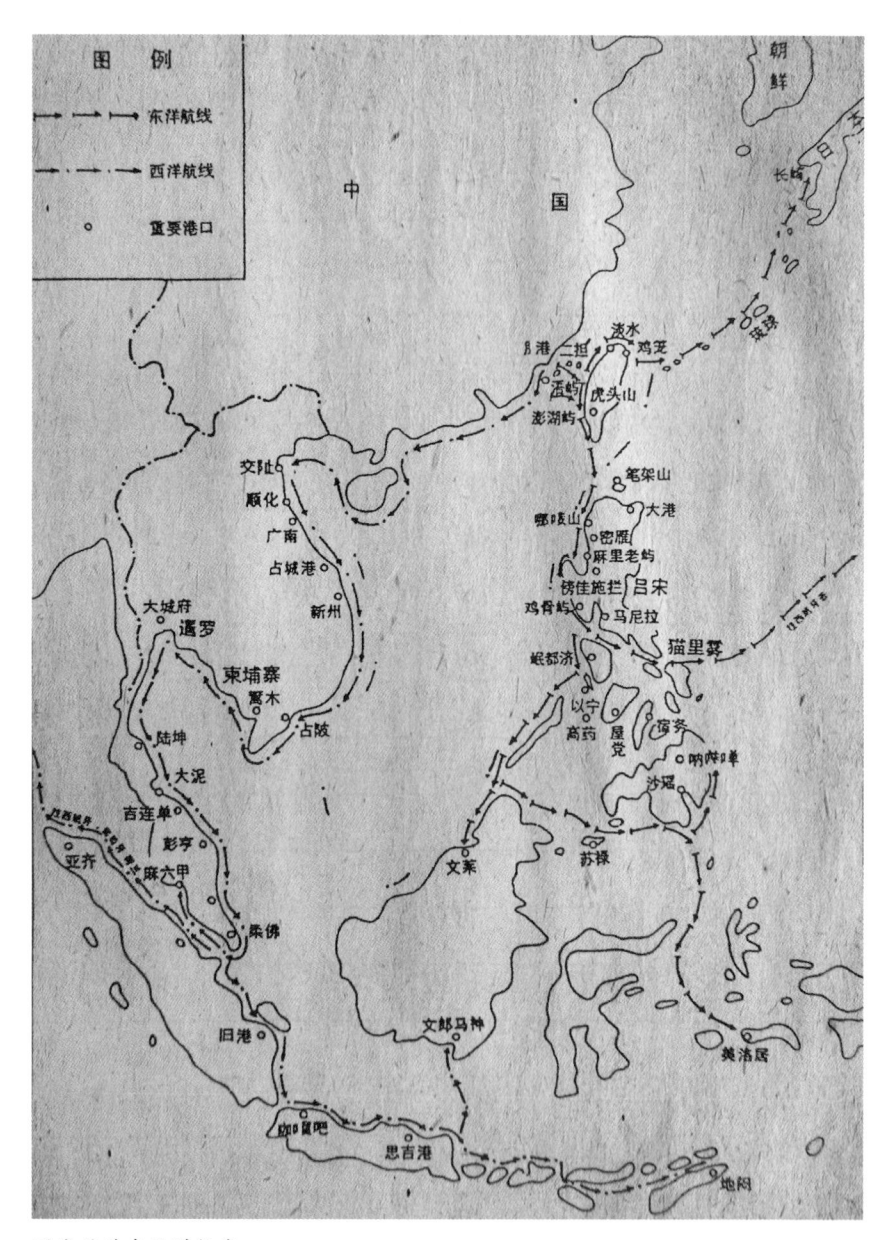

明代月港东西洋航线。

值得写一部书，请一位有名望的学者、诗人，证明她与海洋世界的关系。

"澄，水国也。"张燮直截了当地告诉人们这个港市的海洋视野。在这里，"走洋如适市，朝夕之皆海供。酬酢之皆夷产，间左儿艰声切而惯泽通"。不过，这是一个浸润了数个世纪的域外风情而有些异化了的世界，连人们的口音，都和中土不太一样了，翻译倒是港市挺吃香的一种行业。

圭屿，那个有着象征皇家权力的礼器的形状的小岛，是漳州海路门户，所有故事的起点。

出了圭屿，商船被潮水带到曾家澳，就是厦门的曾厝垵，从那里进入台湾海峡，几个月的海洋冒险就开始了。

"海门以出，泂沫粘天，奔涛接汉，无复崖埃可寻，村落可志，驿程可计也。"那是天地壮阔的航路，海岸线渐渐淡出视野，水天一色，只有指南针导引，水手们凭其所向，荡舟以行。那条漫长的航线上，40几个国家和地区，将是那些漳州商船的停泊地点。那片水域在郑和时代，已被称作东西洋，文莱是两块区域的分界。

根据张燮《东西洋考》记载："文莱，即婆罗国，东洋尽处，西洋所自起也。"大抵为东经110°，其东为东洋，西为西洋。东洋包括吕宋、苏禄、猫里务、网中礁老、沙瑶、呐哗啴、计王隘、美洛居、文莱等10个国家和地区，其范围大概在今天菲律宾岛、马鲁古群岛、苏禄群岛以及北婆罗洲一带。西洋包括交趾、占城、暹罗、六坤、下港、加留吧、柬埔寨、大泥、吉兰丹、旧港、詹卑、马六甲、亚齐、彭亨、柔佛、丁基宜、思吉港、文郎马神、迟闷等19个国家和地区，其范围大概在今天的中南半岛、马来半岛、苏门答腊、爪哇以及南婆罗洲一带。这是月港商船主要活动范围，主航线约22条。日本及东番（台湾）亦有为数不等的商船前往。这就是张燮所要向人们描述的漳州人的商业世界。

人们的视线跟着张燮的针线一路延伸，从中南半岛、马来半岛、印尼群岛和婆罗洲的南海诸国港口，最后消失在印度洋茫茫碧波里。东西方碰撞的焦点，集聚在亚洲东部水域，那是葡萄牙人、西班牙人、荷兰人和闽南人的竞技场，也是阿拉伯人、波斯人、印度人的舞台。

中南半岛，离月港最近，交趾、占城、暹罗，是重要的朝贡国家，与中国保持上千年的贸易关系。

交趾，是下西洋的第一站，秦为象郡，汉灭南越，置九郡，交趾为其一，隋设交趾郡，唐置都护府，曾是中国最南端，辖清化、顺化、广南、新州、提夷五府。贾舶到时，官府会为商人设食，听民贸易，如有所需，按官价收购，商业环境比较宽松。入门，则槟榔贻我，待人接物殷勤美好。女人来做生意时，长发飘飘，如观音大士模样。漳州商船有时会运载瓷器到广南府，然后前往日本。因为海禁，月港商船不能直航。日本茶界所谓"交趾瓷""交趾香盒"，即从漳州运抵广南府再转往日本。这里物产丰富，有象牙、犀角、玳瑁、奇楠香、沉香、束香、燕窝、东京布等进口到中国月港。

占城，位于中南半岛南部，秋盆河北岸近海之处，秦为林邑，汉为象林，与交趾一样为中国郡县。宋初脱离中国，他们向中国朝贡，也多次侵扰中国边地。先秦时已有从福建抵达这儿的航线，是闽南人下西洋的重要目的地和中转站。宋代引进占城稻，对长江流域稻种系统产生深远影响。明代漳州所谓的"占粟"即占城之种，物产和交趾类似。在西洋诸国中，占城的奇楠香最为优质。郑和下西洋时，曾以占城为据点，分别向渤泥与马来半岛出发，是中国船舶下西洋的第一个大中转站。

贸易支撑着这个国家的存在与繁荣，因为印度商人很早在这里贸易，它的早期文化深受婆罗门教影响，以后国民尚释，节俗与中国同。在中国古籍里一再出现的会安，就是指林邑。欧洲人东来后，中国人、日本人、欧洲商人聚居此处，使这座水滨城市有多元文化的风情。漳州，在这里建有会馆。

暹罗，在南海，隋时已通中国。元至正时，由暹和罗斛两国合并而成。国力雄于诸国。这个国家与中国有悠久的朝贡关系，丰臣秀吉侵犯朝鲜时，朝廷议率诸国攻日本，暹罗自请为前驱。后来秀吉病死，这事才作罢。他们派子弟到中国学习，颇受中国风气影响。国中有三宝庙，祀郑和，又有礼拜寺，传为郑和所建，甚宏丽。佛郎机人和日本人在这里设有贸易据点。"国人礼华人甚挚，倍于他夷，真慕义之国也。"张燮感叹道。明初已有从漳州前往暹罗航线。

商船越过暹罗湾，可抵达马来半岛六坤。这是暹罗属国，古称登流眉或者单马令。

六坤，也曾是真腊的属地，在公元二世纪时，印度人在现在的柬埔寨和泰国境内建立国家，中国称"夫南"。六世纪后，建立新王朝，叫"真腊"。十三世纪，登流眉一度成为马来半岛诸邦共主，张燮时，已衰落。

六坤因为靠近克拉地峡，是印度、中国、真腊文化的交汇之处，今天成为"一带一路"上引人注目的一个节点。

宋时，南海诸国沉香大量流入中国，进口沉香以真腊为上，占城次之。而中国海南岛所产价与金同。稍后，登流眉香料亦开始登堂入室，为上流社会推崇，在中外贸易中占有很大分量。

从马来半岛暹南往下，有大泥、吉兰丹、彭亨、丁机宜、柔佛、马六甲诸国。

大泥，中国商品海外交易中心，属暹罗，即今泰国北大年。永乐三年（1405），封国主麻耶惹加那为浡泥国王。六年，王率妻子来朝；七年，卒于都下（南京），葬于安德门外，有司春秋致祭。十六世纪，漳州人南下此处日众。"流寓甚多，趾相踵也"。一个姓张的漳州人，成了拿督，即大酋长。荷兰人抵近漳州河口前，常常在这里采购中国商品。

吉兰丹，大泥属国，又称小葛兰国。嘉靖末年，有二千多华人在这里生活。

张燮写《东西洋考》时，红毛（荷兰人）已经来到这个地方。中国人到此处贸易，不被征税。但如果与荷兰人交易，比如湖丝百斤，荷兰人交税5斤，华人银钱三枚。漳州商人李锦、潘秀、郭震就是在这里遇见荷兰人，随后，荷兰人进入台湾海峡，寻求与中国贸易的机会，并引发了一段漳州、台湾以及荷兰的历史纠葛。明时，漳州有自浯屿直航大泥、吉兰丹的针路。

彭亨，这个国家多平原，草木繁茂，沃土宜耕，蔬果丰饶，城市以木围筑。彭亨是月港贸易一个重要港市，地方记载中一再提到这个地名。《顺风相送》里，有太武往彭亨的线路。太武，一说金门，九龙江口港市，有不少商船来自彭亨。葡萄牙人东来后，彭亨是与葡人贸易的中国商人的重要基地。

丁机宜，爪哇属国，国土狭小，人口不过千余，漳州商船到达这里时，当地人往往把货物运到船上交易。

柔佛与丁机宜相接，国力稍强，常以船载货到国外贸易，其酋好战，两个邻居彭亨及丁机宜不胜其扰，最后倒霉的是丁机宜，原来百姓性情温和，价格也平，不料国家纷争，商人到那儿贸易变得可有可无，这对一个小国家来说，真是雪上加霜。

不过，随着荷兰人的到来，这一带地理位置日显重要，作为海上交通要道，海上霸权的争夺让这一片水域充满硝烟，载满白银或丝瓷的商船与拦截者彼此纠斗，也造就世界历史一个重要时段，两个小邦国很快就国将不国了。

从彭亨往南经过半岛南端进入马六甲。扼守沟通太平洋与印度洋咽喉

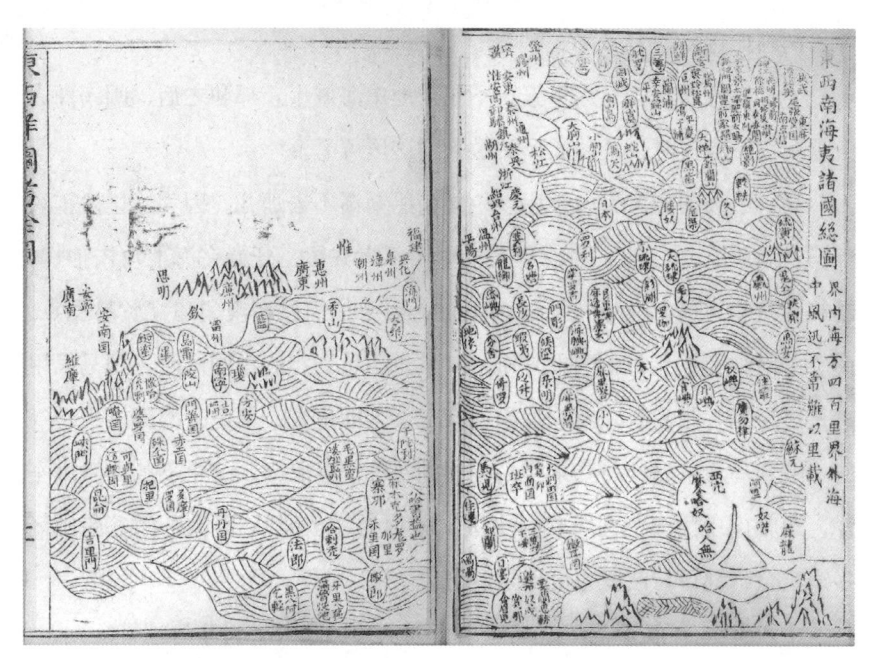

《东西洋考》中的《东西南海夷诸国总图》，来自哈佛大学汉和图书馆藏明万历四十六年王起宗刊本。

的马六甲海峡，是沟通亚、非、欧各国的重要枢纽。1400年，满剌加王国建立时，与明王朝建立朝贡贸易关系。郑和之前，闽南人已经在这里贸易。郑和下西洋时，五次到达满剌加，这里是郑和的货物贮藏基地："凡中国宝船到彼，则立排栅，如城垣，设四门更鼓楼。夜则提铃巡警，内又立重栅，如小城，盖造库藏仓廒，一应钱粮，顿在其内。去各国船只回到此处取齐，打整番货，装载船内，等候南风正顺，于五月中旬开洋回还。"（马欢《瀛涯胜览》）

满剌加为暹罗属国，永乐三年（1405），满剌加遣使上表，愿内附，为属郡。七年，永乐皇帝封首领西利八儿速剌为国王；九年，嗣王拜里迷苏剌率一个500人的庞大使团，包括自己的王后、王子和陪臣来朝，以后又有新王亦思罕答儿河来朝，申诉为暹罗侵扰，皇帝降诏暹罗王无开兵隙，满剌加遂安。

十六世纪初期，马六甲繁华不亚于地中海城市。郑和之后，闽南商人大量前往，成化时，龙溪人邱弘敏来到这里贸易。

马六甲被葡萄牙人占领后，中国商船渐渐不去那儿。因为这里是前往苏门答腊的必经之地。葡萄牙人见华人不肯驻留，开始在海上攻击他们，劫掠其货物，航路几乎被断绝。不过，因为他们已在澳门建立贸易据点，商船可以驶到那儿与中国人互市，其实也不特别担心中国商船不到马六甲进行贸易了。张燮时，满剌加据说有三害，即龟龙、黑虎、佛郎机。

隔着马六甲海峡与马来半岛相望的是苏门答腊岛，这个岛屿西濒太平洋，东临南中国海，在古代，中国文献称为"金洲"，因为苏门答腊山区多产黄金，马可·波罗曾经路过这里。

十六世纪，"黄金岛"之名吸引了葡萄牙探险者来到苏门答腊。

苏门答腊地处古代海上丝路的要道，经济繁荣，出现了一些著名的港市，如巨港、下港、亚齐。通过贸易和征服，马来文化成了这个岛屿的主流文化。

旧港，又名巨港，占据南海诸番水陆要冲，五代时已有商船来漳州贸易。太平兴国三年（978），一个被封为"镇国李将军"的，曾经在漳州卖香药，在城西修普贤寺。这李将军，既然有朝廷封爵，应是贡使。

从公元十世纪到十四世纪中期，苏门答腊人兴起一个叫三佛齐的佛教国家，定都巴林邦（或称旧港）。这个国家建立后，与中国交好，贡使络绎不绝。

因为其处于印度洋与南中国海的有利地理位置，以贸易立国，大食及印度货物，一般以三佛齐为中转，转运中国。此国出产珍珠、金、香药、象牙、珊瑚、宝石等。中国船只早已在这一带贸易。在这个国家临近海域，曾经发现大量的十四世纪中国瓷器残片。

旧港是华人最早的聚集地。大海商梁道明在这里集闽广流人数千，雄视一方，受朝廷招抚后，擢浙江按察。他的副手施进卿统领旧部，诏命为"旧港宽慰使"。万历年间，大海商林朝曦在这儿做市舶长，类似中国的市舶官。永乐五年，郑和自满剌加返航，泊旧港，擒海盗首领陈祖义。

《东印度惊奇旅行记》描述的大明海商和妇女，衣着体面，海商腰挂铜钱，手执雨伞和折扇，表情轻松。

最迟在葡萄牙人到来前一个世纪，漳、泉移民已经大举南下，在这里留居。明宣德年间的《西洋番国志》也提到三佛齐，"国多广东，福建漳、泉人士。"

旧港也由此成为中国船舶修理、货物集散和商品转运的重要港口，中国铜钱在这里流通。不过，当地人也常常把胡椒当作货币使用。在十四世纪中期，也就是永乐初年，三佛齐被爪哇攻破，遂成爪哇属国。

爪哇与三佛齐为邻，一名顺塔，唐称阇婆，一名诃陵、社婆，元称爪哇。甲兵为诸番之雄。下港，在爪哇岛西部，也称万丹，是闽南商人重要的活动港市，有附属国加留吧，离下港半日路程。这个国家与中国交往相当密切，时常朝贡，其物产与巨港类似，生产胡椒，也流通中国铜钱。从九龙江海湾地区出发，可通航巨港。十四、十五世纪，这个国家保持200年强盛，曾经击败了忽必烈汗的征剿大军，并从三佛齐的附属国上升为苏门答腊的统治者，连原来的宗主国也成为附庸，势力扩张到渤泥（文莱）。之后被穆斯林控制，王国经济衰退，十五世纪末瓦解。十七世纪初，也就是张燮时代，荷兰人在这个岛屿建立据点，和马六甲的葡萄牙人抗衡。爪哇的贸易地位又一次复兴。荷兰人占领台湾前，爪哇成为荷兰对中国贸易的重要基地。其时，国中生活三种人，唐人、土人和久居此处的西番贾胡。张燮的评价是，饮食衣着干净整洁。红毛（荷兰）来了后，建了礼拜堂。它的文化受到佛教、印度教、伊斯兰教和天主教传播影响，呈现出奇异的色彩。新村，旧名厮村，是中国人的聚居地。住居约千家，商船在这里互市，百货丰富，市场繁盛。

亚齐，也就是苏门答腊，"西洋之要会也"，一个富裕的国度，马可·波罗和郑和先后到过这个港市。郑和下西洋时，这是另一个重要据点。他们的船队到这儿后，一支北航榜葛枝，一支航锡兰山，一支航印度半岛西南海岸及邻近各国。

亚齐早先是大食、也就是波斯的西边国境，隋大业中立国，唐永徽时来朝，始称苏门答腊。永乐三年（1405），国王锁丹罕难阿必锁受封为苏门答腊国王。这个国家与大明王朝关系紧密。永乐时王位被篡夺，十一年，郑和擒假王，助王子嗣王位，此后世世朝贡不绝。

这个国家物产丰富，奢侈品市场占有一席之地，宝石、玛瑙、琥珀、玳瑁、犀角、象牙、香料，颇受欢迎。有一种叫龙涎香的，是市场中的极品，据称来自海边睡龙唾液，其实是鲸鱼消化系统的梗阻物，入香能收敛脑麝清气，虽数十年，香味乃在，是现代香水的定香剂。在宋代，从海路由阿拉伯人转入中国后，受时尚界追捧，价值不俗，是上流社会的标配。

胡椒是这个国家最重要的物产，不仅向欧洲，也向中国出口。闽南人在苏门答腊往往充当经纪人或散商的角色，他们合伙驾驶小船沿海岸线南北航行，在河口码头停留，收购胡椒，然后打包交给上家，运往中国或欧洲。

胡椒价值不俗，番秤一播，值银六两，一播约等于中国官秤三百二十斤。苏门答腊手工业也发达，出产金、银、绫、锦，工匠技术都很精巧，西洋布织得像中国缎一样精细。

苏门答腊国王很倚重贸易，商船到时，有把水瞭望报国王，船主随之入见国王，进献果币于国王，国王则设宴款待。交易输税，十分公平。因为这个国家地理辽远，从中国到彼处，往往近四十日，所以到这里贸易，利润比到其他国家多出一倍。

马六甲落入葡萄牙人手中后，苏门答腊贸易开始分化，一部分贸易商穿过孟加拉湾进入岛屿北端亚齐，一部分沿岛链向东，或北上南中国海到万丹港。

东洋方向，吕宋，是月港贸易最关键的环节。

吕宋，是菲律宾群岛政治经济中心，也是漳州最重要的贸易国家。因为离漳州最近，漳州海商对它情有独钟，久住不归，名为压冬，聚居在涧内一带，十七世纪初人数达三万人。《东西洋考》即载有从太武往吕宋针路。月港开市，出海船只的配额最多，最高年份达16艘，而实际上，前往吕宋的漳州船往往超过定额，比如万历二十四年（1596）达到40艘。

吕宋最初只是东海中的小国，以后慢慢壮大，因为出产黄金，所以比较富裕。永乐时向中国朝贡。

《东西洋考》成书时，吕宋已经易社半个世纪。所谓吕宋贸易，其实是中国人与西班牙人的贸易。

中国人与西班牙人的关系好像是一个不愉快的开始，却促成了一桩长达两个多世纪的大买卖。

就在西班牙人占领马尼拉的那一年，在途中遇到了一艘前往菲律宾中部毗舍耶群岛（Visayas）与当地穆斯林贸易的中国商船，经过激战后，西班牙人俘获了这条中国商船。但是，船队司令释放了他们。显然，他们看中与中国"生理人"交往的前景。因为在那片水域，航行着大量的中国商船，跟着商船四处贸易的，就是来自闽南的"生理人"（闽南语"生意

马尼拉王城，1590年由西班牙总督圣地亚哥修建，隔着帕西格河（Pasig River），与中国人居住区相望。（林南中摄）

人")。来自中国的"生理人"那么多，连后来的西班牙人干脆把来自闽南的中国人叫"生理"（Sangleys）。

结果，他们释放的善意有了回报，第二年春季，那些被释放的中国人，满载一船丝绸和其他中国商品来到马尼拉。随后，这一批中国货物被运向墨西哥。

中国人与西班牙人的贸易关系从此豁然开朗。如果说，1565年是大帆船贸易端倪，1671年，当月港商人和西班牙人遭遇，大帆船贸易开始进入井喷式阶段。

接下来的几年，中国人和西班牙人的贸易量迅速上升。拉维扎里斯（Guido de Lavezaris）在1573年6月29日报告国王菲利普二世："中国船只每年来到这个岛屿（吕宋）的许多港口交易。可以肯定，中国大陆离我们很近，不到两百里格。"

"中国人一直来这里交易，我们到来以后总是想方设法好好对待他们。因此，在我们居住在这个岛屿的两年时间里，每年都有很多中国人和越来越多的船只到来，而且比以前来得更早……从他们开始和西班牙人做生意以来，每年都带来更好和花样更多的物品。如果新西班牙（墨西哥）的生意人能够来这里交易和开矿，他们可能赚得更多。"

也因为西班牙人对中国贸易网络的倚重，来自月港的中国人最初和西班牙人保持不错的关系。

1574年7月17日，拉维扎里斯在给国王的报告中提到："因为我们对中国人一直很好，他们每年生意越来越大，向我们供应了糖、小麦和大麦面粉、核果、葡萄干、梨子、橘子、丝、优质瓷器和铁器之类的东西，还带来了以前这里从来没有的其他小东西。"月港商人实际上承担了马尼拉的日常供给。如果没有中国商船，马尼拉的生活，大约十分艰苦。

大帆船贸易使马尼拉成为一个繁荣的港市。

大约在1570年，也就是西班牙人刚刚进入马尼拉的时候，当地的中国人不过40几个，再加上他们携带的家眷，大约150个。中国人给这些西班牙人留下了不错的印象，"他们非常谦虚，毫不张扬。他们穿棉或丝的长袍。他们穿着宽松的裤子，裤脚束紧，宽袖子和长筒袜子，像西班牙人一样，非常伶俐干净"。西班牙人这么描述。

1590年，生活在马尼拉的中国人已达六七千人，他们控制马尼拉的商业。整个城市必须依靠中国人从国内运来粮食、牲口，包括各种生活用品，才能有足够的补给。马尼拉市里，有一个"生理人"（闽南人）经营的丝绸市场，店铺150间。这个市场还有许多裁缝、鞋匠、饼师、木匠、蜡烛匠、糖果师、糕饼师、药师、银匠、漆匠和名目繁多的工匠，常住"生理人"600人。

此外，在城市和海边，有数百名渔夫、菜户、猎户、织工、砖匠、石灰匠和铁匠。至于菜市场，每天售卖的有家禽、猪、鸭、鸟类、山猪、水牛、鱼、包子和其他能用的东西，包括青菜和木柴，它们中很多都是通过商船从月港运过来。

1588年，马尼拉大主教萨拉扎（Domingo de Salazar）提到，每年十一月至次年五月，有二十个左右的大商家从月港航到马尼拉，每个大商家带上一百人，住七个月，随船携带大量的货物，从面粉、食糖到多种水果，这些食物足够马尼拉市和郊区食用一年，另外还带去了牛马牲口。

张燮在《东西洋考》里，也提到了这种现象。

漳州人源源不断地涌入马尼拉。1605年春天，十八艘中国商船抵达马尼拉港。这一次，一下子来了5500个新到的"生理人"，马尼拉街市一下子出现了许多新的面孔。他们将在数个月后，带走大批白银，同时在他们生活的这段时间，让马尼拉的街市异常繁荣。

到了1617年，中国人在马尼拉达到3万。

萨拉扎主教，一个有趣的观察者，不厌其烦地写了一份篇幅很长的文字，向菲利普二世报告他的所见所闻。今天，我们通过那份年代久远的报告，看到了闽南人在涧内生活的基本轮廓。

开始，两群初来乍到者，闽南商人和西班牙人混居在一起。后来，中国人渐渐搬到了市区西北侧一个叫屯多（Tondo）的村边上。那是一块沼泽地，靠海边，与市区一河相隔，大约是个蚊虫滋生、没人愿待的地方。最初，中国人在这里建了四排房子作丝绸市场，这四排房子呈长方形，中间是街道，靠海的一侧则有一个大水塘，涨潮时，月港商船可以直接进入水塘卸货。那些房子，最初只是茅草搭的顶，没有人做长久居留的打算，以后被火烧了，有钱的中国商人便改成瓦片，这也安全了许多。这就是张燮说的中国人的聚居地涧内，曾是财富与荣耀之地，也曾是冲突与死亡之地。据说现在是贫民区。

在十六世纪八十年代，生活在涧内的常住中国人，大约有三四千人。另外有两千人每年随船来来去去，再有一些人，生活在附近，为城市提供服务，总人数在六七千人。对于正在形成的马尼拉，这样的人口规模，几乎占了1/2—1/3。

那是一个繁忙的市镇，每天清晨，太平洋的日光还没有浮出海平面，街上已经升起袅袅炊烟。农户把蔬菜和肉类运到涧内，食肆开始为数千个异乡人准备早餐。那些老家的可口小食——馄饨、面线，安抚异乡人的味蕾和胃，热气腾腾的包子从蒸笼中取出，使街市充满了面与肉食混合的甜香。如果是清明，还有薄饼，聊告乡思。师傅们用中国运来的面粉做包子，然后沿街叫卖，价值十分便宜而且可口。尽管马尼拉郊区盛产稻米，不过，许多人愿意吃面食，而让那些大米被商船运回月港，在那里被称作番米，可以卖出好价钱。许多西班牙的士兵常常向中国人赊账，一年到头吃中国人的包子。中国人肯赊账，而且态度那么温和，这使当地许多人，包括那些没钱的西班牙士兵，不至于挨饿。当他们有钱的时候，比如发了薪水，或者成功地参加了一次劫掠，他们会来到食肆，挥霍他们没有边际的时光。

许多中药铺开起来了，热带疾病常常困扰着异乡人，再寻常不过的虫咬有时也会要了他们的命。于是有家乡的医师随船过来，为他们把脉，为他们抓药，像在家乡一样。

马尼拉市区，不管是欧洲人、中国人、日本人、阿拉伯人或者当地人，都要依靠中国人供应市场货物。他们如此勤奋，饲养猪、牛、鸡鸭供应市场，连鱼也是中国人供应的。欧洲人最初以为他们仅仅是"生理人"，其实做别的事情也一样靠谱。如果没有中国人做买卖，西班牙人大约什么吃的也没有，除非去抢劫。

在马尼拉市场，什么稀奇古怪的中国货物都有，市场需要什么，中国人就能做出什么。在马尼拉制作手工产品，有时比中国老家生产的还要精良，比西班牙本土制作的还要好，价格便宜到萨拉扎主教都不好意思说出来，仿佛是捡来似的。而中国人，确实又赚到了钱。

不错，那就是漳州工匠的手艺，他们看到什么，就能仿制什么，尺寸精准，哪怕是穿在身上的衣裳，工匠甚至不用尺量，单凭眼瞧就能判定要用多少布料。

萨拉扎，那个来自旧大陆又走过新大陆，最后来到马尼拉的人，自以为见多识广，还是忍不住又为漳州工匠点了赞。不错，当他刚到马尼拉时，孤独得要命，急着要布置教堂，以彰显他所侍奉的主的荣光，却找不到一个能够制作西洋艺术品的"生理人"，如果在老家，他大约不会这么苦恼。但是不久，马尼拉就出现了一大批会拿画笔和雕刻刀的人。他们为主教仿制精美的圣母像，雕刻可爱的耶稣婴儿。当主教的教堂因为那些美丽的雕像而宁静肃穆，人们仿佛回到了旧大陆那些令人留恋的时光。

另一桩有趣的事，是关于一个来自墨西哥的西班牙书本装订商。这个有抱负的商人绕了大半个地球来马尼拉碰运气，并理所当然地雇用了一个"生理人"做助手，过不了多久，马尼拉出现了另外一间同样的装订厂，主人自然是那个"生理人"，他的手艺太好了，以致前老板不得不歇业。至于萨拉扎，生意上并不照顾自己的西班牙同胞，因为那个"生理人"装订出来的东西，比在塞维尔装订的还要好。如果碰巧装订的是《圣经》，还有什么比精美的手艺更显示出对主的虔诚呢？

因为生理人，马尼拉的生活看起来没有什么不便之处。他们能够种出西班牙和墨西哥的蔬菜，天晓得怎么办到的。他们种菜的地方，有时贫瘠得像只能长石头。生活在马尼拉的萨拉扎，愉快地享用主教有能力享用的美食，想起穿行在马德里的日子，这里的市场和旧大陆的也没什么两样。这对于那些怀抱梦想、离开老家的人来说太重要了。

萨拉扎看着马尼拉每天都在发生的奇迹，看着涧内从一个沼泽地变成一个大市镇，看到月港商船一船又一船地运走银子，而新大陆那边总是那样饥不择食地带走一船又一船的中国货物。廉价的中国商品正在迅速地占领殖民地的市场，大约很快，它们将会在新旧大陆之间形成连锁反应，这对西班牙人来说，也许是个令人忧心的问题。

东洋另一个值得一提的国家是苏禄，在菲律宾西南方与婆罗洲之间的苏禄群岛，元武宗时曾遣使来访，其国有东、西、峒三王。永乐十五年（1417），东王巴都葛叭答剌、西王巴都葛叭苏哩、峒王巴都葛剌叭剌卜各率其子、酋目共340人随郑和船队空国来朝，其间东王病故，葬德州，留其姬妾侍从十人守坟。

苏禄人与漳州商人合作颇为默契，月港商船到时，当地人将货物尽数取走，到各处售卖或别国出售，回来时又将当地土产交给漳州商船。如果遇到出产珍珠的好时节，当获利数十倍的利润。苏禄人依赖与月港的贸易，十分担心商船回航后不再回来，所以每次回航，总是被留数人作人质，以期日后再来。

苏禄有聚落近千家，并不大，但城据山崖之巅，甚是险要，佛郎机人屡次派兵攻伐，皆不能克。

两个国家——文莱，东西洋交汇处和美洛居稍后会专门提及。

在《东西洋考》里，台湾，那时候称东番，并不在东西洋之数，但张燮还是说了这个地方，这个世外桃源般的地方。

在张燮写完这本书后的第四年，海澄商人颜思齐登上笨港，开始另一段故事。

琉球，张燮寥寥数语带过，其实这地方极其重要。这个明王朝的藩属，原先极为贫弱，由于海禁，他们利用朝贡国的名义在明王朝、朝鲜、日本和东南亚诸国间进行中转贸易，完全无视朝贡定例，明王朝也十分袒

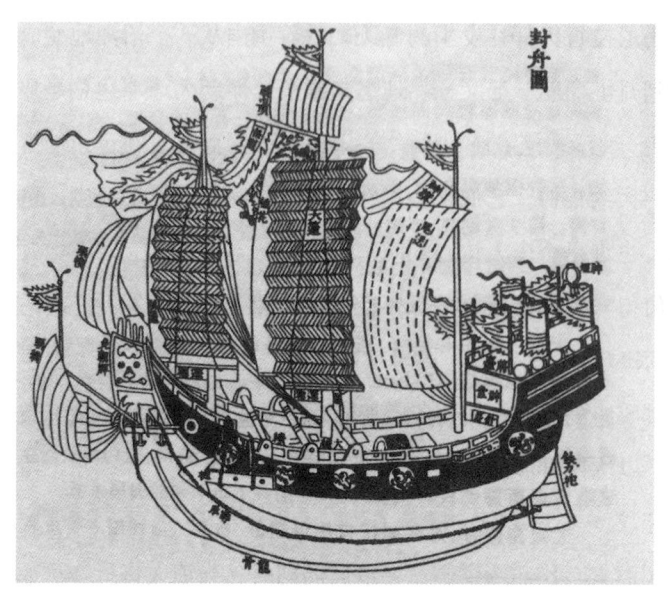

琉球封舟。

护,造船技术、航海技术,连船舶,能予则予,逐步发展成为西太平洋、东亚地区贸易中转站。福建与琉球民间贸易盛极一时,漳州,是私商最佳发泊地。当年,福建往琉球航线上,航海人尽是漳州人,连封船上的水手也是。1542年,漳州海商陈贵一次率26艘商船抵达这里。贸易繁盛,称"万国津梁",葡萄牙人东来时,说这里是亚洲的地中海。

张燮写这本书时,除了福州河口地区仍然往来的朝贡船,1617年,漳州商船几乎不再出现在这儿。但是,福州河口地区仍然频繁往来朝贡使船,在明清之际,170次的朝贡记录,无人能及。

日本,张燮花了特别多的笔墨,他解释说:"书其梗贾舶也","梗"是阻塞的意思。

日本在明清时期与中国的关系较为复杂。倭寇自元初至明代,对中国东南沿海的骚扰抢掠前后持续近300年。明王朝在月港开设洋市后,依旧严禁与日本通商，但是，这不能阻止漳州商船驶往这个国家。日本人对"唐物"向来推崇，从1544年开始，越来越多的漳州商船前往这个国家；当年经琉球往日本的航线上，船舶络绎不绝，航海人员多为漳人；月港大海商谢策、洪迪珍多次招引日本商船到浯屿、南澳贸易并获利，月港商船经常借出海捕鱼、籴米或吕宋贸易之名前往日本。

长崎，是中日交往的主要港口，郑成功就出生在这个城市。根据日本史料记载，仅1613年6月5日这一天，就有漳州商船6艘到达长崎。6月25日，又有2艘载砂糖到达。1615年3月6日有漳州商船载砂糖到纪伊的浦津。4月，有4艘漳州商船到达日本。漳州商船到日本贸易数量日益增多，几乎左右日本市场生丝价格。有时，中国生丝就直接作为硬通货使用，就像中国瓷器在西班牙市场一样。

潘荣，龙溪人，海洋生活背景的琉球册封史，天顺七年（1463）率400人使团册封琉球中山王。（郭群燕摄）

漳州商船进港时，长崎的市民会争先驾小船把商人们迎回家中，用美好的酒和温暖的汤浴款待他们，而当地官员允许他们自由地贸易。日本人用来换取中国商品的，自然是东澳大利亚的黄金和西奥岛的白银。

因为对日贸易热络，在老家那边，人们说倭语、佩倭刀、摇倭扇，习以为常。

长崎这个时候是5万人口的港市,建有漳州人的寺院和坟地,这使那些不能回家的人安息。

(三)

1617年,亚洲水域贸易正进入它的繁盛时期,此时距欧洲人东来已经过了100年,海上霸权此消彼长。当我们把视线投射到张燮所描述的400年前的针路,我们看到,全球经济被重塑的肇始阶段,那些来自不同区域的人——中国人、葡萄牙人、西班牙人、荷兰人、英国人争相竞技,或敌或友,分分合合,这片水域也由此色彩斑斓。

最早的冲突在西班牙人抵达后不久。1574年,一个中国武装集团首领林凤带领62艘舰船,搭载2000个水手和2000士兵向马尼拉的西班牙人发动攻击,几乎消灭了他们。

1575年稍晚些,明朝把总王望高追踪林凤到马尼拉,次年,西班牙总督派出2名使者随船抵达福建,请求通商。在漳州,他们似乎待了数个月时间,与当地人建立了不错的关系。对通商,漳州人向来不排斥。

明朝实施海禁政策时,一大批中国商人留在当地,同时又有一批沿海居民冒险出海。这些人控制了马六甲进出要冲,在吕宋岛和爪哇建立颇具规模的居留地。西班牙人抵达马尼拉以后,需要中国人为他们带来货物,大量吸收闽南人,这使它成为中国在海外最大的聚居地。

华人力量的壮大也令西班牙人不安,他们的人数不过是中国人的一个零头,不过,他们以上帝的名义,有国家力量支撑,有强大的火力。所以,矛盾还是出现了。

二十年后，另一场冲突引发了一场不大的外交事件。

1594年的时候，一群中国船员不堪忍受西班牙人的压制，杀了总督达斯马罗纳（Gomez Perez Dasmarinas）。他的儿子路易斯·佩雷斯赶回马尼拉接任总督。两年后，新上任的副总督摩加（Antonio de Morga）要求继任总督古佐曼（Francisco Tello de Guzoman）加强对华人社区的控制，结果，12000多华人被驱逐回国。

在《东西洋考》里，张燮记录了中国人和西班牙人的这场冲突，在万历二十一年八月，吕宋国王，实际上是马尼拉总督，有个拗口名字，叫"郎雷氏敝里系牓"，征集了250个中国人，乘船征伐美洛居。航行中，西班牙人将他们视若奴仆，动则打骂。他们中的一个首领，叫潘和五的，在半夜里，杀了郎雷氏敝里系牓，又乘西班牙人惊慌失措几乎杀光了他们，然后驾船驶向中国。但是在广南时迷失了方向，被当地土著袭击，仅有32人回到家里。朗雷氏敝里系牓的儿子朗雷猫从朔雾驻地赶回马尼拉接替总督位子。十月，派出传教士向福建方面交涉。

对那次事件，朗雷猫的交涉文书有了更进一步说明，那些中国人住在涧内，那是漳州移民的聚居区。负责向福建方面交涉的是朗雷猫的二哥巴礼。据描述，当年一共被杀40余人，仅有巴礼和书记二人逃回去报告不幸的消息。西班牙人准备以拆毁涧内报复，不过新任总督怕生事端，也为了贸易考虑，只是遣回了唐人。唐人上船时，每船还给50包米。他们向福建方面通报这事的来龙去脉。

福建方面看待这一事件时的角度不太一样。

福建巡抚许孚远在给朝廷的报告中声称，有一万多个中国人生活在吕宋涧内，并受西班牙人节制，西班牙人抽二百余人充当士兵，刑杀惨急，激成事变。不过，这个巡抚对自己百姓的看法是"我民狠毒，亦已甚矣"，并不认可。这个事件，似乎有了一个结局，西班牙人急需中国商人的生意，并不想扩大事态，但他们驱逐了久留的中国人。福建官方承认事出有因，却不支持自己的子民，对于巴礼则以礼遣送回国，至于肇事的潘和五等人，既然留在交趾，事情也就不了了之。

这场西班牙人攻伐美洛居的战争，以战争开始前西班牙总督意外地被闽南人杀死而告终。

这个事件引发的后果，让西班牙人看到生理人的可怕力量，从此再不能弥合彼此间的怨恨，西班牙人加强了对中国人的控制。张燮说"夷人故奴华人，徵赋溢格，稍不得当，呵辱无已，时犯者即严置以法"，从此猜忌日深。而大明王朝对海外子民的态度，一开始已决定他们日后命运，这种命运，最终影响了帝国命运。

不过，直到此时，吕宋贸易依然是极为有利可图的贸易，而月港海商每年贡献给朝廷的税收，仍然是上升之势。这是总督、巡抚、知府所了解的。

中国商人带来了生意，带来了财富，也带来了自己的社区。这些社区以语言、乡族为纽带，以宗祠、神会为精神依托，形成足够大的社群力量，这也是西班牙人所不待见的。对于这个拥有自己生活方式的异教徒，他们常常在足够强大时，杀戮一回，以减轻心里的忧虑，就像他们在南美洲干的一样。毕竟，人口单薄的殖民者需要有一种方式来迅速确保自己的安全，比如杀戮。

万历三十一年（1603），一场马尼拉大屠杀，三万中国人被杀，其中绝大多数是海澄人，一时海澄尽墨。同样在那一年，漳州发了大水，淹没万家，两地同时受祸，仿佛冥冥中的安排。

不过，西班牙人很快意识到，没有中国商人的日子并不好过。他们封存了中国人被掠货物，向福建当局递送文书，希望死者家属前往领取。马尼拉当局希望人们相信，只要做一个好百姓，其实什么都是可以的。第二年，又有月港商船驶往马尼拉。利益，好像可以让人忘却怨恨。万历三十三年（1605），漳州人的商业聚落又形成了。

到了1620年，也就是《东西洋考》刊行后第三年，马尼拉生活着1.6万名中国人，另有2万名菲律宾人和3000名日本人。而西班牙人，只有2400人。巨大的不安感，使他们有兴趣在漳州商人足够强大时，再屠杀一次。这是张燮完成《东西洋考》后一些年发生的事。

张燮对佛郎机做了一些有意思的描述，那大约是中国人关于佛郎机最早的描述。他们身长七尺，眼睛像猫，嘴像鹰，面如白灰，须密而卷，头发赤红。其风俗异于华人。僧侣手握重权。

更大的冲突来自欧洲人之间。

1991年，马尼拉湾，"圣地亚哥"号商船沉船的打捞仿佛让人们回到海上争锋的年代。这艘沉没于1600年的西班牙商船，经过两年的打捞，共出水物品5262件，包括800余件完好的万历青瓷。那些漂亮的花瓶、盘子，与当年随着沉没的铁炮和来不及发射出去的弹丸散落在一起，仿佛记录了它悲伤地沉没的那一瞬间。

"圣地亚哥"号是西班牙人与荷兰人在菲律宾首度交战的牺牲品。1598年，荷兰前海盗船长兼阿姆斯特丹旅馆老板范努尔特带领4艘军舰探索西班牙航线的秘密，当疲惫不堪的荷兰舰队越过太平洋突然出现在菲律宾时，舰队剩下2艘破军舰和大约59名水手，驻守马尼拉的副总督摩加——我们总是在与漳州贸易的文献中见到他，带着300吨重的"圣地亚哥"号和50吨重的小商船迎击荷兰人，仿佛胜券在握，但是上帝不肯垂青摩加和他的随从。十二月十四日，真是个不幸的日子，"圣地亚哥"号载着450名船员出港，甚至不愿意卸下随船的大批中国瓷，让吃水线几乎压到了炮口，就开战了。然后，两艘衰败不堪的战舰，出乎意料地取得了胜利。"圣地亚哥"号在烈火中沉没，连同那些价值不菲的货物，350个船员葬身鱼腹，剩下的获救。至于不幸的摩加，却幸运地活了下来。等到人们再次发现"圣地亚哥"号，是在400年后，沉船上那些万历青花，穿越到现在倒拍出了好价钱。

这是万历三十年（1602）发生的事，月港和马尼拉贸易正处于鼎盛期，从中国大陆运来的丝瓷，换取美洲大陆的白银，让彼此的生活和以往大不相同。

范努尔特在击沉"圣地亚哥"号后返回荷兰，在家乡，他写了一本书描述他的经历，他成了英雄。好奇的商人开始集资前往东方寻找商机。然后，在阿姆斯特丹，东印度公司成立了。荷兰人在亚洲的贸易局面为之一振。

对西班牙人来说，1600年只是他们痛苦的开始，他们和月港贸易，在这个世纪开始受到荷兰人的猛烈冲击。

张燮在《东西洋考》里说两个欧洲国家在亚洲水域的争霸已经拉开序幕。

张燮所说的美洛居，正是欧洲人几个世纪以来梦寐以求的香料产地，是马来群岛的一部分，也称作摩鹿加群岛、马鲁古群岛，或者东印度群岛，传统上欧洲人称之为香料群岛。原住民是美拉尼西亚人，被殖民后人口急剧减少，后来马来人从北面大量移居此地，现在是印尼的一部分。

葡萄牙人和西班牙人在1494年签订《托德西利亚斯条约》，划分出一条"教皇子母线"，规定从佛得角以西370里格的地方，从北极到南极划分一条分界线，该线东侧为葡萄牙人势力范围，西侧为西班牙人势力范围。根据现在的地理知识，马鲁古群岛在葡萄牙势力范围。但是，十六世纪，因为技术限制，人们无法确定马鲁古群岛的具体位置。

葡萄牙人和西班牙人分别于1512年和1521年到达马鲁古群岛，他们都宣布享有对马鲁古群岛的主权。

1526年，西班牙国王和葡萄牙公主以联姻化解了问题，80年后，荷兰人则用武力夺走了它。根据阿姆斯特丹方面的命令，荷兰人派出士兵摧毁了海岸线上的丁香树，通过降低供应量，从垄断中获取更大的利益。

张燮写《东西洋考》时，葡、荷两国争夺香料群岛的控制权已经告一段落。不过，他关注到了热带香料丁香引发的两国冲突，他写道："丁香，东洋仅产于美洛居。夷人用以辟邪，曰：多置此，则国有王气，故二夷之所必争也"。在他眼里，香料因为所携带的"王气"影响到国家兴衰。实际上，西方海上霸权也的确是围绕香料控制权展开的。

美洛居的丁香引来葡萄牙与荷兰人的垂涎。接下来，两个国家为争夺美洛居连年征战，各有胜负。在闹得不可开交时，由生活在这里的中国人斡旋，最终以万老高山为界，山北属红毛（荷兰），山南属佛郎机（葡萄牙）。这两个国家解脱利益纠纷后，终于可以腾出手来继续夺取别的地盘。

在强国的夹缝中，美洛居左右摇摆。葡萄牙人来时，他们用丁香向葡萄牙人纳贡，荷兰人把战舰开到海岸时，美洛居又臣服于荷兰。

作为贸易枢纽，美洛居是欧洲人争夺亚洲利益的一个焦点。张燮按中国人的传统观点，理解为"多置此（丁香），则国有王气，故二夷之所必争也"，但他抓住了一个焦点：香料之争决定王国兴衰。

中国商船也是两边争夺的目标。当商人抵达这片水域，如果与葡萄牙人互市，则荷兰人攻击；如果与荷兰人互市，则葡萄牙人抢劫，夹在两个国家之间的中国商人在左右逢源，直到荷兰人在1606年控制了香料群岛。

（四）

在张燮时代，欧洲人进入亚洲水域已经一个世纪，一系列朝贡国家的易主预示着亚洲贸易形势发生了重大变化。公元七世纪以来阿拉伯人和闽南人主导的亚洲贸易已经走向边缘，取而代之的是欧洲人和以漳州人为主体的亚洲商人网络的对接，中国与世界的关系由此变为中国与西方的关系。

葡萄牙人在1510年夺取亚洲水域咽喉马六甲，扼住亚洲贸易线路通道。西班牙人在1565年基本取得菲律宾控制权后，立足马尼拉，开展大帆船贸易，形成了由月港——马尼拉——阿卡普尔科航线，大帆船贸易持续两个半世纪，成为西班牙世界的海上生命线。这条航线也是中国对外贸易的主要航线。

张燮写《东西洋考》时，葡萄牙和西班牙处于共主时期，这两个国家的人被张燮称作佛郎机。

在《东西洋考》刊印后两年，即1619年，荷兰人占领交留吧，将其更名为巴达维亚，作为它的东方殖民帝国的总部，扩大它在亚洲水域控制权的争夺，荷兰人积极招引华商前往贸易，尽管巴达维达距月港有43天航程，但仍有月港商人前往贸易，再由荷兰人把商品转贩欧洲。

荷兰人在张燮《东西洋考》刊印后的第七年即1624年占领台湾，在那里，他们经营38年，最后还是被郑成功驱逐了，在这段时间他们利用台湾商馆对接漳州河口开展贸易。台湾商馆由此成为荷兰35个商馆中最赢利的一个。荷兰人也是日本锁国政策中仅有的两个能与日本直接贸易的国家之一，另一个是中国。日本与荷兰的通商口岸——长崎，同时也是漳州海商对日贸易的重要据点，长崎由此成为中荷贸易的第三地，大量的漳州商船通过吕宋航往这个地方。

于是，我们读到了《东西洋考》中提到的佛郎机和红毛番在美洛居（香料群岛）打打杀杀的历史，世界近代历史正是欧洲人在亚洲水域打打杀杀中拉序幕。而漳州，而月港也在这打打杀杀中翻开历史新的一页。

（五）

1617年，月港，这个拥有无与伦比的政策优势的港市，正走向它的鼎盛期。它掌握中国海洋贸易网络，坐拥财富，揽尽芳华。

但是，1617年对大明王朝来说真是个多事之年，万历皇帝已经在位45年，这个有差不多30年不上朝的奇异的皇帝，却因在位期间的经济增长而赢得万历中兴的局面。不过，他的生命已经走到末端。

大明王朝在这个时段已经老态毕现，先是贵州筌人起事，然后鞑靼骑兵逼抵河套，所幸被守边将领击退。

南京、山东、河南、陕西、湖广、福建、广东先后告灾。此时，中国已处于历史上的"小冰河期"，气候极寒，旱灾频发，粮食奇缺。而后金，自去年努尔哈赤即大汗位后，改称清，正在东北收拢诸部，开始一点一点地蚕食大明王朝的边境。

再过二十四年，这个大明王朝边陲部落将终结它的国祚。

前一年，戏剧大家汤显祖去世，那个写了《临川四梦》的人的离世，仿佛带走了大明王朝的世纪繁梦。

这个时候，老牌的殖民帝国西班牙和葡萄牙开始衰弱，荷兰正在兴起并成为最大的殖民帝国，英吉利也逐渐强盛，日本经过关原之战结束混乱的战国时期，德川幕府走上历史舞台。而大明王朝东南沿海海上力量依然在海洋世界舞台上呼风唤雨。

世界权力处于更替阶段。

我们不知道，当三位漳州地方官出面邀请那个著名的龙溪举人撰写那部通商指南时，是不是感觉到了东南沿海形势正在发生的变化？毕竟，市场的律动，最能触动帝国的神经，何况那是王朝商民唯一的出海口岸、天子南库。

时间流转到 1935 年，英国牛津大学鲍德林图书馆，一个叫向达的北京图书馆研究员，在那里整理中文资料时，意外地发现了标号为 145 号的手抄本针路簿。这就是被研究者一再提到的明代《顺风相送》和《指南正法》，一个叫吴波的漳州人被推测是这两本针经的编撰者。书中描述的针路，直指郑和下西洋。

《顺风相送》和《指南正法》与另一部中国文献《劳德针经》收藏在一起，《劳德针经》即我们通常说的《郑和航海图》，那是权力显赫的牛津大学校长劳德的私人收藏。它们描述的针路，和《东西洋考》如出一辙。

这是东西方相互直面的时代。

当张燮关注着亚洲水域商贸网络的时候，大西洋边上的另一个欧洲国家也正关注着它，这个国家就是日后的"日不落帝国"，他们将从中看到些什么，当西班牙、葡萄牙和荷兰已经捷足先登之后。

这就是解读《东西洋考》时值得联想的一个话题。

角力台湾海峡

十七世纪头一年，荷兰人抵达台湾海峡，出口能力强劲的漳州河口是他们虎视的焦点。荷兰人跟着嗅觉，而嗅觉跟着信风，一波又一波出现在这里，眼里满是财富。台湾海峡即将上演一场群雄逐鹿的海洋大戏。

在远东水域，荷兰人在挑战葡萄牙、西班牙海上霸权时，同样地触碰了中国人的底线。尽管大明王朝的寿命已经进入倒计时，不过，它巨大的体量，以及环绕着它的海上力量，仍然可以睥睨群雄。

荷兰人出现在中国人视野时，被称作"红毛"，尽管这样的相貌特征不限于他们，不过，葡萄牙或西班牙人已经被称作"弗郎机"或者"化人"，而他们出现得如此突兀，这种称呼倒也恰如其分。

视线回到十七世纪的荷兰。阿姆斯特丹港口不远处，一条小运河，一座不算起眼的红砖楼，是东印度公司总部，从1602年到1799年，这里就是整个荷兰海外王国的统治核心。

精美的中国瓷器，让那幢楼优雅，楼里十六世纪的油画描绘了海外的要塞、城市、港口，那是荷兰鼎盛时期的模样。

1611年的阿姆斯特丹，不过6万人口。期货市场已经出现，它的货仓，存放着来自波兰的食物、美洲的烟草、巴西的蔗糖和东印度的香料。中国的瓷器出现在商业贵族和中产阶级的生活里。TEA——茶开始温暖他们的胃。

每年，武装商船从这里出发前往东方。投机与暴利，财富与荣耀让这座城市充满活力。

据说，两个世纪里，荷兰东印度公司向海外派出1700艘商船，100多万人次随船航向亚洲。有些亚洲人成为公司雇员，返航时，和他们一起抵达欧洲，比如漳州人李锦。

东印度公司鼎盛时，拥有2.5万员工和1.2万船员，他们将把荷兰的影响力，投放到大洋的任何一个地方。

1611年的中国，处在万历时期。漳州河口的月港，人口与阿姆斯特丹接近，也许更多，每年航往亚洲水域的大型商船约200艘，数万人在亚洲水域航行，寻求发财的机会。

荷兰东印度公司对这个资源奇缺的海洋国家超越西班牙和葡萄牙，成为海洋霸主功不可没。

这家成立于1602年3月20日的公司，模仿了1600年年底英国女王伊丽莎白成立的东印度公司的模式。根据荷兰共和国《荷兰联合东印度公司宪章》规定，拥有自非洲好望角到麦哲伦海峡，包含整个太平洋和印度洋之间区域的贸易垄断权。荷兰国家最高权力机构"国家议会"授权公司与当地统治者签订协议、建立军队和对敌对国宣战的权力，不久之后，在台湾海峡上掀起的滚滚云烟，就是依据这一授权的结果。

因为不满西班牙国王菲利普二世的统治，西属尼德兰七个省份组成联省共和国自行寻找海外贸易出路。在经历了80年的斗争后，于1648年独立。因为荷兰在七个省份中举足轻重，于是便成了这个新国家的称号。

这个时候，西班牙和葡萄牙已经强盛了100年，而且仍然强盛着。他

悬挂荷兰东印度公司旗帜的中国帆船。

们分别在美洲、非洲和亚洲拥有面积广大的殖民地，但是随着海上力量的衰退，他们被超越只是个时间问题。

这个时候，荷兰崛起了。

荷兰人在1601年9月（万历二十九年）的时候来到中国，第一站是广东。他们的到来相当突兀。当地人描述，巨大的舰船，用铜片包裹，吃水二丈，船员身高丈许，须发皆赤，圆眼，人们不知他们从何而来，都称他们红毛鬼。在澳门的葡萄牙人担心互市抢他们的生意，发兵驱赶他们。那些船随即移入大洋，为飓风飘去，不知所适。听起来有些聊斋。

再过二十年，荷兰人占据台湾，在漳州河口、台湾海峡，资本、士兵、商船掀起滔天风浪，这是漳州与荷兰的贸易关系非常重要的时期。

1602年，荷兰人派出远航船队前往远东，司令官哈根，一个有经验的海军军官。派往中国的使节艾特森随航队出行。荷兰首领奥兰治亲王让他给遥远的中国皇帝送去礼物和一封信，寻求与中国自由贸易的机会，或者在中国沿海某个地方，建立据点，以便就近和中国贸易。这自然是不可能的。在北大年，他们就了解这样的结果。

1602年6月，荷兰东印度公司刚成立，即派遣韦麻郎率领庞大的船队航往亚洲，整个航程317天，次年抵达万丹，6月到澳门，被葡萄牙人击退，返回暹罗大泥。在大泥，韦麻郎结识漳州海商李锦。这应该是漳州民间商人与荷兰人的接触。

李锦，海澄商人，不知什么原因成了荷兰Zeeland远洋贸易公司的职员。1600年的时候，前往荷兰Zeeland州的Middelburg，在那里，他接受洗礼，成了一名新教徒。在荷兰文件中，他的名字似乎是"Empau"。Empau在1612年的时候死在香料群岛的安汶，留下一个美丽的寡妇和一个儿子，还有大约6000里亚尔的遗产。

他的生活轨迹，好像是漳州商人的投影。这个时期，有成千上万的漳州商人活跃在亚洲水域。交易、冒险，与西班牙人、葡萄牙人、荷兰人、日本人即使是竞争对手，如果需要，也是贸易伙伴。

在荷兰人急于找一个于中国贸易的战略据点时，澎湖最先进入他们的视线。其时，澎湖为明朝汛地，分春、秋二汛防守，汛点来自浯屿和铜山水寨。其他二季不设防。1604年8月，三艘船载数百名荷兰人抵达，这是澎湖史上第一次为外人所知。福建总兵施德政和水师将领沈有容调集金门料罗湾水师应急。11月18日，沈有容直接抵达澎湖，要求韦麻郎离开。在那里，韦麻郎虚与委蛇，磨蹭到12月底，沈有容再次施压，25日韦麻郎终于起帆离开澎湖。其间，韦麻郎在澎湖滞留131日，荷兰船队继续在西太平洋游荡，寻找贸易机会，1607年，韦麻郎回到荷兰。

这次福建方面与荷兰人的正面接触，大明王朝的福建水师尚有足够的能力震慑荷兰。在官方记录里，沈有容被描述成一个有智慧的将领，靠唇枪舌战击退了荷兰人。这个记录不经意间泄露出这个时期的海峡形势，看起来不像200年后那么悲催。

此时台湾海峡，已经成为全球贸易的黄金水道，从月港前往马尼拉的商船都要经过这里，那条航线，连接阿卡普尔科和欧洲大陆，那是西班牙世界的海上生命线。葡萄牙人控制的澳门是中国、日本、马尼拉的贸易中介。他们的航线经过台湾海峡，至于日本与东亚诸国的贸易，台湾海峡是必经之地。

欲靠近中国，就必须靠近这个海峡；欲取得中国财富，就必须靠近这个海峡的漳州河出口。

荷兰人同大明王朝建立直接贸易关系受挫后，他们只能在北大年、万丹等中国货物海外集散地采购他们要的东西。他们正忙于争夺香料列岛和爪哇霸权，一时还没有余力顾及台湾海峡。

葡萄牙、西班牙开始衰落时，英国人正在挤进东亚水域，但还不够强壮。这些国家几度交手后，英国人把视线转移到印度。荷兰人在1606年取得摩鹿加，由此取得了与西班牙等抗衡的资本。为牢牢把握占领土地的控制权，他们改变老牌海上帝国的战略，以殖民代替通商。1619年，荷兰人占领雅加达，建立荷兰东印度公司基地，改名巴达维亚。一个新的殖民帝国形成了。但是，对于荷兰人渴望的与中国贸易，这段距离太遥远了。

这个时期，世界人口以前所未有的速度流动。商人，或者未来的商人，从一个国家到另一个国家，从一个大洋到另一个大洲，以数千千米的距离搬运货物。在漫长的航线上，东印度公司建立殖民地，以确保他们的既得利益。那些目光远大的孩子，常常十二三岁离开父母，到遥远的地方，做见习水手，或者见习簿记员，他们中的许多人，因为热带疫病，或灾难，或自相残杀，早早死了。父母往往一年后才知道消息。成功的一小部分人，会过得很富裕，并且拥有权势，哪怕早先是个阿姆斯特丹的店员，或者伦敦的制革匠。这是他们海上冒险活动的动力。

这一年，有一艘漳州商船抵达巴达维亚。殖民地的前景变得十分乐观。巴达维亚总督兴奋地认为，这些中国商船将为他们送来每年大约100吨的黄金，与他们做贸易，而不需要投资。

事实上，从中国到巴达维亚的路途遥远，而欧洲国家的竞争也使旅程变得危险，并且月港前往巴达维亚的船只每年只有四艘。这不足以满足荷兰人急速澎涨的胃口。更重要的是，中国人只习惯于和自己的藩属打交道。而月港民间商人更看好吕宋贸易，对于荷兰人有些反应迟钝。于是，荷兰人又一次派出武装船队抵近中国。

荷兰人对中国贸易热情持续不减，完全是因为巨额利润。1621年，荷兰东印度公司在台湾进口了一批生丝，每磅4个荷盾，到了欧洲市场，售价16.8荷盾，毛利达320%。谁肯对这样广阔的市场前景视而不见。1622年，巴达维亚总督杨·彼德逊派出雷耶佐恩带领12艘船只和800名士兵进攻澳门，结果损失了1/3的士兵，离开澳门水域后，他们占领了澎湖，因为澎湖不在春秋汛期，他们没遭到抵抗，这一次距离他们上次到达这里，时间已经过了20年。

荷兰人的战略意图是，在中国海岸线或者附近，建立一个据点，为他们的船队提供后勤补给。对澳门的企图落空后，澎湖是下一个目标。他们可以吸引从月港出发的商船到那里贸易，他们也可以到月港来，如果需要，他们可以攻击路过的商船，或者封锁月港。

荷兰人在这片水域发起了一连串的攻击，掠夺了大约600条船，抢走了船上商品，把被俘的船员变成奴隶，哪怕他们在老家是个体面的人。现在，也只能终日被锁住手脚，吃着糟糕的食物和水，日复一日地被驱赶着修建城堡，有1300人就这样被奴役致死。活下来的，在城堡完工后被卖到离家乡很远的巴达维亚，他们能够生还的机会十分渺茫。

中国海岸的村庄也遭到洗劫，他们抢走物资、牲口、粮食，临走时又烧了船和村子，完全是一副强盗的模样。

不贸易，就开战，荷兰人的行为符合他们的思维逻辑。

1622年10月5日，5艘舰船从澎湖出发，攻击漳州沿海，他们的第一个目标是六鳌，洪武时期建起来的六鳌城看起来发挥了军事要塞的作用。巡海道程再伊在那儿组织了一次有力的反击，荷兰人损失了一艘船和十几名士兵，然后泊在浯屿岛喘息。接下来沿漳州河一路骚扰，结果又遭到福建总兵徐一鸣的拦截，不得不撤离。

威廉·班德固——荷兰船队中"格罗宁根"号船长，记录了当时的情景。"（1622年）11月25日，我们一齐来到漳州港前，停泊在一个靠近城镇的小岛（可能是鼓浪屿），镇里的居民都逃走了，我们带走了40头牲畜，其中有几头猪，还有很多鸡，这些东西让我们很好地调养了一番。那时，我们生病的人很多，得到食物后，就恢复了过来。我们派了三艘战船进港，停泊在一个村子旁边，上岸和中国人猛烈地打了起来。中国人把9艘帆船绑在一起，点上火，朝我们漂来，想把我们的船烧掉，但没烧着。我们于同月二十八日开走两艘大船，用大炮轰击安着7门小炮的地方。

12月2日，我们再次登岸并掠劫另一个村庄，同样把它烧掉，在一个栈房里，找到二十一捆丝线。我们把这些丝线和前述战利品一同带回船上。"

荷兰人的心情想必比较糟糕，他们在漳州沿海游荡，如果中国方面不肯就范，他们出海的成本将会很高。

1662年前往漳州的荷兰舰队士兵与汉人发生冲突。（华伦坦《新旧东印度志》）

这样过了数个月，雷耶佐恩有些意兴阑珊，庞大的中国市场，靠着几条武装商船敲敲打打，终究有些不痛不痒。在中国过了第一个圣诞节后，1623年1月中旬，雷耶佐恩带着首席商务员梅尔德特（Johan Van Melden）前往厦门，然后被送往福州，和巡抚商周祚谈判，商周祚态度柔和，这助长了雷耶佐恩的野心。

中荷贸易似乎开始有了转机，但是，荷兰人毫不客气地继续劫掠。

班德固船长写道："（1623年）二月十日商务员牛文莱德（Cornelis Van Nijen roode）又带了25名火枪手分乘小帆船和小艇登陆，他们到内陆的两个村子，那里的人都跑了，他们放火烧了这两个村子，然后回到大船来。

十二日，派五十个武装人员袭击大陆，我们抢了两个村子，看见一些小牛,却抓不到,我们夺去了几袋蒜和葱,进入大陆约2千米就回船了。"

二十日,班德固船长又记道:"抢劫了一艘中国帆船和14个中国人。这些中国人告诉我们,他们是从漳州港出来的,又说雷耶佐恩统帅已经和漳州人订下了协议;但是,我们还是照样抢了这只帆船,把货物搬到我们船上来。"

夏天来了的时候,形势出现了转机。新的福建巡抚南居益到任。随即,一批强悍的士兵被集结起来,漳州河口弥漫着战争的气息。双方一触即发。

南居益到任的同时,5艘军舰在法兰斯尊（Christian Franszoon）率领下增援澎湖荷军。

九月初,中国沿海开始戒严。荷兰人的后勤补给开始变得困难。十月二十五日,雷耶佐恩命令法兰斯尊的五艘军舰出发占领漳州河,切断从月港前往马尼拉的贸易船。如果中国拒绝贸易,就从水陆两面同时进攻中国。

法兰斯尊舰队泊在漳州港后,十一月十四日率二舰驶入海港,对于驾军舰上门的荷兰人,中国官方的态度变得强硬起来。而法兰斯尊舰队泊在浯屿,没有离开的意思。1624年1月1日,新年第一天,好像好运气要来了。一个叫Cip Zuan的中国商人上了荷兰战舰,商人引见了一位"隐士",隐士带他们离船登岸,中国人乘机烧了他们的船,在岸上逮捕了法兰斯尊。这次,荷兰人受到的打击更大些。总计五十二人被杀,八人被俘,倒霉的法兰斯尊被押到北京,秋天的时候,在西市被处决了。

失败的气氛开始笼罩着澎湖岛上的荷兰人。1623年圣诞节,天有些冷,却没有家乡的雪,所有人祈祷过了圣诞节情形会好起来。过了圣诞节,中国人的新年很快又到了。对岸漳州河边的那些城镇和村子,张灯结彩,大地狂欢。

初二，守备王梦熊率兵跨海突入镇海港，荷兰人退守风柜城。接着，南居益发动第二波进攻，荷兰人还是没有走的意思。到了1624年6月22日，抗倭名将俞大猷的儿子俞咨皋，带来了威力巨大的火炮，荷兰人耗不住了。

俞咨皋抵达澎湖当日，雷耶佐恩的后任松克也正从巴达维亚出发。

8月1日，松克抵达澎湖。有5艘军舰从巴达维亚方向驶来增援。不过，明军的援军人数更多。到8月中旬，已经有士兵1万，战船200艘。炎热的气候让荷兰人变得焦虑。

到了荷兰人必须做出选择的时候了。要么被人数众多的对手消灭，或者体面地离去，他们屈服了。荷兰人剩下的13艘舰船终于驶离了澎湖。这样的结果，虽明智却有些郁闷。

荷兰人的下一站，是台湾。

福建方面也没有再继续扩大战果。

毕竟，大明王朝已进入尾声。若干年的消耗战，所有人都乏了。至于荷兰人，他们的军船高大坚固，而火炮拥有巨大的攻击能力，想要消灭他们并不容易。

荷兰人总算松了一口气，在台湾南部的一片沙洲上，他们建了"奥兰治"城，以他们的首领奥兰治亲王的名义。过了些时候，当荷兰战舰"热兰遮"号载着松克抵达这个美丽的岛屿时，它成了"热兰遮"城。

在接下来的数十年间，"热兰遮"城在台湾海峡扮演着一个特殊角色。

1629年冬季的时候，一个叫普特斯曼的军官带着8至10名士兵抵达澎湖，在那里，他看到雷耶佐恩的城堡和中国人的战壕遗址仍在。岛上的天妃宫，香火不断，中国人仍然按春秋汛期在那里驻防。

雷耶佐恩离开澎湖。之前，形势已经变得令人焦虑，他在漳州河口所做的一切，让他吃到了苦头。他向东印度公司董事会求援，作为一名傲慢的军人，太令人羞耻了。在董事会对他失去信心的时候，松克博士接替了他。

新长官好像已经意识到荷兰人犯下的错误会带来什么后果。漳州河口地区的商人在东南亚贸易网络上依然拥有无限潜力，而漳州河沿岸的手工业品依然源源不断地被生产出来。想凌驾他们，现在不是时候。

那个新到任的总督松克，向东印度公司的报告中说："我们在中国沿海使用的手段，使所有中国人都反对我们，把我们当成杀人犯、侵略者和海盗。我们用来对待中国人的手段确实残忍，依我看来，这样做永远也无法与中国建立贸易……我们现在必须改正这些错误的做法，并且赎还一切罪恶，使他们把这些忘掉，公司才有可能获得渴望已久的高贵的中国贸易。"

占领台湾，对荷兰人来说太重要了，从巴达维亚到漳州那令人苦恼的漫长的航线，看起来不再困扰他们。而汉人早就在这个岛屿贸易、生息。但是失去大明王朝的庇护，他们在这个岛屿处境堪忧，这样他们不得不屈从于新的外来者。

控制这个岛屿，荷兰人可以轻松地取得漳州河口的货物，把他们带回阿姆斯特丹，或者阿芙尔德，或者从巴达维亚运往欧洲其他地方。

西班牙人的噩梦开始了，荷兰人寻求任何机会袭击前往马尼拉贸易的漳州商船，切断漳州河与马尼拉的贸易联系。没有护航的月港的商船暴露出极其脆弱的一面。荷兰人的一次武装袭击，往往可以使漳州河到马尼拉航线的十几艘商船遭殃，运气好的话，遭殃的船只会更多。

马尼拉的西班牙人开始陷入惶恐，他们叹息："中国人因为受到荷兰人的抢劫，不敢驾船到马尼拉，这里的贸易将停止，每一件东西都将失去。因为这些岛上的繁荣唯一的依靠是同中国的贸易。"

荷兰人的战略意图看起来是达到了，至少在相当程度上达到了。

1626年，也就是荷兰人退往台湾的第三年，运抵马尼拉的生丝，仅仅40担，而运抵台湾的有900担。

西班牙人显然也意识到，如果他们不像荷兰人那样去占领台湾，收益丰厚的马尼拉贸易，他们终将因为失去月港商人而大大受损。

在荷兰人登陆台湾的第二年，西班牙人占了鸡笼和淡水，鸡笼现在叫基隆。再过16年，荷兰人夺走了西班牙人的城堡，又过22年，轮到中国人取回那个岛屿。

荷兰人占据台湾对接漳州河时，他们的另一只手伸向日本。

1627年，荷兰人从台湾商馆运到巴达维亚和荷兰本土的丝织品56万荷盾，从台湾运到日本商馆的62万荷盾，总计118万荷盾，几乎平分秋色。

那时的日本，已进入江户时代。为巩固幕藩体制，从第二代幕府将军德川秀忠开始，实行比大明王朝更为苛刻的锁国政策，禁止日本商船出海，严禁一切侨居海外的日本人归国，只保留长崎作为通商口岸，通商对象只有两个——中国人、荷兰人。荷兰人几乎控制了中国丝织品在日本的贸易。因为东印度公司整合的商业资本以及军事实力，使他们在与闽南商人竞争时十分有利。因为主要面对中国，台湾商馆和日本商馆都是荷兰东印度公司在各大洲中利润最丰厚的商馆。

荷兰东印度公司在成立之初30年，股票升值4.5倍。这正是他们染指台湾海峡的时候，投机和暴利，让台湾海峡成为国际贸易的焦点。

荷兰人到来之前，中国人、葡萄牙人和西班牙人在亚洲水域上已经形成了一种比较稳定的关系。荷兰人的到来打破了这种平衡。欧洲人与欧洲人之间，欧洲人与亚洲人之间，亚洲人与亚洲人之间，角力、冲突，失衡、平衡。这是一个商业世界，交织着政治纷争，夹杂着不同民族看待世界的方式。

白银、丝绸和瓷器，有时让人拼死争夺，有时却让人愿意忘记彼此的敌意和巨大的风险。当世界被不自觉地拉入同一个经济体系，巨大的惯性，支配人们的行为。

荷兰人在海上的一系列行动完全是利益使然，他们向一切对手和潜在对手进攻，在攻击中寻找潜在的贸易伙伴。他们初到亚洲时，攻击英国舰船，等到他们发现共同的敌人是葡萄牙，他们结成联盟。他们攻击从月港到马尼拉航线上的西班牙人和中国人，直到把漳州河上的商人也变成他们的贸易伙伴。他们攻击从澳门到日本航线上的葡萄牙人，从1600年开始，葡萄牙人就麻烦不断，他们不得不改用体型较小，但速度较快的船只来躲避荷兰人的拦截。但是葡萄牙人的生意仍然日渐惨淡。在1601年时，葡萄牙人从澳门到日本航线还利润丰厚，但没过多久，葡萄牙人就失去了竞争优势。此时是荷兰人的海上力量最强盛的时期。

中国人和西班牙人、葡萄牙人穷尽一切还击。中国与荷兰人在漳州河口之间持续20年的争锋、葡萄牙人和荷兰人对香料群岛的争夺、西班牙人和荷兰人对台湾的染指，谁都希望抢先落一子，以影响以后的格局。

荷兰人在台湾海峡的出现让所有人不安，因为海禁而长期处于分裂状态的中国海上力量走向复合。待到远东水域的后起之秀郑芝龙成为大明王朝的游击将军，福建海商集团与帝国海军开始合流，荷兰人的好日子也就结束了。

1633年9月，郑芝龙的舰队在金门料罗湾水面与荷兰人展开海上对决。150艘福建水师战船和9艘荷兰甲板大船投入战斗，月港商船被改装成战舰，加入福建水师的作战序列，由此改变了双方的力量对比。体形巨大的荷兰战舰陷入福建水师的包围。当放火船不顾死活冲向荷舰，荷兰人的信心开始支离破碎。荷兰舰队的队形随之被冲垮，结果一艘被焚，一艘被俘，其余被大风吹散。

料罗湾海战是一次真正意义的海战,中国海军从此有了大败西方海军的记录。荷兰人开始意识到,因为背靠广袤的陆地,中国人在物质和人员上的潜力,是那些远离本地的海上游魂所不能比拟的。

战斗结束后不久,双方又一次回到谈判桌上。

荷兰方面释放 21 名被劫持的中国人回到福建,至于福建方面,据说接待了他们,荷兰人承诺赔偿损失并保证不再骚扰中国沿海,而福建方面则允许商人前往台湾贸易。

台湾海峡,似乎又恢复了往常的平衡。

荷兰人最终没能取得他们渴望的对中国的直接贸易,但通过海峡两边的贸易高速增长。

荷兰人显然醉心于在台湾海峡开展贸易活动带来的好处。1629 年(崇祯二年),荷兰驻台湾长官讷茨报告董事会:"中国是一个物产丰富的国家,它能够把某些商品大量供应给全世界。"

1636 年 11 月到次年 12 月,大陆到台湾船只 914 艘,台湾到大陆船只 672 艘。即使在王朝更迭时期,荷兰东印度公司仍然从中国运出 1600 万件瓷器,漳州河是这些瓷器输出的主要端口。

1643 年,大明王朝已行将凋零,但海峡两岸贸易仍然火热。4 月 25 日,漳泉海商朱西特和戴克林同台湾总督签了一份瓷器供应合同,一次性提供 355800 件瓷器。这是一份颇为有利的合同。戴克林和朱西特获得 1600 里亚尔货款和 925 里亚尔订金。而荷兰人对中国瓷器也十分满意,那两个海商看起来是值得信赖的人,因为货品的质量比样品还要好,色彩也十分优雅。这次交易到 1645 年 1 月完成,"黑伦"号和"斯韦恩"号把它们带离台湾。此时,大明王朝已经覆灭数月。

1661 年以后,远东水域格局大致稳定下来。荷兰人失去台湾让西班牙人松了一口气,他们继续占着马尼拉,维持他们的大帆船贸易。葡萄牙人拥有澳门，荷兰人经营马六甲和香料群岛，在长崎，他们的商馆与漳州河贸易成绩不俗。

这是人类走向现代的初始阶段，机会突如其来，暴利带来冒险，财富决定荣耀，而规则还不成其为规则。

那个体量巨大的封建王朝，仍有太多的事是被禁止的，但是面对纷争，一切皆有可能。

十七世纪上半叶，发生在台湾海峡的数次交锋，中国海上力量的崛起，预示海洋格局的变化与海洋视野的调整。历史定格在1624年的澎湖之战、1633年的料罗湾海战和1661年郑成功驱荷。但是，在长达半个世纪的消长里，漳州河的历史、台湾历史和荷兰历史融合在一起了。

一场与"克拉克瓷"有关的国际公案

一桩闻名遐迩的国际公案扯出两个有意思的话题,在国际市场上曾经蒙了400年的神秘面纱的克拉克瓷原产地在哪儿?那场与"克拉克瓷"有关的海洋贸易纠纷怎么成就了国际法。

1602年的春天,荷兰东印度公司船长雅各布·范·希姆斯柯克到南中国海边缘寻找香料。万丹,《东西洋考》称下港,在爪哇岛西岸,是他们在东南亚停靠的第一个港市。作为一个小王国,依靠地理位置,接纳各国商船,十分繁华。雅各布船长打算在这里采购到装满五艘船只的香料回国。这一小小举措竟挑战了葡萄牙对香料群岛的垄断。

欧洲人对香料的喜好是其传统,在古罗马时期,欧洲人就通过红海、波斯湾的洲际贸易获取香料。因为气候原因,欧洲不产香料,只有热带地区才能出产质量上乘的香料,让欧洲人的生活充满香气。

荷兰人在十六世纪末抵达摩鹿加群岛,期待从葡萄牙人手中分一杯羹。

葡萄牙人对于已形成100年的势力范围受到挑战极其敏感,因为香料贸易是它海外贸易的一个大项。他们反应十分激烈,对亚洲利益的挑战者，一经捕获立即处死。在1511年和1553年，葡萄牙人分别占据了马六甲和澳门，作为战略据点，他们控制了这片黄金航线并且得到贸易特权。

在此前一年，一艘荷兰商船被风浪吹过马来半岛的帕塔尼，最后在澳门附近海域抛锚，两队上岸求援的人被葡萄牙人逮捕，20个人成了俘虏，其中17人遭处决，那艘落难的船只因迅速逃离幸免于难。与其说这一事件埋下两国冲突的种子，不如说巨大的商业利益挑起了他们的矛盾。不过在亚洲水域，葡萄牙人强大到似乎难以挑战，这是令人不快的。

荷兰人的反击几乎同时展开，这一年在柔佛海域，他们袭击了一条葡萄牙克拉克商船，获得了一大批中国青花瓷，还有其他很多值钱的东西。

同样在这一年，荷兰人又在大西洋的圣赫勒拿岛海域俘获了另一条葡萄牙克拉克商船"圣地亚哥"号，在这艘船上，荷兰人又发现了大量的中国青花瓷。

1603年3月25日，葡萄牙商船"圣卡特琳娜号"满载着800名乘客、黄金和瓷器从澳门航往这里，成了伏击者的猎物，在经过一整天低密度轰击后，葡萄牙人选择了投降，800个乘客毫发无损地被送回马六甲，但是船和货物被带回阿姆斯特丹。

这一次的收获太令人兴奋了，这艘葡萄牙商船，装载了1200捆价值约225万荷盾的中国生丝，以及60吨约10万件中国青花瓷。8月，这批生丝在阿姆斯特丹拍卖，差不多欧洲的丝商都汇聚到这里，像奔赴一场盛会。自此，阿姆斯特丹成为欧洲重要的丝市。同样令人兴奋的是那批青花瓷，似乎，欧洲的国王和贵族，包括波兰亨利国王、英王詹姆斯一世都派出自己的代理人，竞争那些拍品。不错，丝和瓷将装饰他们宫廷的华美时光，就像那个时候的油画所描述的东方印象那样。来自东方的奢侈品和酒神狄俄尼索斯让权贵们的生活充满世俗的快乐。

这期间除"圣卡特琳娜号"外，另外两艘克拉克商船的战利品，分别

明代漳州产的克拉克瓷。（吴瑜琨摄）

在阿姆斯特丹和米兰德尔堡被拍卖，同样获得了丰厚的利润，荷兰人显然发觉到了与中国做贸易会带来巨大的利润。

他们迅速抵近中国海岸，生产能力强劲的漳州河吸引他们，那是大明王朝唯一允许商人出海的口岸。从那里输出的瓷器、丝绸造就一批最早的投机商人。十六世纪末十七世纪初，阿姆斯特丹已是欧洲股票和期货中心，月港和它的故事从那时候开始。

至于从三艘葡萄牙商船上收获的青花瓷，同以往欧洲人看见的似乎有些不同，瓷器构图对称，风格写意，带有外销瓷器量化生产的某些特征，因为原产地不明，便被命名为"克拉克瓷"。今天，在东南亚、北美、南美的沉船上的考古挖掘中，还能看到大量的遗存。包括1600年沉没在菲律宾海域的"圣地亚哥号"和1613年葬身于大西洋的圣赫勒拿岛的"白狮号"。当我们的视线掠过大西洋和太平洋海面，我们似乎看到那些顺风而行的船只、被日光晒黑的水手的脸，以及"克拉克瓷"不经意间泛过的岁月柔光。

二十世纪九十年代，四次考古发掘，在平和的窑口发现与"克拉克瓷"同样年代、同样风格的瓷器。"克拉克瓷"最终被证明原产地在漳州。

这个时期，九龙江一条支流流经平和的南胜、五寨以及另一条支流流经龙溪县的东溪村，数以百计的窑口窑火熊熊，数量巨大的外销瓷从那里制作、打包、装船、顺流而下，通过一段行程，抵达月港，再从那里装上洋船，销往海外。

王阳明

大约在1517年的时候，一个叫王阳明的大儒兼军事家带军队到这里平寇，顺带建立了平和县城。他的士兵有一批来自江西，据说那些从前的窑工留了下来，开始了这个地区的制窑业。随后一百多年，12个江西人主政平和，这使平和制瓷业飞速地发展，月港开市前，这里已经具有了规模化生产的能力。

二十世纪八十年代，荷兰阿姆斯特丹举办了一场"晚到了四百年的中国瓷器来了"大型拍卖会，从十六世纪至十七世纪的沉船中打捞上来的克拉克瓷，在海水中度过了漫长的黑暗时光，终于抵达了他们的目的地。不过，比计划的时间晚到了400年。海水冷却了从前的烟火气，旧日的柔光还挂在瓷器上。阿姆斯特丹还是阿姆斯特丹，不过，昔日的海上强权已经日薄西山。

2010年5月10日—20日，广东南澳海面，旧日漳潮交界地，明代商船"南澳一号"考古发掘正在进行，伴随着这艘长25.5米、宽7米的古沉船的，还有上千件青花瓷瓷器，它们大多是漳州民瓷的产品。

此时，漳州窑产的青花在西班牙、在欧洲、在日本、在东南亚、在奥斯曼帝国备受青睐。

由于拥有广阔的海外市场，明代漳州外销瓷生产已经具有前工业时代标准化、批量化生产的特征，并形成了成熟的产、运、销分工明确的经营模式，这种产业模式使中国瓷器在世界贸易中稳居主导地位。直到100年后，荷兰人终于成功地仿制出他们自己的瓷器。

说起来，荷兰人在海上对葡萄牙提出挑战蓄谋已久。荷兰人的海上力量当时正处于蓬勃发展期，作为西班牙属地、七省联合体，这个地方资源稀缺，国土低于海平面，土地勉强供养总人口的1/8，这是乐观估计。不向海洋掘金，荷兰人只能等死，他们向陆地扩张势力范围几乎是不可能的，因为面对强大的对手，荷兰人口撑不了一支足够的常备军，资源也是个问题，它的目标只能是海洋。

在地中海贸易受到崛起的奥斯曼土耳其的遏制，而好望角又恰到好处地被发现时，荷兰人的机会来了。它在波罗的海、法国和地中海之间拥有一个不错的位置，一些德意志土地的河流也从这里入海，荷兰人迅速承担了欧洲的几乎所有海上贸易，他们因此被称作"欧洲的海上马车夫"。他们拥有强大的船队，繁盛时有船只1.7万艘，几乎占整个欧洲的2/3。

1602年3月20日，在荷兰省的总督莫里斯王子支持下，荷兰为了扩大远东贸易，成立了联合东印度公司，他们以社会融资的方式将财富变成了扩张的资本，政府以入股的方式赋予公司一系列国家权力。

在原先松散的荷兰商船被整合起来归属于一个比政府功能更加强大的公司后，他们向远东出发了。

在1602—1605年，荷兰东印度公司取得了在班达群岛收购香料的特权，随后又占领安伯群岛，接下来他们的目标是马六甲一带的香料群岛。

显然，荷兰人入侵了葡萄牙人经营了100年的势力核心圈，这是难以容忍的。

但是，葡萄牙人在欧洲和非洲漫长的航线上建立的战略据点也正在消耗他们有限的战略资源，这使他们没有看起来的那么强大。

雅各布船长在海上漂浮了一年，毫无进展，他来到了马来半岛东侧的国际港市北大年。在那里存在着一个区域性小政权。雅各布船长和柔佛苏丹兄弟搭上了关系，出于对葡萄牙的统治的反感，柔佛和荷兰人建立攻守同盟计划，在新加坡海峡拦截葡萄牙商船。

机会终于来了。

"圣卡特琳娜号"被劫事件不过是给荷兰人提供一个扳倒葡萄牙人海上霸主地位的机会。

荷兰人面无愧色地将"圣卡特琳娜号"及船上的财产据为己有，他们在对自己的强盗行径振振有词的辩护中显示了他们的底气。"圣卡特琳娜号"是一位美丽高贵的女士，只有足够强大的战士才能获得她。

葡萄牙人对"圣卡特琳娜号"被劫事件极为愤怒，他们的愤怒又一次显示了它的无力，尽管此前他们也捕杀了17个落难的荷兰船员，他们对自己的行径并无悔意。他们理所当然地认为他们对佛得角以西有合法的权益，那个签订于1494年的西葡瓜分世界条约即《托尔德西里亚斯条约》早已得到教廷认可。

葡萄牙人理所当然地把荷兰东印度公司告上海事法庭，而且是在阿姆斯特丹，不出所料，荷兰人的法庭自然站在荷兰东印度公司一边。

东印度公司坚持认为"圣卡特琳娜号"是荷兰对葡萄牙战争的合法战利品。荷兰和柔佛有权在无须强制向第三方缴纳利润的情形下建立贸易联系，他们有足够的理由在海外自由航行并且组织贸易。雅各布船长有权在缺乏有效的司法干预的情况下对违法者强行惩罚。海洋世界的后起之秀当然无意挑战教皇的权威，他们愿意以法律的形式质疑葡萄牙亚洲航线发现的占有权。不过荷兰东印度公司显然也意识到这桩在自家庭院里赢得的官司合乎事实却缺乏逻辑，他们必须在法院刑决前拿出一份有利的法律意见，证明《托尔德西里亚斯条约》是必须质疑的。

他们找到了荷兰奇才、海事国家法庭的辩护律师格老秀斯，格老秀斯提出了"论捕获与战利品法"法学论稿，在这个论稿的第12章，讨论了海洋贸易自由、荷兰对企图干扰荷兰船只、阻挠荷兰与地方统治者发展贸易的第三方动武的合法性问题。

后来，这个论稿的第12章被挑选出来出版，这便是著名的《海洋自由论》。在书里，格老秀斯认为：任何国家都不应对海洋行使排他性的管辖权，任何国家的船只出于开展贸易需要可以在所有海域中自由航行。对于试图依靠一份看起来不合时宜的条约阻挠荷兰涉足全球贸易的国家，比如葡萄牙，这个反击太给力了。

《海洋自由论》凭着它严密的逻辑开创了国际法的先河。

事情的发展也许带有点喜剧色彩，荷兰人最初目标是谋取香料，但他们遭遇了克拉克瓷。他们洗劫了包括"圣卡特琳娜号"在内的若干艘葡萄牙克拉克商船，毫无羞色地去海事法庭做起被告，却不料开创了国际法先河。这是那个时代看起来最不可思议却也是最理所当然的事情。至于王阳明无心插柳，却成就了漳州河影响深远的制瓷业。

葡萄牙人最终没有讨回"圣卡特琳娜号"以及船上的"克拉克瓷"，它在亚洲水域香料群岛的控制权也在1606年丧失。

漳州仍然保持外销瓷生产的强劲势头。

荷兰人最初在中国商船常去的地方，比如巴达维亚（雅加达）、北大年（泰国境内）、会安（越南境内）收购中国瓷器，后来干脆直接自己驶入漳州河口地区。

1626年，"希达姆号"商船从巴达维亚驶往阿姆斯特丹，船上的货物，最重要的一项商品是12814件瓷器，产地全部来自漳州。

1627年，"代尔夫特号"商船回到自己的故乡代尔夫特，带回了944件瓷器，有一部分来自漳州河，是它攻击一条中国商船的收获。

1632年，"西伯格号"和"格鲁坦布号"把船驶入漳州河口，他们带走了4440件瓷器。

荷兰人夺取亚洲水域权力的时候，显然也成了漳州瓷的最大客户。

从1602年到1657年，大约半个世纪时间，从中国输出的瓷器据说达300万件，另有数万件从殖民者手中辗转进入欧洲。

对于后来的世界，那个事件的影响才刚刚开始。

此后若干世纪，因为他们拥有足够的实力，也拥有凭借实力拥有的法律武器，未来海洋世界里的利益冲突也常常涉及这些法律。

这就是与"克拉克瓷"有关的一桩国际公案。

《雪尔登地图》·眼界与世界观

1654年9月1日，那一天是星期四，数百箱图书从伦敦的白衣修士区沿泰晤士河畔运往牛津大学的鲍德林图书馆，这是大学有史以来接受的最大的一次图书捐赠。运费花去25镑，这在当年是一笔不菲的开支。捐赠人约翰·雪尔登，宪政律师、学者、议员，已于5年前去世，他的海洋封闭论奠定了现代国际法的基础。

一幅绘于中国万历年间的地图，是其中的一件捐赠品。约翰·雪尔登在遗嘱中标注，来自一个英国海军司令。因为这份地图既没有标注作者也没有名称，按惯例，它被以捐赠者名字命名，这就是《雪尔登地图》。没有人知道，这份来自东方的地图与他的海洋研究有过什么交集。

这幅地图长160厘米，宽96.5厘米，壁挂式设计，使用中国传统丝绢为制作材料。精巧的绘图技术、声名远播的收藏者喻示着它不凡的身世以及不菲的身价。

这幅在当年规格不小的地图，似乎应该在富商华丽的密室，或者舰队司令官的座舱里悬挂过，指引一次次莫测的航程，直到它成为文献，收藏到图书馆。

它的重新面世是因为2008年的一次图书整理。它迅速被世人关注，也许是因为它走在时代前沿的制图技术，也许是因为它描述的那片水域的历史隐喻。数千个岛屿在这片水域，包括南海诸岛、台湾、钓鱼岛……这个时候，距离它的绘制时间已经过了400年。那些航线，今天依然船来船往，图上描述的那些国家大多已经灰飞烟灭，那个风帆待发的港湾，仍然是国际著名港湾，而它寄身的国家——英吉利经历辉煌，渐渐平静。《雪尔登地图》隐身在图书馆，而制图者的身份或许永远是个谜。

《雪尔登地图》一幅吸收了西方制图技术的明万历年间绢本海图，透露出正在融合、碰撞的海洋以及闽南商人的精神世界。

这幅地图的绘制时间应该在十六世纪末十七世纪初，正是月港的繁盛时间，中国商船从这里出洋，航往太平洋和印度洋。船上的水手、商人，是东来的欧洲人最先要面对的中国人，他们随船携带的商品就是那个时代的"中国制造"。那个无须标注的海湾，仿佛以一种低调的方式显示存在。

此时欧洲仍处于文艺复兴的时期，英国都铎王朝登上波澜壮阔的历史舞台，前往东方是他们必须要完成的一件事。尽管大明王朝已慢慢走向她的尾声，来自海洋和陆地的压力让她疲惫不堪。但是，她依然是全球最大的经济体，拥有无与伦比的陆军、依然强大的海上力量，可以睥睨任何欧洲海洋霸权。

这幅地图描绘了400年前中国人所知道的世界，东到香料群岛，西抵印度洋，南至爪哇，北望日本，宋元时期的东西洋航海线路在这幅地图的投影依然清晰可辨。这个时期，来自地球另一端的航海人已经渗透这片水域，这就意味着，来自不同世界的视野在这片水域交汇，这也是我们这一章重点要讨论的话题。

一个小小的不起眼的港市——月港，是这个世界的核心，所有目光汇聚的起点。

这是中国人当时所知道的世界，也是闽南人所知道的世界。

在十七世纪上半叶以前，这幅地图是世界上最优秀的地图，精确程度无人望其项背。这幅地图展示了一种多元文化视角，欧亚大陆的东端面对广阔的太平洋，在地球的另一端，发现新大陆产生的作用力下，对世界的观察形式表现出与以往诸多不同。世界不再是以天朝大国为核心、充满写意画情调的世界。

制图师采集家乡以外的陆地和海洋的数据，去规划那些遥远的航程。有经验的航海人知道，图上的丝毫误差，在漫长的航海中就是生与死的考验。这是生活在陆地的人所不能想象的。

对宋元航海人留下的世界版图，制图师显然重新做了设计，用一种充满美感的方式，使我们领略到那图里洋溢着的某些士大夫的情趣。亚洲大陆那些沉雄的山脉、幽深的河谷，广阔的河港、繁荣的城市以及神秘的历史——那是令人神思遐想却危险重重的丝绸之路的历史，被美丽的植物点缀着，那是令人感动的细节。

雪尔登地图的独特之处，制图师应用了不同民族的制图理念。罗盘，在图的上方，距辉煌的京城不远。长城的位置，高悬着一枚罗盘，仿佛在指示所有人的方向。那是一个标准的中国罗盘，24个方位，每个方位都有自己的名称。

罗盘出现在旅行者手中是宋元时代的事。到了十三世纪，罗盘经阿拉伯人或波斯人的手传到地中海，没有罗盘出现，大航海时代的来临也许要更晚一些。

数百年的时间，中国人一直使用罗盘进行导航。1405—1433年间，郑和下西洋船队使用的是中国罗盘，前往外部世界，昭告国家理想，先是太平洋，然后印度洋，然后非洲东海岸。罗盘指引着遥远的航向。中国引航员引导欧洲商船进入亚洲水域也使用罗盘，事实上，雪尔登自己就收藏着两枚中国罗盘。但是直到近代，极少看到地图中出现罗盘，这是一件奇怪的事，但一直如此。

罗盘下方，画作一把标尺，标尺长度是中国的"一尺"，"一尺"以下又细分为"10寸和100分"。似乎是作为比例尺来使用的。但是传统的中国地图也一直是不使用比例尺的。

中国传统的时空观念一直是模糊的，社会关系是如此，哲学也是如此，美学观念也是如此。精描地描述客观世界并不是中国的文化传统，人们更愿意用大写意的方式，去表达对世界的理解，不过，莫测的海洋提出新的命题。《雪尔登地图》绘制时，欧洲人已经在亚洲水域航行了100年，并且与亚洲水域的商人有过广泛的接触，闽南人为他们引航、与他们交易、观察他们。总之，他们上过他们的船，想必接触过他们的地图，了解他们的制图方法。一些欧洲人，已经在中国长时间生活，在宫廷或者民间，或者效力于海商集团。不错，绘图师的生活环境，让他有机会接触到欧洲人的航海图，知道来自地球另一端的绘图方式，必将使这份地图更加完美，他试图这么做，显然他成功了。

那些布满漂亮波浪的海面下隐匿的凶险，因为精确的数据，而渐渐消退。南中国海和印度洋洋面，竟逐渐显示出某些中国山水画的美好韵味来。

《雪尔登地图》展示了一个前所未有的商业世界。北方大国显著占据了大半的位置，东部、南方海洋与大陆保持一种均衡关系，仿佛海洋与陆地自古就是一个彼此相关的整体。十几条航线联结起他们之间的关系。那个位置显赫却未加标注的出海口——月港，那是帝国财富的咽喉，全球最大的经济体通过她的咽喉，输出华美的丝、精致的瓷、甘醇的茶，以及无数的帝国手工艺品。那个高居在上位的巨大的帝国身躯，无所不在地展示它的存在、它的能力，以及它的精神。端口小小的，而且只有一个。但是，它是图中所有一切的中心，视线投放的起点。那个小小的黑点，十几条航线的汇集之处，简直可以忽略不计，但是，那片广阔的区域，从陆地到海洋，那是中心，视线的起点，仿佛与面海而生的人，产生了一种默契。

那是一幅十七世纪的艺术品，一份反映了一个独一无二的大时代的历史文献，内含有闽南人的现实世界和精神世界。

这不仅是一幅让人心潮澎湃的地图，它隐藏了那么多的时代信息，供人研究、联想。

一幅精美的地图却没有名称，倒是让它最后的收藏者拥有这份荣誉，为什么？在它流向陌生的国度前，发生了什么？在谁的手里辗转过？在航线上的所有城市和港口都有黑点标点，唯独在所有航线的源头——九龙江出海口月港却留下充满悬念的空白，为什么？那是制图师粗心大意的结果吗？能够确定的一点是，地图绘制的年代，九龙江口的海洋贸易正进入它的繁盛时期。在今天的厦门湾，整个区域的核心是大明王朝唯一允许商人出海贸易的港市——月港，星罗棋布的附属港捍卫着它，中左所——后来的厦门港开始显山露水。

这个世纪的最初，东亚水域似乎还是亚洲人的世界，与大明王朝建立海洋贸易关系的国家，分布在航线的两侧。

旧日的朝贡体系国家依然出现在地图中，尽管它们中的一些，如吕宋已经被西班牙人占据，马六甲早已是葡萄牙人的囊中之物，倒是雅加达还不叫巴尔维亚。这是不是意味着，红毛——荷兰人还未完整拥有那地方？这是不是意味着亚洲水域的贸易传统某种程度上还在被延续着？这还不是在欧洲人完全拥有海上霸权的时候，不过他们已经开始这么做了，而且，不久就做到了。地图呈现的那片宁静美好的水域，此时似乎已酝酿着波澜。

"红毛"——荷兰人的别称，因为他们有显眼的红头发，被标注在下端一个叫"万老高"的地方，和他们相邻的是"化人居"，化人居住的地方，"化人"，即葡萄牙人，"万老高"指的是摩鹿加。香料列岛，当年欧洲人东来的目的地之一，争夺、搏杀，拼命拥有它带来的巨大利益。

群岛上发生的事情通过海水和商船传到了大陆，被那个细心的制图师记录了下来，但他不一定知道那片被海水包围的群岛，蓝天碧海，香料的芬芳，会是欧洲文明一个深刻的痕迹。

红毛和化人，占据在一个边缘的角落，视野的边缘，是不是制作这幅地图的同时，他们初来乍到，他们的炮舰还没有足够强大到让海洋颤抖？

制图师愿意他们继续留在时间的暗角，像魔法师一挥，用弱弱的笔触圈住他们，不再释放他们那一股跃跃欲试的力量。

这使那片大陆、大陆之下的那片海洋显出平静、温和以及被时间浸润过的神秘。欧亚大陆东部、南方诸岛，似乎充满花香，古代中国工笔画的技法呈现出令人愉悦的视觉效果。棕灰色的山脉、沙灰色的陆地生长着各种各样的植物，翠竹、松树、榆树、鸢尾、叶兰、兰花……两只蝴蝶，它们起飞的地方是在沙滩戈壁，至于海水，暗淡的棕色，在绘制之初、颜料被氧化前也许是蓝色吧。海水的波浪已经静止，却耐不住目光的凝视，在时间深处翻滚起来。那个五世纪前的制图师是个什么样的人？是个像风一样在船上的人吗？还是坐在书斋中，遥望那片血与火的海洋的读书人？就像那个同时代的大明王朝的举人龙溪人张燮一样，拥有不错的家世、受过良好的教育，愿意用士大夫的情怀描绘那一片海上的波涛。那是多么安静的画面啊，干净、美好，鸟语花香，风在流动，水在起伏，好像隐藏着一颗士大夫的心。但那个时候的世界其实已开始急剧变化了。

海水中间的那些岛屿有着美丽的海岸线，涛声会从那些时间深处传出，昏暗的图案似乎散发耀眼的日光和新鲜的海水的湿气。

需要看看东部，图的右上角一个角落，留给日本，没有国名，十几个行政区划分划它，它的下端海中央与福建斜对，是琉球国。月港出发的航线可抵达那霸。台湾，准确地出现在它现在的位置——漳州的东南方向，隔着薄薄的海峡，"北港"；颜思齐登陆的地方，"加里林"，在它的南部；"澎"，在台湾本岛西面，即"澎湖列岛"。南海诸岛出现在图中，标注为"里石塘""万里长沙"。

至于古里，郑和逝去的地方，地图描绘的最西端，再往西就由文字说明了。古里仿佛是一个坐标，阿丹、法儿国、忽鲁谟斯，都从这里计算它们的距离和方向。

上述地区在图中的变化似乎意味着宋元时期繁盛的西亚贸易正在淡出视野，欧洲人已经占据印度洋西海岸的那些著名港市，亚洲水域延续了数个世纪的和平贸易正在被暴力和垄断代替。下西洋船队的航迹消失在地图里，那些美好的名字，浮沉在《天方夜谭》余音缭绕的那段岁月。

今天，那个地方还是一个充满日光与财富的水域。中国每年成千上万艘商船经过那里。中国海军护航舰队在那里游弋。那片宋元风帆漂浮的黄金水域重新回到视野。

中国人传统地理概念中的东西洋以一种近乎现代的方式呈现在我们面前。在北方大国的顶端、图的右上角是日本，左下角是苏门答腊，在那片广阔的水域，菲律宾和婆罗洲、中南半岛、马来半岛和印度尼西亚岛屿与现实吻合。欧亚大陆优美的海岸线如同起伏着的蓝色波涛，和我们今天的世界地图上所看到的一样。

十七世纪初的香料贸易，对来自西班牙塞维尔、墨西哥的阿卡普尔科和荷兰的阿姆斯特丹以及印度果阿的那些商船而言，这片水域是绕不过的航道。就好像，那些在这片水域活跃了数个世纪的闽南商人也是他们绕不过去的一群人。

沿着亚洲水域优美的海岸线，十几条航线勾勒出漳州商人的海上商业版图，它们如此恰如其分地反映了那个时代背景，中国是全球商品的主要供应商，图中那片广阔的陆地，将中国制造源源不断地运往南方海岸，再由那里输往世界其他地方。这不是紫禁城里的万历皇帝和他的大臣眼中的世界，那是商人的世界，这也是闽南人横跨了前后数个世纪的精神世界。

这是以往在西方地图上都看不到的世界，我们不知道，那个不知名字的中国制图师是如何做到这一点的。

那是一个闽南商人雄心勃勃的时代。当欧洲人进行环球航行并开展洲际贸易时，视线之外，闽南的海洋商人早已在朝贡贸易圈立起巨大的贸易网络，这是全球贸易的基础环节。福船的白色风帆覆盖了它们。东来的欧洲人最初还是这片海域的配角，从月港出发的商船载着外销品——丝、瓷航向其他水域深处，两个半球上的人在这片水域分享财富与荣光。

人们用美丽的丝绢、温润的色彩、细腻的笔触描绘他们的海洋、他们多彩的精神世界，对后来的黯淡并未察觉，这就是十七世纪初的欧亚贸易。

当那个佚名的闽南画师制作那幅奇异的地图时，九龙江的海洋贸易正处于黄金时代，河道穿梭着帆船，两岸是无数的工场，为外销订单作批量生产，沿河的码头常常人头浮动，出行的和回家的行色匆匆。河口的港区，浮着闽南人的过洋船和欧洲人的三桅帆。尽管大明帝国并没有和荷兰人建立直接的贸易关系，他们的船只通常只能在港口附近，中国商品海外离岸中心比如东南亚某个港口交易，不过这并不意味着他们不会顾及王朝禁令把船舰驶进月港，然后带走数量可观的生丝和织物，以及数千件的瓷器。在欧洲，那里的中国商品市场太饥渴了。那些洋船的发泊地——月港已经是一个数万人的港市。这种港市的人口规模几乎可以和当时的欧洲著名港市比美，那港市，酒肆、歌楼鳞次栉比，长衫的华人和身穿莎士比亚时代服装的欧洲人低头论价。至于来自西域的胡商，常常是波斯人或阿拉伯人，早已是此中人。好像是《二刻拍案惊奇》所看到的情形。

今天，曾经的港市早已香氛散去，我们依然可以看到那些海洋时代的痕迹。旧日的商肆隐身于现代建筑之间，山间小溪，那些古老的窑址淹没于荒草之间。谁能想到那些粗糙的手曾经为欧洲的国王编织过美丽的衣衫。

当长寿的万历皇帝花数十年时间把自己封闭在豪华的宫廷时，中国东南沿海的数万臣民正从一个叫月港的港市出发去寻找财富和机会。与此同时，上万海里外的彼岸，另一个种族却扬帆出发，这是一个东西方世界直接面对的时代。

《雪尔登地图》展示了我们观察它诞生的那个时代的线索，那是一个充满探索精神的变革时代，旧的知识摇摇欲坠，新的发现激励人们走向未知，在海水所能延伸到的地方，一幅属于人类未来的广阔图景轰然展开。上百万人，包括野心勃勃的贵族和普通人离开温暖的家园去寻找工作机会。在那个时代，海上谋生就是冒险，与海洋博弈意味着财富或死亡，对于那些不愿意老死于家的年轻人来说，那是快速改变命运的方式。成千上万的商船，欧洲人的、中国人的、阿拉伯人的……往返于欧洲与亚洲的各大港口之间，载着一个大洲的商品驶向另一个大洲。

全球经济把所有人的命运连在一起，漳州山间的一个茶农影响伦敦宫廷的休闲方式，府城的织工给塞维尔的淑女织造欧洲最华美的衣裳，阿姆斯特丹的市民家庭，主妇们心爱的瓷器，来自平和花山溪边的工场。至于"里亚尔"或者"镭"或者"real"，从此在闽南，作为货币的称呼保留至今。

这是一个了不起的时代，丝银对流的海洋时代，那是月港的黄金时代。这个时代，莎士比亚在伦敦的露天剧场，公演他的"李尔王"，汤显祖在老家编写他的《牡丹亭》，文艺复兴的光泽和大明王朝的遗韵交相辉映。一个叫张岱的官人带着美丽的伶人，在华美的宅院与清丽山河吟唱。而徐霞客从中国的南方走到北方，从东南走到西南，那是一个朝代盛大的人间意境。

十七世纪的某一天，约翰·雪尔登得到了这幅地图，没有人知道谁是作者，没有人知道谁是它的旧主人，也没有人知道它经历了什么，甚至不知道什么样的手曾经抚摸过它，它曾经散发过什么样的气息。

这幅失落英伦的古老地图想必有不寻常的主人，谜一样的身世，不菲的身价，在它问世后的数十年间辗转、抵押，从一个主人手里到另一个主人手里，以至约翰·雪尔登在遗嘱里还提到了这幅地图。它的前主人，一个海军指挥官，想必依靠它，走过不寻常的旅途，它的前前主人，也许是一个中国商人，大约富裕过，因为财务出了问题，不得不拿来抵押，却不肯出售。最终，图落到雪尔登手里，可能是境遇不佳。如果不是进了图书馆被遗忘了几百年，今天恐怕早已遗失。

《雪尔登地图》展示了两种不同世界的精神对碰。在那个世纪，两个半球的人对时间和空间的概念、看待世界的方式、对地球的描述均有诸多不同。但是，当这一切被放置在一个波澜壮阔的时代背景中时，那些熟悉的，他们开始感到陌生；那些陌生的可能有些熟悉，这一切仿佛都因为一张地图而被人察觉。地图绘制的年代正是人类从暗淡的中世纪进入现代社会的转型阶段。文艺复兴，精神与物质光芒，欧洲重心从地中海转向西太平洋，东方大明王朝依然是天空旭日，尽管即将光芒燃尽。

全球水域欲望燃烧、力量角逐，失衡、平衡、再失衡，再平衡。雪尔登提出"海洋封闭论"，宣扬国家对周边海洋的掌握。在全球重心向西方倾斜时，西方人用法律解决他们的问题。

今天，我们把海洋格局投射到那张 400 年前的地图，我们看到一闪而逝的光阴落在海洋竞技场的影子。

我们常常想到那个 400 年前的制图师，他对时间和空间把握得如此准确，我们很难相信他不曾在图中的那些水域航行过，他熟练地应用西方的制图方法。如果不是中文绘画的基调，你甚至以为他不是中国人，尽管图中从现在看来还有些缺陷，比如不同的区域使用了不同的比例尺，这使我们猜测制图师也许利用了多个模本。这似乎是一个在南方海洋生活的人，我们相信他有九龙江口的生活经历，看过各国商船和兵舰在那里进进出出，丝和瓷把那个港市的水域变得十分繁华。

当这份图在中国人手里时，它成了中国人探索商业的导引；当这份图在西方人手里时，它又成了西方人涉足中国市场的线路。

当它在不同种族的航海者手中辗转，这个世界正在冲撞、融合，天地旋转。

这是地图诞生的年代的投影，朝贡贸易国的变化、全球经济兴起、现代民族国家形成，以及与国际法有关的那个人的信息，都落到了这张泛黄的图上。

《雪尔登地图》诞生后 400 年，世界成了今天的样子。但是那幅地图所展示的是这一切的前兆。这一变化的前兆。而这一变化的始发地是九龙江口海湾地区月港。

直到十七世纪上半叶，也就是约翰·雪尔登生活的那个时代，世界仍然处于开放的进程中，对于走出中世纪黑暗的欧洲，东方强大的物质生产力和精神力量在他们看来是掌握人类历史和人类制度的神秘钥匙，他们遥望东方，期待东方文明在西方结出奇异的花朵。他们带走了《大学》《中庸》《论语》《孟子》，也带走了《雪尔登地图》。不错，那是人类新知识诞生的黎明时代。

那是一个极具变革意义的时代，人类未来图景正在徐徐展开，全球不同角落里的人有机会走向彼此，旧的知识被打破，旧的秩序面对挑战。

如果不是遭遇这样的时代，约翰·雪尔登——苏赛克斯郡乡间的小农场主的儿子，稀薄得像空气一样的贵族血统不能让他拥有美好的前程。他的生活圈子大约包括农夫、在教堂和宴会上表演戏剧的小演员、小书记、忙于生计的商贩。伦敦是遥远的梦，残破的老宅和散发出异味的酒馆将伴随他的一生。但是，约翰·雪尔登的家离英吉利海峡只有一英里，那里正在上演一场海洋大戏。自新航路开辟以来，欧洲的重心正从地中海转向大西洋。100年的争霸，最初的那两个海洋国家——葡萄牙和西班牙已经摇摇欲坠，而英吉利——那面对欧洲大陆的小个子、维京人和罗马人占据过的国家正释放出巨大的生命力，他们已经打败了西班牙的无敌舰队。尊贵的国王和他的臣民一起投资海洋冒险，并且按股份分享利润。一支支全副武装的不列颠船队从港口驶向海洋，海军司令和海盗首领怀揣国王的证书，以国家的名义展开海上掠劫，而国王和国库将从掠劫所得以分取红利。那个时代，没有人能够阻止一个有抱负的农家子走向伦敦的上流社会，当然是以他的才识，还有好运气。

这是一个乾坤扭转的时代。

对地球两端的人来说新知识刚刚到来，对未知的另一半充满好奇、需要探索、更新思想。世界不是唯一的世界，旧有的方式不是唯一的方式，曾经的思想也不是唯一的思想。世界变得丰富，视野正在扩大，他们也将目睹世界走向分流前的所有人的幸与不幸。约翰·雪尔登似乎就是这样的人。当东方，或者说生活在九龙江出海口的那个制图师熟练地使用欧洲人、阿拉伯人的制图技术制作一幅高精确度的中国航海图时，约翰·雪尔登——那个不曾在海上航行的伦敦律师也在努力吸取来自异域的思想和知识，那些经过大半个地球在不同的人手里反复辗转的文献，将是他开启另一个世界大门的钥匙。这是一种人类知识的竞赛，拥有它就等于拥有未来。那幅中国人绘制的地图所展示的地理知识就是遥远的另一半地球存在的先进知识的一个投影。对今天的研究者而言，它是一幅需要解码的珍贵文献，而在当时，它是一种十分陌生的东方大国的非凡存在，了解它、靠近它，吸取它的养分，搭上它的经济快车都是那些信息里极为珍贵的部分，在他们在海洋世界羽翼丰满之前。

今天，我们解读那份文献密码，我们意识到在闽南人放眼世界的年代，另一个世界的眼光正在观察我们，文明的交汇和冲突是未来400年全球经济的最精彩环节。我们怎样能在一个世界的高点去投放我们的影响力，去接触、解释不同的文化的影响？

如果那是未来，那就是需要我们认真把握的未来。

一幅全新的末世风景

（一）

维青土之广斥兮，达舟楫乎淮扬。
跨闽越於岭表兮，抗都会于清漳。
尔清漳之错壤兮，旁大海以为乡。
屹圭屿於砥柱兮，跻二担而望洋。
浩荡渺而无际兮，汗漫汛而弥茫。
天连水如倚镜兮，万顷漾其汪汪。
潫弥骇其恢廓兮，日景指乎扶桑。

——明·郑怀魁《海赋》

公元1574年，年轻的漳州士子郑怀魁面朝大海吟唱出他的海商之歌。那是气度恢宏的交响，他的青春胸襟被强劲的西北风鼓荡如一只凌风展翅的鹰，追随月港商船的风帆，翱翔在浮满旭日金光的海面。

仿佛是郑和之后又一次伟大的出航，当中国商船在金鼓棹歌的推动下徐徐掠过十六世纪的海面，没有人能阻止一个年轻的诗人为那种海上王者般的出航纵情歌唱。

那是多么豪迈的出航啊，"捐亿万，驾艨艟，植参天之高桅，悬迷日之大蓬，约千寻之修缆。"海商的出行仿佛是赴一场烟花烂漫的人生盛宴。

他们义无反顾地奔向大海，"触翻天之巨浪，犯朝日之蜃楼"，视死如归，一往无前。

那是一场生命的豪赌，"持筹握算，其利十倍，出不盈箧，归必捆载"，光荣与梦想，催动那些遥远的征途。

待万军归来，凯旋高歌，生命的欢愉是上天给予的奖赏。"南薰起兮日渐晞，束行装兮驾言归，举回帆兮中心悦，遂反棹兮望乡闾，云缥渺兮夜日长，看将近兮喜魂飞，得解缆兮计榷税，入门庭兮释征衣。於是择膏腴，构广厦，衣轻绡，跃骏马，缛文茵，拥娇冶……"

在大气磅礴的《海赋》里，年轻的东南才子仿佛成了凌波归来的英雄，仿佛是刚刚经历了一场非凡的科场搏杀，仿佛刚经历了一场曲江楼上的弦乐盛宴，仿佛刚刚在岳阳楼上挥洒千古诗篇，只有被海风鼓荡的人心才能创造出这样雄浑的意象。

十六世纪下半叶，月港在《海赋》如痴如幻的吟唱中进入她的黄金岁月。

这个时期的月港，那个居漳州水陆要冲、实东南之门户的传奇港市，大明帝国的财富咽喉，"云帆烟楫，辐凑于江皋，市肆街廛，星罗于岸畔。商贾来吴会之遥，货物萃华夏之美，珠玑象犀，家阗而户溢。鱼盐粟米，泉涌而川流。"（谢彬《邓公抚澄德政碑》，见崇祯《海澄县志》）。人口数万家的海滨巨镇，如一颗耀眼的星辰升起东南，崛起于海路。

这个时期的漳州府城，"甲第连云，朱甍画梁，负妍争丽，海滨饶石，门柱庭砌，备极广长，雕摩之工，倍于攻木砖植设色也……人无贵贱，多衣绮绣，意制相诡，华采相鲜……尝见隆万初年布衣，未试子衿，依然皂帽，今则冠盖相望于道，不知何族之弟子也……"那是一座富裕繁华的东南城市。

这个时期的漳州城市扩张，市镇生长，从弘治时的 6 县 11 市，变成 10 县 69 市，连镇海卫、陆鳌、铜山、玄钟，那些曾经刀戈林立的城堡，舟楫往来，商旅易贷，洋溢着寻常生活的气息。

这个时期，漳州河 200 多千米河流两岸正在成为"世界工厂"。中国最好的手工产品，丝绸、瓷器顺流而下，京城、广州的货物源源抵达。一万海里以外涌来的粗壮的银流滋润两岸土地，更为遥远的欧洲甚至能嗅到漳州河丝价浮动的信息。漳州河在与世界的链接中完成自我超越。

这是漳州发展的黄金时期，美国学者施坚雅说它是中国东南沿海漳州发展周期。

月港，一个吸纳四方的商业大埠，人们蚁聚萍散、来去匆匆，一切皆有可能。

江西进贤的陆梦麟，进了十担胡椒，发往芜湖发售卖，货很快脱手了。

徽州人丁达，带走一批椒木，销售地点在临清，自然是好价。

来自江南的周学诗，从赵子明手里进了缎匹，他的下一站是暹罗和吕宋，那里有惊人的利润。

比较倒霉的是定海人方子定，他和朋友唐天鲸坐了陈助我的船，还没到就被夷人抢了，投资自然也打了水漂。

绍兴人黄敬山，光天化日的遭到海寇袭击，人倒还在，货自然是没了，那两海寇头目，一个叫欧平，一个叫洪贵。

本地商人郭璠转眼成了荷兰东印度公司职员。

另一个月港裁缝颜思齐出门闯荡，没过几年成了"东洋甲螺"。

刚刚还很傲慢的荷兰海军指挥官一转眼掉了性命。

岳口街"勇壮简易坊",1707年康熙大帝敕建,石坊上欧洲人与汉人交往的雕刻,讲述一个时代的故事。(郭群燕摄)

这是一个喧闹的海市，鱼龙混杂、机遇与风险同在，热气升腾、生机勃勃，皆因财富。

每年有成千上万的人从海外来到这里，又有成千上万的人从这里走到别的港市。上百条大商船带走上百万货物，回航时自然又有白花花的银子流入，船来船往，财聚财散。人们的眼界和知识自是大不同于以往。

（二）

这个时期，镭——real，西方的货币，成了漳州通行的外来语，它所标志的新大陆银圆成了流行的市镇的硬通货，不错，一切变化，乾坤倒转，因为镭。

王沅穿行在漳州港市熙熙攘攘的人潮中，一种西洋货币引起他的兴趣，他说："番钱，则银也，来自海舶。上有文如城堞，或有若鸟兽、人物者，泉漳通用之。"（《漫游纪略·闽游》）新大陆的银圆，带着旧大陆的标记，来到这个港市，影响许多人的命运，也许人们还不曾想到自己的命运和世界其他地方联系在一起了，因为镭。

那些西班牙银圆，"钱用银铸造，字用番文，九分成色，漳人今多用之。"顾炎武在《天下郡国利病书》中说。

（三）

镭，带来工商业的繁荣。

整个漳州府城"百工鳞集，机杼炉锤交响"，织造业、制瓷业、造船

番银，在漳州至今称"镭"，发音与real同。（图片由龙海市海丝文化研究会提供）

业、冶铸业，异军突起。万历《龙溪县志》说："皆用湖丝织成者，非土丝。漳人巧善织，故名于天下。"漳纱、漳绢、漳缎、漳绒、漳绸，做工精良、价格昂贵，素为海内外推崇。漳纱技术来自著名丝绸产地吴中，精致程度与吴中相当，但更耐久；制绸技术来自潞州，除手感略有厚薄，与潞绸几乎看不出差别。漳绒，国际市场叫天鹅绒，技术来自倭国，织工"以绒织之，中置铁丝，织成割出，机制云蒸，殆夺天工"。此时漳州，"纱绒之利，不胫而走，机杼轧轧之声相闻"；漳缎中的精品如敷彩、漳缎、金彩绒、汝花绒，代表中国古代织造技术最高水平。漳纱、漳绢、漳绒，这些当代中国最好的丝织品，原料来自江浙。至于棉、苎，质量也不让他郡。苎，材料取之江右，棉，材料取之上海，一个缺丝少棉的地方，却是中国最著名的丝、棉产区。漳州生产的安达卢西亚花布比西班牙的安达卢西亚地区的产品还要受欢迎。西班牙的贵人们喜欢它，因为它让人肌肤愉悦，而这似乎又总那么让人容易激发东方的联想。

此时，漳州织工织造的优雅的织物，充满感性，让欧洲人愿意冒着生命危险，穿过万里海路寻找她、拥有她，以让自己的时光华美。

在中外交流上，瓷器，具有超强的叙事功能，宁静、安详值得让它出现在任何恢宏的海上征战、隐秘的宫廷捭阖，以及庆祝凯旋的荣耀时刻。

漳州的制瓷业是典型的外向型手工业。欧洲人带来了镭，镭使漳州沿海到深山的窑业迅速地崛起，漳州窑的工艺来自景德镇和德化，但是，迅速形成自己的外销瓷特点。平和南胜窑、五寨窑、龙溪东溪窑、漳浦坪水窑、南靖梅林窑、云霄大田窑、诏安朱厝窑。那种因批量化生产而不免潦草的花纹，最终形成简约的风格。在欧洲，它们被称作"克拉克瓷"，在日本，它成了"和风"的源头。

丰臣秀吉非常喜欢中国瓷器，并且让手下的窑工模仿漳州窑品。荷兰人热衷于从漳州进口瓷器并研究他们的秘密。它模仿了中国，现在许多人模仿它。

在整个十七世纪，来自漳州河口的瓷器，那些优雅的青花和绚烂的彩绘，在海路上一路辗转，无论是在欧洲还是在亚洲，商船所到之处，那些码头仿佛一下子充满了中国的丝绸和瓷器带来的曼妙时光。

因为广泛的市场联系，乡村的人们改变了传统的种植习惯，利润丰厚的经济作物占据了山区平原。

甘蔗，产量丰富，制糖业在国内市场举足轻重，红糖、白糖、冰糖销售四方。一些年后，漳州制糖师跟着郑成功的军队到了台湾，很快，甜美的味道征服了大半个中国。

柑橘，以浙之衢州、闽之漳州为最，明人徐𤊫云："处处园栽橘，家家蔗煮糖"。在马尼拉柑橘能卖出好价钱。荔枝，最值钱的水果，民间多种，家比千户侯。

烟草，旧称"淡巴菰"，来自多巴哥岛，从月港传入中国，很快形成全国市场。明人王士禛说："今士大夫下逮舆隶妇女，无不嗜烟草者。田家种之连畛，颇获厚利。"明清时，中国最好的烟草来自漳州产地，遥远的京城，"石码茗烟"曾经是康乾盛世的一道风景。人们称烟是"草妖"，爱恨交织，从来如此。

漳州不是重要的茶叶产地，但是武夷岩茶的制法来自漳州。数个世纪时间里，茶以完美的精神呈现，和瓷一起，点缀欧洲上流社会午后的闲暇时光。

番薯从月港引进，先初种漳州，渐及莆田，然后在长乐、福清都有它们的影子。农业的商品化生产改变了漳州的农作物产品经济结构，人们生产高利润的经济作物，而粮食却只能向外购销，包括从马尼拉进口。漳州粮食市场，仰仗广东，一半是广东人运来，一半是漳州人自己驾船南下籴米。那些商人往往资本千金，米船有时多达数百艘，每艘运粮上千石。当整个经济形态越来越商品化，自给自足的自然经济被打破了。

（四）

明人何乔远在《闽书》中说漳人"百工技艺，敏而善仿，北土绨缣，西夷之氍毹，莫不能成。"

国际市场上能看到的商品，不管是中国的还是欧洲的，不管是江南的还是塞北的，只要被商人嗅觉捕捉，很快，漳州工匠就能仿制。

敏而善仿，正是一个城市创造力的表现，数十年时间，从仿制到创造，漳州的手工制造业使那个时段的中国制造往往也是漳州制造。

来自欧洲的自鸣钟开始登堂入室，传教士把自鸣钟带到中国宫廷，月港海商则将它送往民间。工匠们迅速仿制它，用制造犀角杯的心情。在漳州府城的街巷，工匠制造时间的刻度，每日上发条，嘀嗒、守时、报点，催促行程，挽留脚步，就像遥远的欧洲那样。

海洋贸易衍生了以舶来品为原材料的手工行业。漳州不产象牙，但却是著名的牙雕产地，"俱贾船市来者，漳人刻为牙仙之席，以供近玩，牙箸、牙枋、牙带、牙扇，应有尽有，铜器、漆器、锡器、灯具、玻璃、五彩石、假山石、水晶器……"极尽淫巧，强大的物质创造力，使漳州成为著名的手工奢侈品集中地，利润来自天下。

精致的工艺品正在改变人们的生活，财富让心情松弛并且有能力享用闲暇的时光。工匠制作的轿子，可卧、可坐、可通风、可保暖，外观严实，用竹丝编鸟兽花草的纹，精巧轻便，宇内无双，一乘轿子，值二十两银子。享受它的不一定是显贵，也有可能是富商。

十七世纪初的漳州人生活在一个舶来品的世界里，人们食用马尼拉番米、大员鹿肉，用文莱的椰汁作饮料，穿交趾布衣，嗅安息香，用倭扇纳凉，美洲的黄金装饰妇人的香鬓，欧洲的番镜仿佛可以留揽多余的时光，蔷薇花散发出天方夜谭般的迷幻……任性的少年，腰悬精钢打造的倭刀、红夷铳枪，让他们看起来又威武又时尚。坊间流行着倭语、佛郎机语、红毛番语，就好像镭——美洲银圆已经成为人们的日常。

（五）

当时生活快速改变，改变了的绝不仅仅是生活。

与宋元的海洋贸易不同，月港贸易以民间私人贸易为主，输入品的销售对象是一般百姓。蕃货不再只是以贡品的形式满足皇室贵胄的雅好。当海洋贸易使财富流进更多的人手里，奢侈品的大众市场形成了。

销售对象、消费方式的变化带来了生活方式的变化，生活方式的变化影响了人们的生活观念。在子曰诗云里，贵族、官僚、商人、平民，坦然面对财富带来的欢愉。

财富弥合社会阶级的缝隙，在沿海地区，男不耕作，而食必粱肉，女不蚕织，而衣皆锦绮。人无贵贱，多衣绮绣，相互攀比，华采相鲜，那些"行乐公子、闲身少年，斗鸡走马、吹竹鸣丝、连手醉欢、遨神辽旷。"

待到家里的孩子成年可以婚嫁时，则"割裂缯帛，章施采绣，雕金镂玉，工费百倍"。人们饲养宠物，斗鸡、走狗，已然成为时尚。一些人愿意花一百两银子饲养鸽子、白兔，每对价值数十两银子。睡觉时，铺以木棉，用新鲜的蔬菜饲养，如养亲儿子一般。士大夫阶层的价值观念开始发生变化，少年们的丝竹鼓乐、斗鸡走狗，在他们眼里不过是点缀丰年的小动作，一笑了之。

王祎，漳州府通判，他在《清漳十咏》中唱道"奢竞乃民俗，纤华亦上工。王盘萧鼓里，灯火绮罗中。茉莉头围白，槟榔口抹红。良宵上元节，纳扇已摇风。"奢华，不过是清漳民俗、盛世风景。

万历《漳州府志》对消费相当通达，"然一家之繁费，十家取给焉。贫人因得糊口其间。损有余补不足，安知非天道乎？……又如老子素封，衣不曳地，食不重肉……若者竟日阿赌，贫民不得名其一钱，出孔甚悭，入孔甚溢，复何益于人世哉。"富人消费，拉动社会需求，为贫民带来生计，至于只入不出让银子在家发霉，予民生何益。

当从商成为快速获取财富的手段，富人造船出海，细民借贷谋利，海外冒险、追逐利润、衣锦还乡，仿佛是人生必行的三部曲。

"岁虽再熟，获少满筹。戴笠负犁，个中良苦。于是饶心计与健有力者，往往就海波为阡陌，倚帆樯为耒耜，凡捕鱼纬萧之徒，咸奔走焉。盖富家以赀，贫人以庸，输中华之产，骋彼远国，易其方物以归，博利可十倍。故民乐之……然鼓世相续，吃苦仍甘。亦既习惯，谓生涯无逾此耳。"

人们欢然享用生活的华美，以酬劳自己，因为那是一个神奇的世界。一个中上资产的舶主，如果运气好，转眼家财万贯；如果天不眷顾，商船倾覆，随之而来的就是破产。海洋瞬息万变，人们重利轻生，险中求利，扬帆于海，那是男儿本色，漳州风尚为之一变。

海外贸易以令人惊讶的方式改变着人们之间的关系，何乔远在《闽

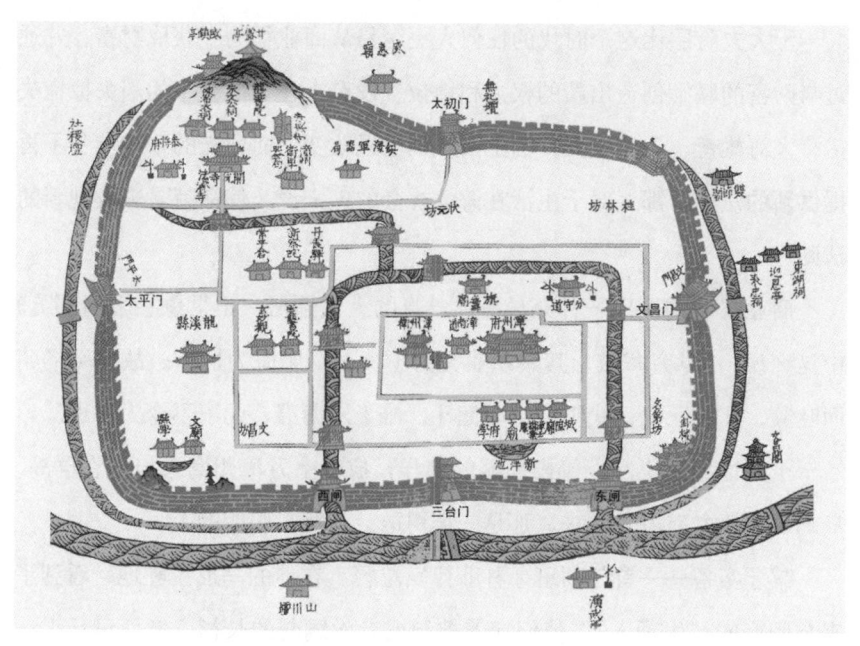

漳州古城记忆——明万历漳州府城图。

书》中提到了一种社会现象："吴甲治海舟，商乙以市外番……甲造舟而未尝番市，乙番市而舟非此制。"陈瑛也在《海澄县志》中描述："富者以财，贫者以躯，输中华之产，驰异域之邦。"当南中国海成为像地中海一样的"内海"，商舶在海上游荡，一种新的社会关系出现了，这是一种令人振奋的财富关系，人们筹措资金，建立"公司"，形成股份，招募水手，追逐财富，分担风险。

十六世纪下半叶，海洋政策的调整意味着意识形态正在发生重大变化。当"海滨无赖"成为正当商人，海洋贸易成了所有人羡慕的职业，而平民竭力向上流动进入士绅阶层已经成为潮流，整个社会开始享受海洋贸易的利好。士大夫选择以一种经济论点去支持新的消费观，至此，财富不再是一种道德负担。

士大夫阶层比这个时代的任何人更容易从商业行为中获取财富，并通过与财富的联姻创造出新的权力和地位，没有人在为旧秩序的消失惊慌失措，大海雄奇、生活华美，当生活规则已经改变，而原先的精神储备不再提供新的法则，那么对于生活在海滨社会的人来说，使命就是去发现新的法则。

商业文明塑造出一种充满海洋气息的人文性格。王世懋在《闽都疏》中这么说："漳穷海徼，其人以业文为不赀，以舶海为恒产。故文则杨葩而吐藻，几埒三吴；武则轻生而健斗，雄于东南夷，无事不令人畏也。"

十六世纪下半叶，艳阳高照的南洋，成千上万漳州商人出现在群岛、岛屿，在西方航海人看来，那是一群勇敢、智慧、聪明的人。

黎牙实备——首任西班牙驻菲律宾总督，在他的马尼拉驻地，看到了来自闽南的"生理人"，他们穿着棉制或者丝绸制的长衫，像西班牙人一样穿着宽大的裤子、宽大的衣衫，还穿着长袜，显得干净、体面。那些远道而来的男男女女，精力充沛，外表轻松，诚实谦虚，让人信服。

这就是从漳州月港出发的漳州商人。他们与东来的西方人海上争锋，他们驱逐横征暴敛的月港税监，他们与海洋抗争，向社会表达情绪，他们向朝廷纳税、尽商人本分。

在大明王朝的大多数人仍然过着脸朝泥土背朝天的农耕生活的时候，漳州海商以超乎常人的勇气追求财富。他们泛舟大海，吐纳财富，挥洒自如，锻造出开放、冒险、自信的精神气象。

公元1601年，注定是个不寻常的年份，利玛窦在这一年来到中国，英国伊丽莎白女王组建了东印度公司，荷兰人开始涉足远东水域。

这一年重阳节前一天，也就是九月初八，天高气爽、黄花漫野，一群漳州诗人在中国东南——福建漳州的紫芝山之阳、碧松峰头，相与啸歌、盟约结社，俯瞰大千世界。漳州历史上第一个诗社——霞中诗社成立了。霞中十三子从此成为漳州文学史上的美好记忆。那十三人是万历十七年进士蒋孟育，万历二十三年进士郑怀魁，万历二十三年进士吴宷，万历三十八年进士陈翼飞，万历二十三年进士徐{鎏}，万历十四年进士戴燝，万历二年进士张廷榜，万历三十一年举人郑爵魁，万历十四年进士林茂桂，万历十六年进士高克正，万历二十二年举人张燮，以及山人汪有洄、陈范，他们以"东南才子""东南衣冠"自诩，从清漳一隅，雄视东南，坦然发出"人美尽于东南"的慨叹。

文化巨子黄道周（1585—1646），凋零于王朝落幕时。

这不仅仅是一个城市文学群体意识的觉醒。

这也是东南一隅整体意识的觉醒。

这一年，郑怀魁38岁，距离他写《海赋》已经过了二十七年，当年意气风发的少年已经成了广有阅历的大明官员，月港仍然繁华若梦，唯有胸襟能够与它比高。

海滨邹鲁进入她的文化鼎盛期，漳州历代进士835人，这个朝代418名，占几乎一半。隆庆元年到明亡，漳州进士人数高达全国平均值3倍。黄道周，天启二年（1622）进士，以"字画为馆阁第一，文章为国朝第一，人品为海内第一，其学问直接周孔，为古今第一"（徐霞客语），成为历史星空中一颗璀璨的星辰。

十七世纪，中国东南沿海——一个西方人愿意不远万里追寻的地方，正在进入一个前所未有的黄金时期，物质繁荣、文化复苏、思想涌动，生活好像充满欢愉，仿佛这一切都在呼应地球另一端——大西洋、地中海地区发生的变化。

但是，这是一个令人困惑的年代，洪武时代建立的井然有序的理想社会正在雪片般坍塌，人口、金钱、竞争，在快速变化的新世界中天旋地转，命运难以预测，王朝的乱象已经近在眼前。

那是一场可以欢然享用的人生盛宴，灿烂、华美，即将暗淡，所有得到的东西，即将消失，一切只是轮回之数，就好像汤显祖在他优雅的书斋中，心情浮浮沉沉地写下他的临川旧梦。

那时，遥远的伦敦正在上演莎士比亚的《威尼斯商人》。

The
biography
of
Zhangzhou

漳州传

行走的故乡

第六章

当澳门还不叫澳门的时候

十五世纪三十年代，从月港到澳门的海面，漳州海商成为主角。

在此之后的1636年，声势浩大的下西洋行动忽然中止，皇家舰队离开后的巨大空间，迅速被自由商人填满。大明王朝的海禁政策并不能遏制沿海贸易的欲望。

此时，漳州的月港和梅岭，已经显山露水，而澳门，仍然是个荒凉之地。但是，它的发迹很快就要到来。

从正统到天顺，强悍的海上力量从闽海突入粤海，那支队伍的首领，是一个叫作严启盛的月港豪商。

寇商之间，往往是那个时代海洋商人的共同角色。这个传奇的航海人，出生在龙溪的八都，正好在九龙江口一带，先是个自由商人，因为通番，依律成了死囚，在被处死之前，他脱逃了，到了海上，开始亦商亦盗生涯，时间大约在正统十四年（1449），与他同时越狱的，还有漳州海商陈万宁等人。景泰初，官府招抚他们，昔日海商摇身一变成了官府的治安帮手，大约做了副巡检之类的杂职。景泰三年三、四月，东南风起，厌倦了枯燥生活的严启盛又重新下海了，大约有数百人随他而去。福建水师紧追不舍，在东海航线上的黑水洋，发生大小十一战，福建水师将领王雄被掳，不过很快毫发未损地被放回了。似乎，福建方面和严启盛达成了某种默契。随后，严启盛进入广东海面。自此，漳州方面不再有关于他的记录。海氛也似乎平静起来。从四月起，广东方面开始紧张。五月初九，官军在荔枝湾获得严启盛船队的一艘白船，里面装载槟榔、苏木二百余担。这些战利品的大部分落入水师将领王俊的私囊，只留一小部分象征性上缴。广东方面层层设防，六月十三日官军发现严启盛船队已在十字门外航行。六月二十日，双方交战，各有损失，官军情况似乎重些，都指挥佥事杜信受伤致死。朝廷震动，杀交战不利又中饱私囊的将领王俊。福建方面大概也受了牵连。不过关于这方面的记录，有些语焉不详。

这个事件发生的时间在四月到六月，正是北半球亚洲海洋性季风气候带来的贸易季节。二月东北风盛，日本岛夷与诸国互市，或乘风剽掠，东到东南沿海。三、四月东南风汛，日本诸岛人开始东往广东海面，这个时期正是粤海贸易的旺季。严启盛的船队引发了一股贸易潮。五月初九在荔枝湾被缴获的槟榔、苏木都是海洋贸易中高利润的商品，槟榔在暹罗收购，不过每担六钱，运到中国值四铢。

严启盛的船只称"白船"，这是一种流行在漳州一带的民间商船。这种船只船体宽阔，高大如楼，装载大约百吨。因为船形如槽，船底皆白，被称作"白槽"。这是一种远洋船，没有桨橹，靠风力行驶，速快而船体平稳。后来的军舰也大多采用这种木船样式。商船船体利用茅竹作护甲，可以抵御矢石。严启盛的船队甚至配备了刀枪火器，应对不测。这是一种防守和攻击能力都比较强悍的武装商船。当他们向身形矮小的广东水师发动冲击时显然占了优势，严启盛很快在广东沿海站稳了脚跟。

漳州海商大举入粤时，历史似乎在这个时段出现了一个巨大的缝隙，先是皇家船队从海洋世界隐退，而朝贡贸易圈的巨大惯性，带动漳州海商以民间形式迅速延续了海洋贸易的传统。与此同时，中国东南福建、广东、广西发生了一系列民变，当官军忙于应对陆上危机时，对海洋牵制松动了。仿佛与东南沿海相呼应，发生在正统十四年（1449）的"土木堡之变"，大明王朝的皇帝非常不走运地落入了瓦剌的手中，京师告急，整个国家的防御重点，骤然北顾。八年后又是"夺门之变"，朱祁钰复位，朝廷动荡，时局的焦点牵扯在北方，东南沿海海商终于获得了大口呼吸的机会。当官军和他们一样对海洋之利虎视眈眈，有谁能遏制沿海博利的欲望。这是大明王朝和民间海洋贸易商人彼此博弈的一个重要时段。

当历史忽然错开肩胛，各种力量扑向那个时空，海水沸腾了。

广东沿海多湾澳，适合泊船，岛上森林被利用来修补舰船，淡水也充足，加上地形复杂，正好可以隐匿货物，休养生息，躲避官兵追捕。至于东南亚商人，对这一片水域也很熟悉，他们常常借着每个风季，在这一带盘桓、交易。景泰三年（1452），严启盛船队从宁洋海面随潮水进入香山县十字门，显然出于贸易目的。十字门，按光绪年《香山县志》描述，十字门泊船处即澳门港内，朔望日潮涨，于十一时大潮，高七尺。无风时，一小时流行一里半至二里，潮自十字门内直退，及至十字门外，则成横流。凡船出入十字门，皆应俟潮半涨时开始。

广东方面记录，六月十三日，在十字门外发现商船。

正是在这个时候，严启盛的船队乘着潮汐进入澳门。

船队在官军的围堵中一路前行，不过，他们的目的并不是为了袭扰地方，而是想乘风季开展贸易，当广东海卫官员借追缉之名坦然将严启盛船队的货物纳为己有，而严启盛企图通过扣押官府盐船取回货物时，冲突激化了。

十字门外的一战，以水师将领的死亡和朝廷惩罚自己的官员告终。接下来粤海进入一段平静期。

严启盛迅速掌握了老天给予的机会。

他的船队活动范围东至福建，西抵广西，一跃而成为闽粤海面最大的海商集团。他们以广东东南部的海岛为基地，与当地商民互相攀缘，长驱直入香山澳湾内。九、十月间，藩船都借东南风前往香山，与中国商人互市。此时，严启盛已经形成气候，在与官军的周旋中，官军和船商，似乎也达成某种默契。严启盛在澳门一带，招引商船，建立据点，又一个喧闹的海市形成了。来自闽南的三桅大白船，双桅白船在香山沙尾外停泊、行驶，与官军保持一段适度的距离。

不过，粤海的形势也在发生调整，当一个叫叶盛的巡抚两广及赞理军务到达任所，严启盛遇到了强悍的对手。天顺二年，叶盛打造的千料大船，彻底扭转官军在舰船上的劣势。那些战舰拥有四根桅杆，机动性好，每艘战舰搭载士兵200—300人，是该出手的时候了。

官军摸清了严启盛船队季节活动的规律，在他们回洋途中设伏，八月初九，南山、香山、东莞诸卫所士兵严阵以待。严启盛和他的一艘三桅白船和双桅白船不出所料地出现在伏击圈里，对即将到来的噩运毫无知觉。他们有足够的军器镖枪，甚至佩带了大小火器，在以往的交战中，这些足可以震慑对手。商人们竖立旗号、鸣锣擂鼓、齐声呐喊，甚至还十分张扬地打起红罗销金凉伞，那大约是给严启盛准备的。战斗自辰时到午时，一代海商严启盛的命运自此画上句号。当广东水师的千料大船冲向他的武装船队，如狼似虎的官军越过船舷扑向商人们时，严启盛跳上甲板，指挥迎战，一支箭刺穿他的两腮，他被敌人盯上了，他执着盾牌继续向前，又一支箭射来，他落水了。等到他的妻子梁三女看到他时，昔日的豪商已经成了狼狈不堪的囚犯。两个藩商跟他一起被掳，一百多人被杀，更多的人落水淹死。那两艘白船上的犀牛角、肉豆蔻、胡椒等成了官军的战利品。等待严启盛的自然是斩首，不过严启盛死后，漳州海商继续在香山沿岸活

澳门妈祖阁，闽南人始建于明弘治年间，Macau(妈祖)成了今天澳门的名称。（杨婷婷摄）

动，到明朝晚期，漳州商人成为这个港市人口最多的群体。1831年，数量可观的闽南商船驶进澳门，来自厦门的80艘，来自漳州的多达150艘。

今天，我们回望500年前那个历史偶然错开的时空，看到来自漳州的艨艟巨舰在粤海穿梭往来，一个身份复杂的群体就这样走进澳门历史，从澳门到琉球航线奔忙着漳州的领航员、水手和通事。

严启盛，那个活跃在闽粤海面的海洋商人、王朝的囚徒、民防武装首领以及南洋风的喇嗒，多元的身份，预示了明朝中叶社会环境的变化，赋予海洋商人巨大的机会和生存空间。在一个高速流动的社会群体的推动下，澳门正在不知不觉中被塑造成一个日后繁花似锦的国际港市。

此时，葡萄牙人正在探航非洲东海岸，亚洲水域还是一个等待认识的未知。那些大航海时代的风云人物,正在等待他们诞生的年月,由严启盛时代开启的香山贸易,使他成为澳门的开港者。

半个世纪后,当葡萄牙人终于到达中国东南沿海,一张由漳州海商为主干编织的贸易网络正在等着他们。

1533年,葡萄牙人在澳门亚妈港海岸登岸。妈祖阁,一个据说由严启盛建立的庙宇迎接他们。

Macau(闽南语"妈祖")从此成了澳门的名称,妈祖阁的香烟,一直缭绕到今天。

澳门随之成为东亚贸易体系中重要一环,昔日的渔村摇身成为经营往日本长崎、马尼拉和印度果阿贸易的国际港市,嘉靖时,活跃在澳门的通事,人数最多的是漳州人。明末,澳门的漳泉人已达两三万人,这时的澳门,还只是人口数万的滨海城市。

大清商埠的龙溪家族

一个龙溪家族在十三行历史里产生重要影响，这个家族就是潘振承家族。西洋人称之潘启官家族。十三行创立 88 年，潘启官家族任商总 39 年，是唯一见证整个十三行历史的家族。

十八世纪中期起，来到广州的欧洲人，在登岸后，通常要先去拜访一个叫潘振承的闽南人。这人当年是十三行的商总。

在清代中国，曾经出现三个著名的商邦，晋商、徽商和行商。行商，是垄断中国对外贸易的帝国商人，人数不多，通常十几个人，但却是世界级富豪。

清帝国在 1757 年实行"一口通商"政策，整个中国东南沿海，只有广州对外开放。原先聚居在九龙江口的商贸人才来到珠江口，他们像候鸟一样来回两地。

从八世纪开始，广州就是世界著名的商港。华夷杂处，商业活跃。清代，城区之外珠江边上，形成中国行商与外国商馆两个区域，每个商馆面向珠江，便于出入和搬运货物。一幅描绘于 1786 年年初的水彩画，显示外国商馆区旧日的样子。鳞次栉比的洋楼，紧靠着珠江，楼前旷地飘着各

潘启官一世　　　　　广州十三行商业街区，繁华旧影。

国的旗帜。成群的中国帆船，泊在馆区的边上，它们运来茶，运来瓷，运来丝，运来欧洲人感兴趣的东西。

1760年，潘振承等9家洋行商人向清政府申请成立"公行"组织。由两广总督李侍尧上奏朝廷，并于当年得到批准。发起人潘振承被任命为商总，即行商领袖。这是十三行历史的一个重要节点。

此前，在广州的16家洋行于1720年为稳定通商秩序，曾经建立互助性公行组织，但相当松散，也未得清廷认可，很快就不了了之了。

40年后，中国对外贸易形势已经发生变化。在广州商船越来越多，洋行商人急于通过垄断西洋贸易以获取巨额利润。而清廷也意识到，通过控制公行，可以从中获取巨大利益。

公行随之被制度化。天朝上国为维护尊严与体面不允许官员随意与夷人接触，但不排斥西洋贸易的巨额收入，以及域外珍奇填充皇家库房。于是，公行成为大清帝国的传话人，中国政府与外商的中介人，同时又是在华的担保人和监管人，并确保关税正常征收。这种奇怪的政治、经济、外交混合体，体现出朝廷对海外贸易的矛盾态度。

当大清帝国从官方层面隔绝了与西方国家的政治、经济联系，也隔绝了内地商人与西洋商人联系的时候，广州十三行凭借政策优势崛起了。

得益于西方世界快速增长的经济需求，广州贸易的规模超越以往任何朝代。若干垄断商人，坐拥天下财富，广州的辉煌映着他们的身影。

当年取得洋商资格代价高昂，需花20万元，家族世袭，退出时，仍需缴纳一笔不小的费用，能够担任商总的，财富和社会声望首屈一指。这些人为了取得相匹配的社会身份，通常还要花去巨资为自己购买官衔，使自己拥有巡抚或布政使的品级。渐渐地，这便成了十三行的惯例。因此，行商常常被冠以某官称号，如潘启官，在外国人眼里，他们就是帝国商人。

从农民的儿子到世界级富豪，潘振承花了二十几年的时间，借大清帝国的外贸政策调整和国际贸易形势变化一跃而起，开始了一个家族的传奇。

九龙江海湾地区一直有海外贸易的传统，那些贫寒人家的男孩，稍微晓事，就会被送出海，海是他们的衣食父母，也是他们的前途。

潘振承出生在康熙五十三年（1714），祖籍龙溪，家在文圃山下白礁村潘厝，潘厝旧称栖栅社，在漳泉交界，现属漳州。

雍正五年（1727），清廷解除海禁。次年，潘振承十四岁，开始做船工。稍后去了广州，投靠陈姓乡人，当陈姓乡人准备回乡时，潘振承接掌了他的生意。那一年，是1742年。

1744年，潘振承开设同文行。创业之初，颇为艰辛。家眷白天纺纱，晚上织布。家里的男孩，棉衣破旧，雨天甚至没有替换的衣服。他们必须节衣缩食地筹集资金，因为机会太诱人了。

从十八世纪开始，外国商船来广州的数量剧增，白银雪片般涌入中国。那时，大清帝国还处于康熙盛世，国力上升，外贸体制也未完备，政府对贸易的管制相对宽松，广州，看起来可以托付远大前程。

漳州白礁村潘氏祖厝，是否记得，潘启官一世什么时候出发，什么时候回家？（涂志伟摄）

今天，我们从一个叫巴化勒米·拉伟涅的画家的作品中看到了同文行旧日的样子，几十米长的街道，两侧整齐的两层楼，骑楼上层，玻璃窗户，似乎隐现着行商们的生活。下层则是商铺。从这不起眼的商铺，每年数额巨大的中国丝、茶交易，运往欧洲。那是同文行鼎盛时期的作品。今天，我们在漳州古城，仍然能看见类似的建筑以及继续的商业。

马尼拉是他事业的起点。广州——那个世界级港市，则是他发迹的地方。来自英国、法国、葡萄牙、瑞典，甚至刚刚立国的美国，都派出自己的船队来到中国。大清帝国拥有傲视天下的财富，令他们不虚此行。

潘振承能够自如地使用西班牙文、葡萄牙文和英文，和西洋人打交道。今天，我们从当年遗留下来的文书档案，看到那个当年的乡下少年，在成为行商后，留下的自如的笔迹。那是用西班牙文书写的商业文书，时间在1772年，签名用中文和西班牙文。

这是一个相当圆滑的商人，视野开阔，通晓西方的商业规则，善于投资，在"一口通商"时，潘振承在广州贸易中地位显赫。

潘振承在商总这个职务上干了28年，是十三行历史上任职最长的商总。一个曾经与潘振承有过贸易往来的法国商人在《法国杂志》中提到，潘家每年消费多达300万法郎，财产比西欧一个国王的地产还要多，潘振承被认为是十八世纪世界最富有的人。

潘振承几乎垄断了与英国东印度公司的生丝贸易。

1753年，潘振承提交给英国6艘商船生丝1192担，每担价格175两，订约时已经预付每担160两。他用了不超过130天的时间，完成供货，同时，他又与英国人签订丝织品1900匹和南京布1500匹，另外又有大量的茶叶，是和几个行商一起签订的。他的供货能力没有什么值得怀疑的。此时，潘振承已经相当富裕了。

1768年，英国东印度公司与同文行达成一批生意，东印度公司要求订购生丝2000担。此后，同文行每年约有1000—2000担生丝交售公司，这是一笔数量可观的交易。

他在洋商与官府间长袖善舞，总是恰到好处地解决各方的矛盾，这使欧洲人愿意与他建立长久的关系，以确保自己货源充足。

潘振承被认为是行商中最有信用的人物，信誉良好，在欧洲商人中拥有不错的人脉。因为贸易数额巨大，外国商人经常要预付定金给潘振承，有时一次预付10万两白银，最多的一次，竟然预付60.15万两，在一个充满未知的年代，信誉就是金子。

此时，中西方供求关系正在发生一系列变化。1704年，英国从西班牙人手中夺取直布罗陀海峡，这是一个令人垂涎的国际水道。在亚洲，1757年，通过普列西战役它又取得了幅员广阔的印度。

从十八世纪下半叶起，英国发生了工业革命，财富增值，令更多人有心情打发闲暇时光。丝和瓷让生活温润；茶改变了欧洲人的饮食习性，为工业革命助力，并在宫廷和民间引领着消费时尚。

西方世界对来自东方的商品购买力十分强劲。源源不断的订单使广州十三行进入鼎盛阶段。此时，潘振承更富裕了。

潘振承的商业信誉不断攀升。1781年，同文行开了退赔质差茶叶的先例，一次退赔1402箱。1772年，他成了中国第一个使用英国汇票的人。

瑞典是他的最大的贸易伙伴。这个早先的北欧霸主在持续三十年的大北方战争中被俄罗斯夺走了通往亚洲的陆路出道和大片海岸线，它在亚洲也没有像荷兰、西班牙、葡萄牙和英国那样拥有殖民地，不过它还是派出了一艘排水量达到1250吨的大帆船"哥德堡号"来到中国，仿佛承载国家经济复苏的使命。1739年年底，这艘帆船抵达广州，潘振承承揽了这笔生意。两年后，"哥德堡号"第二次抵达广州时，供货方仍然是他。几年后，潘振承索性成为瑞典东印度公司的股东，他也因此几乎独揽了瑞典东印度公司在中国的业务。

瑞典哥德堡市博物馆——旧日东印度公司的办公大楼，仍然保存一幅潘振承的玻璃画像。那是他造访东印度公司时送给董事长萨文格瑞的礼物。今天，我们看到那幅作于十八世纪的西洋画像，我们不知道，在那个身穿大清三品官服的帝国商人温和庄重的神情中，是否飘过一丝阴郁的影子。

他显然十分善于保护自己的利益和商业信誉。如果意识到这方面遇到了危险，他知道怎么化解、手段也不让人反感。他牢固地保持自己在十三行中的地位，直到去世，没有人质疑他的行为的公正性。这与他谦逊的品行有关，与他打交道的外商对他的低调留下深刻的印象，尽管在对外接触中，他会礼节性地穿着他的官服，戴着用银子买来的花翎，让人觉得他们是和一个帝国官员打交道。

潘振承知道怎么样在夹缝中做成大生意，他了解官府的运作原则，就像他了解西洋人的商业规则一样。这使他可以在两者之间寻求利益的平衡点。他向皇帝的爱好捐款，也向帝国的需要比如战争捐款，有时20万两，有时30万两。他让银子成为帝国和中外商人之间的润滑剂，使自己在商务活动中左右逢源，朝廷看好他，因为他带来了巨额的关税。外商也相信他，视他为十三行中最诚信的人，这真是一桩奇迹。

粤海关在大清帝国关税中举足轻重，乾隆五年（1740）25万两，1784年60万两，到十八世纪末十九世纪初，100万—150万两。广州十三行成了皇帝在南方的库房。粤海关每年向帝国缴纳银两，其中3%留广东布政司，3%留作海关经费，70%交户部，24%进入内务府。

皇帝经常过问这个南方库房的收入，在遥远的帝都，能够感受到徐徐的南风送来的西洋信息。

十三行成为中外经济与文化交流的通道，那些西方传教士、天文学家、医师、画师、工匠，往往通过广州十三行进入中国，抵达宫廷，成为帝王的侍从，把那西方的信息渐渐扩散到中国的土地，大清帝国借此睁开一只看世界的眼。

十七—十八世纪，"中国风"流行于西方社会文化生活，那种既不同于古希腊传统，又不同于基督教文明的别样的审美，代表欧洲人神往的东方印象。那个由丝绸、瓷器和茶叶营造的精致而世俗的中国，成为追求现世幸福的理想。大批欧洲商船云集广州港，他们带走的东方风尚正深刻地影响着欧洲人的生活。一股来自中国的文化思潮成为欧洲启蒙运动的培养基。

当东西方文化经济交流依靠广州这个港市来完成时，我们看到，十三行商人无意间承载的使命。

由宫廷画师意大利人郎世宁和法国人王志诚等创作、法兰西艺术学院柯兴和勒巴第完成的铜版画《乾隆四十年平定准回得胜图》中，皇家军队横扫万军，显示了一个处于巅峰时期的帝国的盛大意象。作为帝国商人给乾隆帝的礼物，这幅作品由潘振承委托，耗资20万镑，历时11年完成，被认为是十八世纪东西方文化交流的经典。

1776年，在商场奔波40年的潘振承在十三行商馆区隔珠江对岸的河南岛置地20顷，营建龙溪乡，自此落籍番禺。龙溪乡包括龙溪首约、龙溪二约及龙溪西约。龙溪，是漳州首县、潘氏故里，那是游子对故乡的回望。龙溪新街、栖栅村、归善里、跃龙桥……故乡的影子，在那富丽的花园影影绰绰。潘家祠，龙溪乡的精神核心，被建成闽南建筑的样式。

据说潘氏家族先后在故乡置地万亩，今天，在潘厝一带，仍有潘厝河、潘厝田、潘厝沟，仿佛是潘氏兴盛时的留影。

1788年，潘振承去世，30年后，归葬文圃山故里。繁华的广州，是他的事业，文圃山，才是他的家。

潘振承的四子翰林院庶吉士潘有度继承他的事业，称二世，并且在1796年，商总蔡世文破产后接替这个职务。1808年，以10万两白银贿赂海关获准退商，但是1815年又被迫复商。同文行亦在此间更名为同孚行。相对于商总这个任命，潘有度似乎更愿意做个风雅的文人，他写了许多诗歌，留下不少著作，在1820年去世，幸运地没有看到大清帝国梦碎的那一天。

潘有度关注欧洲的政治生活和航海，还是美国加州农业协会的会员。与卢观恒、伍秉鉴、叶上林号称"广州四大富豪"，这四个人中，潘、叶祖籍漳州，卢、伍祖籍泉州。

1794年，英使马戛尔尼来到中国宫廷，这是一次令人不悦却在历史上留下记录的外交事件，处于上升期的英国和沉湎于天朝上国的大清帝国面临巨大的观念裂缝，仿佛挟着对老迈帝国的愤懑，马戛尔尼在广州会见潘启官二世时，给予外表迷人的商总差评，连他与西洋人的友谊也在数落之列。

不得不提到的一点是，潘有度的时代，处于"康乾盛世"末期，大清帝国看起来花团锦簇。但是，与正在进入工业革命的西方世界相比，一场深刻的社会危机，正在悄悄酝酿，从那些充满仪式感的王朝意象，马戛尔尼看到的是一棵正在腐朽的帝国大树。仿佛是一个时代的隐喻，今天，我们看到绘制于那个时代的西洋油画。画中的潘启官二世，面容饱满而温和，却不似一世那样果毅而神清气闲。

1820年，潘有度病故时，家族事业如烫手山芋无人接手。最后，责任落到四子潘正炜身上。潘启官三世在帝国即将进入混乱时代前出现在世界贸易舞台，他拥有许多士大夫的好脾性，寄情于书画文玩，醉心于营造园林，并且拥有世家的优雅。此时，广州贸易抵达巅峰时期，广州外国商人数量达到历史最高水平，数十年积累下来的矛盾，也走到临界。

广州体制一开始就面临顶层设计的巨大缺陷，在西方国家以东印度公司的形式，集国家与社会力量开展东方贸易时，朝廷以一种非常古典的"保甲"和"连坐"制度管理广州行商。行商以帝国商人的华丽身份出现在国际贸易舞台，但是，当以英国为首的西方国家通过全球贸易，改变了世界经济形势，完成了资本原始积累，领先科学技术，释放出劳动力潜力，并控制了原料和消费市场，东西方力量对比正在迅速逆转。

当大量白银潮水般涌入中国，不堪忍受的英国开始对广州体制的瓦解行动，这就是鸦片贸易。1840年鸦片战争爆发，大国梦断，一纸《南京条约》，五口通商，终结行商制度。

当战火点燃时，在国家和旧日的贸易伙伴之间，潘正炜选择了国家。战前，他向军队捐款，购置战舰，从故乡漳州召集300乡勇。在家国成为异族板上鱼肉时，他带领广州48乡群众抵制英国人的入城。

在从传统社会向现代国家转变的时刻，曾经在东西方经济与文化交流中呼风唤雨的百年商族，离开世界贸易，转身成为书香世家。

此时，帝国的黄昏也在徐徐降临。

过台湾·一道世纪景观

一道横跨两个多世纪的移民景观，贯穿漳台两地历史。

史家说：考察台湾历史，不能不和漳州历史文化联系在一起；研究漳州历史，不可或缺漳州人开台业绩。

追溯漳台渊源，漳州人最先抵达地点是澎湖，时间是隋代。澎湖是台湾的门户，两宋时期，漳人已经在笨港互市。

元至元年间（1264—1294），元政府设澎湖巡检司；明万历二十年（1592），明政府在澎湖设"游兵"，调铜山、浯屿水寨官兵轮驻，清康熙时，设"铜山营"，驻地仍在澎湖。

汉人大规模开发台湾，故事的起点则是笨港。

（一）

天启元年（1621）八月二十三日，台湾笨港溪口，十三艘海船从日本方向驶来，渐次泊岸，在惊起一群鸥鹭后，船上鱼贯走下二百多个汉人。

如果有文字记录那些人的表情，应该是疲倦？紧张？欢喜？或者如释重负？海风卷着波涛拍打着沙滩，青翠的茂林传来的清澈猿鸣，日光普照，大地寂静，似乎是个没有人烟的世外桃源。

一个身材魁梧的汉子一脚踩上松软的海滩，清凉的海水没过他的脚面。在经过八天八夜的海上漂浮后，现在陆地在他的脚下，他和他的二十八个结盟兄弟，将掀开这个岛屿日后400年的第一页。

几年前，当海澄汉子颜思齐离开月港时，他一定没有想到，他的人生终点是东番（台湾）。当他在老家怒杀官家恶仆后，跳上一条驶往平户（长崎）的商船，在那里他先以裁缝为生，然后做起中日贸易。因为生性豪爽、仗义疏财，而又身手不错，很快，成了当地华人首领，幕府任命他为"甲螺"。

天启元年元月，他和他的兄弟们密谋倒幕事泄，一群人仓促登上十三艘他们的贸易船，在九州西海岸的外岛洲仔尾，他们商讨自己的前途。一个叫陈衷纪的海澄人提出"吾闻琉球（台湾）为海上荒岛，势控东南，地肥饶可霸，今当先取其地，然后侵略四方，则扶余之业可成也"。他们的目标是寻找一块基地，去成就一番海上霸业。

他们抵达的笨港，洪雅人称之为Ponkon，位置在现在的云林县水林乡、北溪镇和嘉义县新港乡之间，距海大约15千米。每年来自大陆方向的商船会随风漂到溪口，商人们逆流而上，到这个地方和当地人贸易。

颜思齐率众伐木碎土，构建寮寨。他的部众被分成十个营，一群人在这儿练兵、抚番、垦拓。海峡，冒出一股令人生畏的力量。晋江人杨天生和南靖人李俊臣被派回老家，等他们重新登岸，身后跟来了3000人，那是清一色的劳力。

在台湾开发史上，颜思齐是最早率众横渡海峡，有组织地进行大规模的垦拓，因而被称作"开台王"。

在颜思齐登陆笨港的前一年（1620），"五月花号"满载英国移民登陆今天的普利茅斯港，此后四百年时间，在东亚和北美大陆，发展出完全不同的移民社会，今天，我们了解那个世纪性的移民大潮，这是两个非常有意思的观察点，可见不同的民族性格、不同的历史机缘是怎样牵引着历史的发展走向。

颜思齐登陆台湾后不久，荷兰人和西班牙人在1624年先后登陆，三股力量在岛上角逐。1625年，颜思齐在率领部众狩猎时染上疫病去世是个转折，他的结盟兄弟郑芝龙继承他的事业，这股实力雄厚的海上势力随后把重心转向大陆沿海，并建成海上商业帝国。台湾随后进入荷据时期。在此期间，有16个漳州姓氏族谱出现在了赴台记录里。

在荷兰人据台后第38年，即1661年，郑芝龙的儿子郑成功驱逐荷兰人。郑成功在给荷兰人的外交文书中直截了当地指出，这是他父亲练兵的地方。这个时期对整个台湾历史意义非凡。汉人血统与文化渗透到整个岛屿。

明郑时期（1661—1683），岛上汉人十万，新增移民约3万，漳州移民姓氏30几个。先是4个漳州籍将领——龙溪人林凤、海澄人陈泽、铜山人何替仔和云霄人何祐带着他们的部队屯垦。龙溪人林凤，屯垦于赤山堡（台南县六甲乡、官田乡一带），其屯田地名"林凤营"；海澄人陈泽，屯垦于台南至嘉义一带；铜山人何替仔，屯垦于太子宫堡和铁线桥堡（台南县新营镇、盐水镇、柳营镇及东山乡一带）；云霄人何祐，屯垦于社寮岛（基隆港中的和平岛）。然后，徐远、杨巷摘、陈子政、林宽老、李达、林虎、陈天楫、林一开、向妈穷、陈石龙、王锡祺，一批漳籍拓垦首领出现在台岛荒野，人们向官府申请土地，从大陆招来佃工，植稻种蕉，开设糖坊，开始他们的故事。

（二）

1683年，台湾重新归入大清帝国版图，第二年，台湾设府。台湾开发进入一个关键时期。集流亡、垦荒地是首任知府蒋毓英要干的第一件事。

岛屿的价值被发现了。

十七世纪，漳州已经承载不了滋生的人口，而对岸，人烟杳然，有无限的荒野，数量惊人的麋鹿和看起来令人渴望的机会。自然条件与漳州相同，连日光都那么炽热，许多人愿意加入这一场冒险，去建立一个新的世界。

最初，因为海禁，人们只能偷渡而来，家乡有千里海岸线，从海澄的月港到诏安的宫口港，到处都是可以登船的码头，乘着夜色，悄然入海，黑水沟是第一道天堑，一些船在那儿沉没。澎湖是最先抵达的地方，安平则是本岛的登陆地点，等待他们的是疫病或者生番"出草"。今天，我们常常在那些流传了若干个世纪的族谱里看到那些有始无终的家族印记，"往台湾亡"，"沉船亡"，"往东都亡"。但是那个地方，沃野千里，仿佛是世外桃源，可以承载家族的希望。

于是人们呼朋唤友、联宗结社，渡海而去，有时是几个人，有时是几十个人。他们怀揣家乡神明的香火，越过海峡，踏上彼岸，等到生活甫定，再回过头来接去了父母、兄弟、子弟、族人，有的村落就这样倾巢而去，只剩下少数族人守护明明灭灭的宗祠香火。

在垦拓路上，倒下去的不一定是弱者，而成功的，一定是绵绵不绝的意志。

从康熙二十二年（1683）到光绪二十一年（1895），两个多世纪时间，大约五十万人跨过海峡，登上彼岸。最终，把整个的血缘家族延伸到

蓝廷珍故居。（吴飞龙摄）

对岸。

康熙时，五个朋友，漳浦的郑萃排、诏安的林支明和翁应瑞、龙溪的杨逞、平和的蔡麟相邀东渡。他们在安平登岸，一路向北，经嘉义，进入云林，他们和他们的家族很快拥有上千甲甚至更多的土地。郑、林、蔡三家就此落地生根，成为旺族。翁、杨二家却在纷争中殒身灭族，从台湾历史中被轻轻抹去。那些迁台家族的兴衰仿佛是一个急剧扩张的充满宿命感的移民社会的倒影。创业艰难，唯欲望与心血不可辜负。

三场由漳州人领头的民变震动了朝廷的神经。

康熙六十年（1721）四月十九日，有"小孟尝"之称的长泰人朱一贵聚众三十万，攻占全台，承明制，做"中兴王"，建号永和，南澳总兵蓝廷珍奉命赴台。七月初八，朱一贵兵败被俘，十二月十八日，在北京城就义，余部战到雍正元年（1723）。

那场民变突然爆发，又骤然覆灭，却是台湾历史上第一次大规模的农民起义。一介草民振臂一呼，引起康熙帝重新思考台岛的未来。两个漳州人——来自长泰的农夫和来自漳浦的前农夫、后来的大清帝国将军在不大的岛屿上厮杀。他们的家乡，不过相距百十里。如若在平时，他们可以在一起喝酒、聊乡谊，惺惺相惜，却在彼岸成为敌手。

养鸭农夫朱一贵的死，从某种意义上成就了"治台名将"蓝廷珍，正是那一场规模浩大的民变，对后来的蓝廷珍、蓝鼎元提出一系列开拓和治理台湾的策略

"筹台宗匠"蓝鼎元（1680-1733）。

推波助澜。一个充满躁动的移民社会的长治久安得益于那次山呼海啸般的民变。就这一点来说，清初，两个来自漳州的庶民英雄的生死搏杀，为台湾的未来留下了可以想象的空间。随后，台湾进入快速发展时期。

战后，南澳总兵蓝廷珍和他的部属就地驻守，开山垦田，用自己的方式书写台湾历史新的一笔。

今天，此岸和彼岸，人们对两位开发台湾的早期英雄敬仰有加，那些年复一年的祭祀活动，说明了这一切。

这是一个正在高速形成的移民社会。暴烈、阳刚、缺乏规则、生机勃勃，那些背井离乡、抛家别舍的人以地缘和血缘凝聚成团，共同抵御艰险，却身不由己地被卷入社群冲突。

发生在台湾初期的三次民变是由漳州人朱一贵、戴春潮、林爽文分别领头的。成千上万垦民呼啸而起，转瞬即没，仿佛是一个无根社会的投影，妈祖温润的眼神不再抚慰浪子的心。

在朝廷重新审视岛屿未来的时候，出现了一个叫蓝鼎元的随军幕僚、蓝廷珍的族侄，在嗜血的军人中，这是一个冷静的学者。其时，台湾海外之险，民情异于内地，大乱甫定，他提出治台十九事："信赏罚，惩讼师，除草寇，治客民，禁恶俗，儆吏胥，革规例，崇节俭，正婚嫁，兴学校，修武备，严守御，教树畜，宽租赋，行垦日，复官庄，恤澎民，抚土番，招生番。"此后，这十九事成了台湾官员治台依据。

清领台湾时，行政建置仅设一府三县，集中在西部和南部，北部和东部，地域辽阔，建置空虚，而闽粤移民大军进入，生聚日繁，汉番杂处，矛盾丛生。生活在海边的蓝鼎元看到这个岛屿的价值，他提出，台湾山高土肥，最利垦辟，利之所在，人所必趋，疏于管理即使内乱不生，日本、荷兰也会染指。朝廷接受他的建议，置彰化、淡水。

新的垦地是个男人的世界，沸腾着汗气、血气。朝廷禁令，女人被留在对岸。一个聚落携带家眷的不过百分一二，数十万人口的社会保持这种态势，潜伏的危机不可预测。蓝鼎元向朝廷提出这个问题。雍正九年（1731），朝廷采纳了蓝鼎元的建议，家庭的温暖渐渐平复了社会的创伤。

蓝鼎元返回漳州后，撰写了《平台纪略》，前瞻性的眼光对治理台湾产生了深远的影响。直至半个世纪以后，乾隆帝在读到他的《东征集》时，仍能为之所动。台湾史学家连横说："鼎元著书多关台事，其后宦台者多取资焉。"蓝鼎元被后人称作"筹台宗匠"。

今天，我们回望那个漳州移民筚路蓝缕、薪火相传的垦荒时代，我们不仅看到了闯荡新世界的激情，也看到一个岛屿崛起时面临的巨大苦痛。

（三）

在内地，一个农夫在短时间里拥有几万石谷物的年收入基本是奢望，但是在海岛，这样的情形时有发生。来自漳浦的林天成成立了"林成祖"垦号，利用与番社联姻取得大片土地。通过向移民提供房屋、粮食、耕地、农业和种子，获取了大量的垦丁。他兴修水利、聚集人手，遂成桥林平原最大的垦首。林天成终其一生，日课农事，与众人同甘苦，不失农家本色。

垦拓是智慧和力量的整合，大规模的垦拓以及大型水利兴修需要大量的资本、人力、物力，需要优秀的技术人才和组织者来凝聚团队精神和群体力量，以地缘、血缘为主要因素的垦拓组织就这样形成了。

垦首制是一种比较流行的合作形式，由垦首向政府领取垦照，投入资金，带领数十甚至数百垦丁合力开垦，分享土地收入。林天成是一个成功的大垦首。

结首制是另一种垦拓方式，那些同乡或同宗的移民自发组织，数十人为一结，数十结为大结，推举有公信力的为结首，结首是垦拓的指挥者，和大家一起劳作，一样承担赋税，但比其他人多分一倍或数倍田地。

一个漳浦农夫，被称为"开兰鼻祖"，乾隆三十八年（1773），乡村医生的女婿吴沙在年近不惑时渡台。在三貂社，也就是当年西班牙人建立的圣佛兰西斯城，组织漳、泉、粤移民垦拓，嘉庆元年（1796年）九月十六日，吴沙率三籍移民1000多人，乡勇200多人，善番语者23人，乘船抵达噶玛兰乌石巷，建立宜兰第一个汉人聚居地头围。不到一年时间，垦地数十里，接连开发二围、三围。1798年，吴沙病逝，侄子吴化继承他的事业。咸丰、同治时，漳浦人陈辉煌进入兰阳溪南地区。首尾八十年间，宜兰由荒野而阡陌纵横，漳籍移民大约占宜兰人口九成以上，这一切

漳州芝山，漳州城主山，明洪武十三年（1380）以发现灵芝赐名。（郑晨辉摄）

的源头，就是那个花甲之年的结首。

数十个来自漳州的垦拓首领，在台湾早期开发史上留名，在他们带领下，台南平原、台中盆地、台北盆地、宜兰平原成为漳人聚居的地区。今天，台湾2400万人口、祖籍漳州的37%左右。连横——一位祖先来自龙溪马崎的学者在《台湾通史》中写道："我先民冒险而进，筚路蓝缕，备极艰辛，以劈田畴，以成都市，为子孙百年大计，其功业岂可泯哉。"

相近的地理、相似的自然条件使许多漳州家族把台湾视作规划家族未来的目的地。

这是中国移民史上一道奇妙的景观，在一股巨大的内驱力推动下出现了，那是一次意味悠长的搬家，原乡的文化被完整地移植到新的居住地，他们以故乡的山水命名新居住地的山水，以故乡村地名命名新的家园，他们的语言成了当地的通用语言，故乡的神明成了当地的神明，故乡的习惯也成了当地的习俗，仿佛播种一般，一个个血缘聚落、地缘聚落在生根发

芽……一个个"小漳州"在对岸形成了。

拓垦岁月在海峡对岸留下深深的印记。今天，那些古老的漳州地名：芝山、圆山、龙溪、柳营、龙江、月港、漳州寮、长泰里……曾经是异乡人对原乡的念想，现在成了社会历史的一部分。在台湾，至少有2000余个大小村落留下漳人生活的痕迹，这些村落多集中在嘉南、台北、台中、高雄、宜兰地区，127处168个涉漳冠籍地名，78个历史人物命名村落、史迹，26个姓氏迁台命名83处地名，仿佛是一幅徐徐展开的历史长卷，至今仍然在描述那道贯穿三个世纪的移民景观。

台中草屯，那个漳州移民前往目的地的中途休息点，曾经随手丢弃的草屯堆积如山，便有了草屯的名称。今天，草屯成了热闹的街市。

在海峡两岸，星辰般散落在城市与山间的庙宇，那些刻意渲染的深红，仿佛是一个族群历经千年的迁徙所绽放出来的最强劲的生命底色。在最近数个世纪的光阴里，开漳圣王、保生大帝、关帝、天公、妈祖……那

漳州圆山，于漳州城西南九龙江畔，水仙花原产地。台北士林亦有芝山岩，又称圆山，十八世纪漳州移民聚居地。（游斐渊摄）

些诞生于航海时代的原乡神，用明明灭灭的香火，温暖子弟的心，守护飘荡的灵魂。今天，人们仍然依靠他们关联彼此。

漳州浦南陈元光陵园，山风轻吟，闽、台、东南亚数千万讲河洛话的人，将在这里找到一种文化的缘起，这种文化叫闽南文化；将在这里找到一种信仰的主神，这个主神叫开漳圣王。

今天，在海峡两岸，数百座威惠庙香火鼎盛，漳州的开创者和他的将士，仍然用温润的眼神，守护他们的子孙后裔。

东山关帝庙，海涛荡漾，四个多世纪前，当铜山水寨的官兵启程戍台，登船前，他们会怀揣香火辞别帝君。

那些漂浮瀚海的闽南战舰、商船上，那个忠勇无比的汉子、威力无边的神明，仿佛聚天界人间一切美德，无数的人俯伏在他足下。他是财神，

东山关帝庙,始建于明洪武二十年(1387),全国文保单位,位于铜山古城内,是台湾及东南亚众多关帝庙之香缘祖庙,与海洋商业文化密切相关。(萧镇平摄)

吹起和风,推动满载的商船;他是战神,扬起波涛,击碎敌舰。他在睡梦里安抚迷乱的心,拯救不能回家的灵魂,人们愿意把上天对自己的酬劳归功于他,赞美他,用丰厚的奉献感谢他。那些初来亚洲的欧洲人,从闽南人那里认识了他,并且用他们的笔,描绘他。他们学着闽南人的口音称他关爷(关爷),关爷手抚长须端坐在十七、十八世纪欧洲人的绘画里,身后站着持刀的周仓和托印的关平,就像今天在闽南人的宅院里看到的一样。今天,台湾400余座关帝庙,多能在闽南找到源头,当关帝庙的香火,随着郑成功的舰队、随着拓垦大军源源不断地抵达彼岸,未来不一样了。

那是一片希望的沃土,也是一块不得不面对的生活逆境。垦荒者需要一个熟悉的生活空间以忘却近在咫尺的苦难,让自己随遇而安并且充满活力地面对周遭的一切，复制一个家园吧，许多人不约而同地这么去做了，也许这是缓解生存焦虑的最简单的方式。台湾短时间内被打造成第二个闽南。

此时，在遥远的美洲大陆，新约克、新奥尔良，一个个带有旧大陆痕迹的居民点也正在酝酿，并预示未来的不同走向。

（四）

台湾，一开始就是重商社会。由于月港兴起，十六世纪漳州的商品经济已经高度发展，漳州人冒险渡台和航往东南亚，在那个年代，不过是一件事情的两个方向。

最初，漳州人在台湾成功拓垦和进行商业活动，只是漳州商品经济的发展与延伸，这种情形无论是从颜思齐时代，还是荷据时期、明郑时期，一直到清领台湾都是如此。

大规模的垦拓活动并不是为了满足自身消费的需要，而是直接面对市场。这个市场在大陆，而一个移垦社会，尚未形成精细的社会分工，移民的日常所用也要仰仗大陆。供需互动，形成一个两岸的共同市场。

阳光、好味，稻米成为大宗农作物。乾隆初年，台湾佃丁人均耕作四十亩以上，年均收入合二百五十石。一个单身的劳动力不需要消耗那么多粮食。它们中的大部分会被大陆吸收干净。甘蔗种植前景广阔。康熙三十三年（1694），突如其来的糖价上涨，甘蔗种植面积是往年的三倍，三十四年（1695）是往年的十倍。这真是一次甜美的刺激，从漳泉地区移植过去的甘蔗种植和榨糖技术带动台湾糖业进入了一个全新的阶段，整个岛屿中部、南部成为大规模生产蔗糖地区。

这个时期也是台湾商品经济快速发展的时期，漳州移民对台湾经济的贡献主要体现在农业方面。农业的商品化生产始终主导台湾岛内商业和对外贸易，最大宗是米，糖次之，茶又次之，三者对民生影响极大。清代，台湾岛号称"中国之谷仓""东方糖库"。至于台茶，在大陆市场仍有影响。

（五）

最迟在雍正年间，"郊商"——一种专营海峡两岸贸易，也兼营岛内贸易的商人出现了。与此同时，商人的联合组织"郊行"也诞生了。郊商是两岸共同市场的始创者。

在清代，因为商人与大陆的贸易主要集中在南部沿海各港口，交易的地点也多在便于航运的郊野，因此出现了以"郊"为名的商人群体，这个群体将成为岛屿商人的主流。

郊商的渊源来自闽南，由于大陆与台湾贸易的需要，台湾所产米、糖主要输往大陆，所需生活用品也来自大陆。郊商应运而生。他们是来自内地的殷实人家。

郊行最初的出现仍然带着移垦社会的影子。从乾隆中叶起，台湾陆续出现了许多郊行，其中有以地域为名的，如：北郊、台南的南郊，鹿港的厦郊和龙江郊经营漳州与台湾的贸易；有以贸易商品为名的，如：糖郊、烟郊、茶郊、布郊、杉郊、酒郊等。这个时期，大陆输出商品，数量与品种以漳州府最多。宜兰，漳州人开发的聚落，它的商船往江浙及福州的，称北船；往漳泉及惠州的，称唐山船。唐山，是他们的出发地，他们的原乡。

区域分工和自然资源互补、利用使闽台之间的航道成为国内最繁忙的海上通道，海峡两岸成为中国经济最活跃的地区，中国沿海统一市场走向成熟。

船头行——一种专营两岸对渡的组织出现了，船头行集购、储、运、销等产务于一身，在郊行中地位举足轻重。清末，石码与高雄、鹿港往来船只有100多艘，载重一船在五十到七十吨。从东山往高雄、澎湖、北港、安平的船只，也大约在这个数。高雄公成行——铜山（东山）人林水勇经营的船头行，昔日，铜山船进港，这里是必须去的地方。在两岸贸易中，这是非常成熟的行业，采购商品、承揽货运、联系船家、办理托运，都有人打理，只要你付得起佣金。郊行属下商号数十上百，有自己结合紧密的贸易网络，郊商在漳州采购商品运到台湾，先批发给割店，再交给零售商，两岸物流就这样在船来船往中流动起来。郊行也解决贸易纠纷，协调与官府关系，祭拜神明，捐资慈善，做一些暖心的事。

今天，漳州石码——一个兴起于大航海时代的商埠，依稀保持着当年两岸贸易活跃时的样子，海防通判的衙门则已查无踪迹。新行街——明清时填滩而成的街市，曾经的船头行集聚地，车来人往，让人想起当年商贾如云。

辛辣的烟草味混合着汗味，那是垦拓时代的嗅觉记忆。烟草——原产于多巴哥的瘾性消闲品，避瘴、消愁、引领时尚消费，在明郑时期就是不可或缺的军供，作为两岸物资对流的重要商品，此时，漳州转身成了它们的原产地。长泰枋洋，一个叫蔡仁山的嘉庆年间的商贾，他快速累加的财富来自两岸的烟草贸易。当年，枋洋溪洲、顶楼、中楼、尾楼，从那里运出口的香烟，沿着溪水，出厦门港，往台湾、南洋。保留至今的尾楼里，水井、仓库，以及磨、碓，当年的制烟工具，让人仿佛还可以嗅到泛着日光味道的烟草香。

板桥林家的庭院，龙溪故里遗痕。（杨晖摄）

嘉庆年间另一个枋洋大烟商林天定。清代长泰经营烟丝、烟草的商号二十几家，林天定日兴烟行奇兰商号生产的"鹿牌"最为有名。那时，从厦门港驶出的商船没有一艘不载有烟草，"无鹿不开航"，是当年流传在厦门港的俗谚。今天，那座建于道光辛卯年（1831）的"奎璧齐辉"楼仍静立在大路口社。一百八十年的时光一闪而过，当年的盛况都作云烟。

（六）

十九世纪六十年代，台湾已经从以血缘、地缘聚落为主的移垦社会走向以城镇为主的农业社会，在发展过程中，那些漳州家族通过土地垦殖，积累了大量的资本。如果说最初人们慨然东渡，只是随时准备回家的过客。一百多年的时间，他们落地生根、枝繁叶茂，已然成了新世界的主

漳州陆路门户万松关，1864年，林文察的最后一战发生在这个地方。

人，并拥有新的身份认同。

两个来自漳州乡间的传奇家族，从一无所有，通过绵延不绝的家族接力建立庞大的商业王国，并在台湾的历史留下一笔。那种凝聚而成的家族精神，仿佛是一个波澜壮阔的时代倒影。这就是号称台湾第一家的"板桥林家"和台湾第二家的"雾峰林家"。

电影《沧海百年》向我们展示了一个家族史诗。乾隆十九年（1754）生活在平和山区的林石前往台湾，雾峰是家族起点，大里杙，仿佛记载着年轻人的心跳。一百年过去了，那个当初的年轻人成了传奇家族的始祖，雾峰林家成了台湾顶尖家族，这是命运造化使然？

林石传子林琼瑶、林甲寅，林甲寅传定邦、奠国，定邦传朝栋，朝栋传祖密，定国传文钦，文钦传献堂。在家族接力中，他们开拓的土地从大里杙扩张到阿罩雾和乌溪以北地区，数千甲的规模，成为闻名全台的巨族，雾峰也成了台中盆地上漳州人开发的一大农业聚落。同治时，雾峰林家投入巨资，在家族的肇基地大里杙兴建市街开设商号、重振大里杙朝气。光绪十一年（1885），台湾建省，林家取得全台樟脑专售之权，市场面向德、法、英、美、印。1894年，林家樟脑生产398万斤，出口128万斤。同样在光绪十一年，林家集力合垦荒地绵延数十里，称"林合"。

雾峰林家的命运在动荡中起伏，开基祖林石死于狱中，这不妨碍这个家族在坚忍中步步走高，亲情和乡谊在他们的血液里流动，血色征程仿佛是家族男儿与生俱来的宿命。他们率领的雾峰乡勇以朴讷坚武、生死相处、善于以少击众著称，那是垦丁和垦首鼎力合作留下的精神遗痕。1864年，福建陆路提督林文察在漳州门户万松关和太平军对垒中殒命。他的大半时间在为动荡的帝国征战，朝廷以在漳州府城和雾峰为他各建一座祠堂作为忠心的奖赏，而家族财富也在马蹄奔驰中水涨船高。林文察子林朝栋曾授劲勇巴图鲁，统领全台营务。林文察叔父林奠国曾授知府，子林文钦以文学入仕，后代则文士辈出。

雾峰林家从垦荒小户，在一百多年时间成为集政、军、农、商为一体的巨族。先尚武后崇文，其族运与国运休戚相关，仿佛是清代移民社会的写照。

在雾峰林家的第一代林石东渡三十四年后，一个十六岁的少年从老家龙溪二十九都来到台湾淡水兴直堡新庄寻找父亲。龙溪乡民林应寅的儿子林平侯的梦想从米店学徒开始，此后开米店、做盐务、做船运，在成为年收租谷数十万石的巨富后转身成为桂林同知、柳州正堂，这就是日后在台湾赫赫有名的板桥林家、林本源家族的始祖。这个家族从新庄开始，在大溪垦殖，向新竹、桃园、台北、宜兰拓展，成为台北最大的地主。咸丰三年（1853）林家第二代林国华、林国芳举家迁板桥，成为台北地区漳人首领。五年，筑板桥城。板桥城是台北平野上的第一城市，林家在城中开租馆、设钱庄、办商行、建林家花园。光绪初年，林家产业占全城一半。林家事业在第三代林维让、林维源手中达到巅峰。台湾建省时，林维源任垦务兼团防大臣，协助巡抚刘铭传设防、抚番、清赋，对台湾盐、米、糖、矿、工、商、交通运输和文教事业贡献卓著。林维源拓地17万亩，家族田产也在此时达全省第一。

林平侯有五子，国栋、国仁、国华、国英、国芳，分别立五号"饮、水、本、思、源"，这也就是"林本源家族"由来。龙溪二十九都白石堡是他们的本源，林氏义庄——当年福建最大的慈善机构是他们对家乡族人的反哺。一个家族的善念延传了一个多世纪也算是奇迹了。

这个家族从林平侯乾隆时迁台开始，一个多世纪的时间，经营土地、发展地产、投资信托、涉足金融，一个百年商族的近代化转型，伴随着台湾开发与发展。

（七）

1895年是一个不幸的年份，北洋水师在甲午海战中灰飞烟灭，满怀民族希冀的洋务运动最终成为不可救药的帝国幻象，千年古国气若浮丝，当时中国最年轻的省份在快速走向现代时沉沦。林维源为抗日军民捐出100万银圆后回到大陆，10年后卒，葬龙溪莆山故里。同样在这一年，林维源的儿子林尔嘉又捐出200万元，为回光返照的帝国海军助力。他获得侍郎头衔，但很快去职，做一个自由的商人显然比做朝臣合适。光绪三十四年（1808），漳州大水，林尔嘉再向海外募银3万元。他的身份始终带着原乡的印痕：龙溪林尔嘉。在离开台湾的日子，鼓浪屿菽庄花园是他灵魂的归处。五十年后，台湾光复，林尔嘉策杖回台，于1951年病逝。

家国情怀是漳州家族的一个显著特征，家族的命运始终和国家的运势同步。近代台湾快速发展的时期也是两个漳州家族走向全盛的时期。

当中国社会摇摇晃晃地走向近代时，世界格局正在发生剧烈的调整。光绪十年（1884），法军染指台湾，雾峰林家——那个尚武的家族在林文察的儿子林朝栋的带领下走上前线，2000多个雾峰乡勇追随他。当农夫成了战士，垦拓精神凝聚而成的战斗意志推着雾峰林家走向巅峰。不过海岛的胜利好像没有阻止帝国的颓势，十一年后的另一场战争，台湾成了日本人的囊中之物，海峡日光惨淡，没有了朝廷的义军，在林朝栋的组织下继续抵抗。台北失陷，复驻彰化，直至被迫内渡。鼓浪屿成了他的栖居地，从此，他只能凭海，看故乡的云烟。林朝栋的儿子林祖密也在1904年返回内地，林家在台二万甲山林悉数被日本人没收，500多处樟脑作坊尽废。漳州成了林祖密事业的起点。不久，清国成了民国。1915年，林祖密参加中华革命党。1916年出资10万建闽南革命军，1918年于大元帅府任孙中山的参军侍从武官，1925年死于军阀之手。

程啸在《晚清乡土意识》一书中提到：中国有悠久历史，国家统一是历史主流，这种主流的长期延续，把以血脉、地缘为纽带的家族、村社与作为上层组织的国家政权比较密切地联系在一起，铸造了中国人民的强固的家族、国家观念。

当列强并起，清帝国行将落幕的那个时段，两个百年商族走过的道路，仿佛也是那些漳州家族曾经的道路。

（八）

隔断与融合，仿佛是横在海峡两岸的世纪命题。

一种歌谣在两岸传唱了若干个世纪，这就是歌仔。

数个世纪前，歌仔流行于九龙江畔，自由、轻松、诙谐，仿佛是漳州人乐天知命、包容开放的性格。

歌仔随着游子踏上未知的旅程，家乡的故事沉浮在歌仔的影子里。垦拓时代，歌仔是温暖的乡土记忆。

民国初年，歌仔在宜兰成了歌仔戏，歌仔戏风靡了全台。1928年，歌仔戏回到了大陆，一样风靡了漳厦。1949年，两岸隔绝，在彼岸的歌仔戏仍叫歌仔戏，在此岸的歌仔戏成了芗剧。待到四十年后，两岸的艺人终于同台演出，唱芗剧的一样唱歌仔，唱歌仔戏的一样唱芗剧。

歌仔是古歌，歌仔戏（芗剧）是两岸共生的唯一曲种，是家国历史，也许还是对未来的一种隐喻。

翻开漳台社会发展历史，我们不难发现，漳州过台湾，不仅仅是一种经济的延伸与发展，不仅仅是一种文化的播迁和演变，更是背负中原文化基因的漳州人的开拓精神在历史背景下的一次演示。现代性与传统性，一直是闽南群体的显著特征。崇文尚武的传统、凝聚成团的禀性，成为影响深远的族群观念。那些来自闽南地区的农夫后代，血统、地域纠葛极深，熟悉商务、涉足政治，在跌宕的时局中建立自己的话语能力，他们走到哪里，那里就会有他们的故事。

经历过隔绝与融合，我们将如何面对过去，如何看到未来，这是一个涉及中华民族共同命运的话题，讨论这个话题需要自我审视的勇气，也需要具备站在世界潮流上的格局与视野。

过番，他乡与故乡

（一）

> 郎去南番即西洋，
> 娘仔后头烧好香，
> 娘仔烧香下头拜，
> 好风愿送到西洋。
> ……
> 《好风愿送到西洋》

女人在海边吟唱，那些熟悉的港市依次出现在她的歌谣里。良人跟着船越走越远，那些传说中的地方多金但不是家。离家的人会待到来年像候鸟般北归，回不了家的大抵永远回不了家了。

尽管从宋元起，南洋各地已经出现一些漳泉人的聚落，不过，出海的大多数人仍然保持着回家的习惯，习惯"驻番"只是贸易的需要。

不过，十七、十八世纪这种情形倒变得不一样了。

纳入了世界贸易体系的远东地区带来了南洋开发，也带来了掠夺与战争，导致半岛和群岛人口锐减。作为优秀商人和能工巧匠的漳泉人变得十分抢手，荷属东印度和英属海峡殖民地形成一股巨大的人才拉力。

与此同时，月港开市推动人们一路向海。然后，战争、动乱、饥荒，更多的人出海做遗民、做拓荒者。

那是一种链条式的移民，父亲带着儿子、带着族人、乡人，互相携手、前后牵引。一人出洋，在他的身后，往往是数百上千人的队伍，细水长流一般的。一个沿海村落不过数百人口，出海和在外繁衍的子嗣往往比留在家的还要多。

把中国纳入全球网络是远东贸易的关键环节，在欧洲人经营南洋的初期，他们在寻求与中国建立直接贸易受挫时，通常在靠近中国的地方招引华商和移民。商人们为他们带来欧洲市场需要的中国商品，向殖民地提供大部分生活用品和技术，把殖民地产品纳入世界市场，也依靠这样勤快的中间商。

在巴达维亚，闽南人在开埠时已在那儿定居，从事稻米、甘蔗及蔬菜种植。天启元年（1621），一个叫赫伯特的爵士在东印度游历时，描述了万丹的情形："万丹城本地出产除了稻米、胡椒和棉花外，很少有其他产品，很大部分胡椒还是由辛勤的华人运到此地的"。闽南商人每年正月成群结队来到这个港口，把从苏门答腊的占碑、婆罗洲、马六甲等地运来的东西卸下，以万丹为仓库，供应给英荷等国家和当地百姓。

一种漳州铸造的铅钱在万丹市场通用，这种铅钱粗糙、易碎，但是在中国货涌入万丹、银圆被中国商人大量带走的时候，铅钱变得抢手。如果月港商船不来，铅钱价格会暴涨。

中国商人是万丹市场的大买家，1598年，万丹市场3万袋胡椒，其中1.8万袋被中国人买去，荷兰人带走9000袋，印度人带走3000袋。

万丹集市上的明朝商人，商人身穿明朝服饰，作者 Acbert Eckhout(1610－1665)。

荷兰人把建设吧城的希望寄予华人，他们想法子诱使华人离开万丹，迁往吧城。在那里，华人可以得到东印度公司的贷款。1619—1620年，巴达维亚总督科恩4次致函北大年荷兰商馆，要求全力劝诱那里的华人前来吧城，特别是木匠。如果他们不来，公司可以雇佣他们，发给高工资并欢迎他们携带家属，他们的家眷一样可以得到工作维持生活。

万丹王国和荷兰人一直处于敌对状况，巴达维亚当局无异于釜底抽薪，而吧城的建设速度则有点出人意料。中国人几乎承建了所有城堡、运河、房屋，连建设这些建筑物的木料、石灰、石材也由华人提供。

吧城华人多来自闽南，他们往往已经几代不回中华。

十七、十八世纪，荷兰殖民时代，中国人几乎涉及所有的经济领域。1625年，一个居住在吧城叫何（Hehrnius）的传教士这样描述"这儿华人众多，勤劳努力，吧城居民完全依靠他们，否则，吧城就没有市场，没

有房子,也没有什么商业可做"。(de Haan:《老吧城》)

Christophel Frylce,一个在1680—1686年旅居东印度的军医在回忆录里写道:"吧城华人机巧敏慧,是最为精明的商人,除钟表业外,几乎无不有其店铺"(《十七世纪南洋群岛航海记两种》)在那个时代的欧洲人眼里,中国人积极、勤劳、俭朴,他们在吧城经营几乎所有有用的手艺、商业和工业,他们种出最好的蔬菜、开办糖厂。总之,这是一群异乎寻常有用的、不可缺少的人。

"当人们还沉浸在梦乡的时候,这个人就起床了,他半裸着身体站在火炉旁边,虽然夜里凉爽,但他已经满身大汗,他把发辫盘在脑后,薄薄的蓝布裤盖到膝盖,在夜深人静时,他拼命地干活。"在1855年出版的《爪哇》的书里,Ritter这样描写华人铁匠的生活。

荷兰人来到爪哇前,闽南商人已经是这里最重要的中介商,把中国商品推销给爪哇人,荷兰人也发现利用闽南商人的贸易网络可以省去许多麻烦。荷兰东印度公司把持着对欧洲贸易,充当大收购商和大批发商的角色,而闽南商人就是为他服务的中介商或承包商。因为他们长年在这一地区贸易,熟悉风土人情,从海边到内陆都有他们的贸易网络,许多难处理的事,比如殖民地当局与当地百姓的关系,他们做得更好。一些税收干脆也由他们承包。

英国人也看好华人对海峡殖民地的作用。1786年8月11日,当莱特上尉占领槟榔屿时,这地方人口不过数十。地理位置不佳,远离太平洋主航道,不过作为东印度公司与中国长途贸易的中转站,让商船在印度洋信风起时来此停泊,维修船只和补给食物淡水,则再好不过了。英国人的目标是吸引中国人来此,没有人会忽视他们的吃苦耐劳。槟城很快成为漳籍移民聚居区。在槟城,中国人最初从事手工业、零售业和农业。十八世纪末,他们控制了当地的香料种植园,十九世纪初期,甘蔗种植也几乎被中国人垄断。

今天，马来西亚十三州，槟城华人最多，当人们走在闽南韵味的古街上，听到那福建口音，分明是熟悉的漳州闽南话。祖辈从闽南来到槟城的马来西亚华文作家朵拉，在《月港去来》里提到了西海岸的登嘉楼，那个华、巫、印裔生活的地方，漳州人最早来到这里，从1736—1930年，所有的甲义丹都来自闽南。高玉成、高德利、林庆云等来自漳州，在那里，他们被称为老爹，或者头家，就像在漳州称呼有较高社会地位的人那样。在登州唐人坡入口，"双龙戏珠"的雕塑，描述一对互相友爱的青龙，在解救了被妖物骚扰的众仙女后，互相推让王母娘娘赏赐的金珠。"友善、礼让、不贪"，这个充满中国儒家精神的故事，在当年的国际贸易港流传。槟城理科大学陈耀泉博士在《瓜拉登嘉楼唐人坡社会发展史》中提到，那里的华人聚落或许从十七世纪的明代末期就已经形成了，那里是马来西亚最早的华人聚落。这个时段，正是月港贸易的鼎盛时段。

1819年，英国爪哇副总督佛莱士占领马六甲以南的新加坡时，新加坡也不过是个荒凉的渔村，中国移民为它带来生机，到1860年时，新加坡人口8.2万人、华人5万。祖籍漳州的新加坡资政李光耀的外祖和前总统黄金辉的祖辈都在这时候来到新加坡。他们在那里开垦、开植、建设、经营百工，最终使它成为闻名遐迩的国际港市。

（二）

欧洲人对华人社会实行间接统治。他们在华人聚居的地方设置甲必丹制度，委任华人领袖管理华人自己的事务，这种做法方便而且十分有效。

甲必丹制度最初在葡属马六甲实施，"甲必丹"一词来自葡语

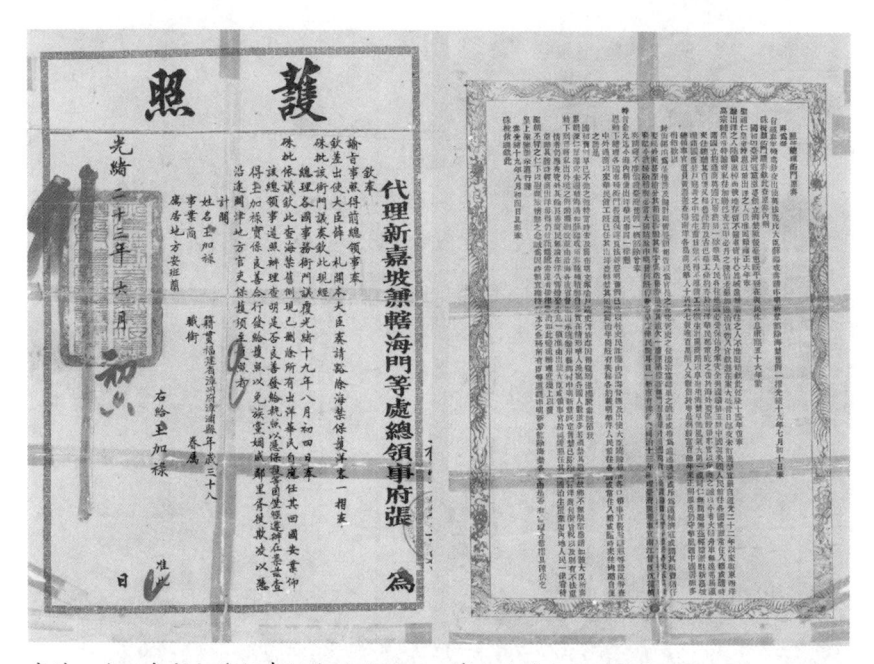

光绪二十三年新加坡领事馆发放的护照，漳人海外生活的留痕。王加禄，福建省漳州府漳浦县人。1892年，荷兰属东印尼殖民政府委任王加禄为"甲必丹"并赠其金字牌匾。（图由王加禄先生后裔黄泳澎提供。）

Kapitein意即首领。1511年，葡萄牙人占领马六甲后，感到直接管理有困难，就在华侨社会中寻找有威望的人做首领，由他代表华人与殖民当局联系。马六甲第一个甲必丹是漳州人郑芳杨（1572—1677），欧洲人称Tinkap，即郑甲，有些人称他"漳州国王"。1647年，荷兰人从葡萄牙人夺取马六甲时，郑芳杨带着一批大明遗民在这里生活，1677年，郑芳杨去世，他的墓碑刻着"文山显考甲必丹明弘郑公之墓"。此时，距隆武朝已亡29年。

甲必丹制度以后被荷印、英属殖民地承袭。1825年，海峡殖民废止，荷属则延续到二十世纪四十年代。郑芳杨，是历史上第一个甲必丹。1942年，望加锡甲必丹——祖籍漳州长泰的汤飞龙在对日作战时被俘遇难，这

马六甲青云亭，首任华人甲必丹郑芳扬。创于1673年，大明遗民的海外精神领地，马来西亚最古老的华人寺庙。

是最后的一批甲必丹。

从1619—1809年，吧城共任命22个甲必丹，全部是闽南人，从1645年海澄人潘明岩算起，共9任漳州人出任吧城甲必丹。

龙溪后生颜二的成功又一次让人们看到了漳人奋斗的影子。1602年，当20岁的颜二来到东爪哇，不过是肩挑小贩，二十年后，成为吧城华人领袖。1661年，做了十几年甲必丹的颜二去世，他的"番婆"颜二奶又接任甲必丹8年，直到1670年离职。在南洋开发史上，女性作为华人代表，这是极罕见的事。

荷属时期，甲必丹的委任仪式十分隆重，良辰吉日，当局出面宣布，甲必丹家立旗杆、挂灯笼，设宴请酒、演戏酬客。吧城的仪式最为盛大，在前往王城就职时，甲必丹乘五岳大轿，架大座，用唐人扛，排列执事三十二对，前呼后拥，开道而行，鼓乐庆艺，旗旌花灯。唐人则沿途排香案迎接，排场很像老家官员的出巡。

作为某种程度上的华人自治组织，1792年，槟城的每一个华人社区都会任命一个头人调解内部争端。

1787年，槟城的第一任甲必丹是海澄人辜礼欢，这个二十三岁就离开老家的人，被称为che-wan，据说是个健谈、敏感而活跃的人，在细节上有欧洲人一样的精确和判断力。辜礼欢有一个著名的曾孙叫辜鸿铭，一个有欧洲血统、接受欧洲教育却执着于中国传统的人。

新加坡在开埠初期成功地实施甲必丹制度，甲必丹由各华侨社会方言、血缘集团共同发起，具有一定程度的司法、警察、行政权限，各方言社群又选出雷珍兰，协助甲必丹的工作。

1825年，海峡殖民地甲必丹制度废止，但殖民地政权无力直接统治华人社会，不得不又另行设立亭长制度。亭，闽南人庙宇的名称，一批与庙宇有关的华人领袖被推为亭长，这是另一种变相的甲必丹制度。十九世纪中期，祖籍漳州的陈笃生、陈金钟父子是新加坡最具影响力的华人亭长，他们也是事实上的甲必丹。

（三）

无论在荷兰东印度，还是海峡殖民地，华人在商业上的地位相当稳固。十七、十八世纪，他们的商业活动涉及几乎所有的方方面面，十八、十九世纪，他们在工业、农业、交通、金融领域独领风骚。二十世纪初，荷属东印度是世界工业原料的重要产地，也是人口庞大的消费市场，华人的商业活动对当时的世纪经济影响深远。祖籍漳泉的华人华侨在批发、土产、贸易、鱼米、布匹、制胶和榨油方面地位根深蒂固,在海峡殖民地,他们是金融领域的支柱,在交通运输、种植表现优异。

在南洋开发史上,有无数漳人成功的案例。从马尼拉渔夫到豪族,这是许寰哥家族的经历。1861年,龙溪鸿渐村的少年许玉寰随哥哥许益南来到马尼拉。1866年,迁往中吕宋,加入天主教。鸿渐许氏成为菲律宾何塞·许寰哥家族,20年间从马尼拉的渔夫到拥有数千亩种植园,经营糖业、米业、建筑业的名门望族。1988年,菲律宾总统克拉松·阿基诺夫人寻访了鸿渐村。在村里,她自称是许家的女儿。

薛佛记(1793-1847),字文卡,祖籍漳郡浦邑,新加坡福建帮开山鼻祖。

祖籍漳州的薛佛记家族、陈笃生家族、蔡士章家族和徐炎泉家族、陈祯禄家族,他们世居马六甲,受过英式教育,拥有广泛的人脉,在槟榔屿与新加坡早期开发中脱颖而出。

薛佛记,1793年生于马六甲,字文舟,像那个时代的许多文人一样,他在自己的名字前加"漳郡浦邑"。漳浦是他的来处,尽管他可能没回到祖先出发的地方。

1819年新加坡开埠时,他从马六甲前往那里。1827年,已经成为当地最大的地主。作为福建帮鼻祖,他保持了许多闽南人的好禀性,对族群的公益事业乐此不疲。1828年,他牵头捐建恒山亭,为不能回家的闽南亡人设冢,恒山亭又是福建帮的总机构,在那里,人们集会、议事、排除纠纷,忘记许多乡愁。

1843年，薛佛记回到马六甲，出任那里的青云亭主，继续服务于族群事业。今天，我们对华人在马六甲的开发史的了解，往往来自青云亭记载。

薛佛记的儿子薛荣樾常年往返于新、厦之间，荣樾的两个儿子，有礼从文，办了《叻报》，宣扬中国传统文化；有福从武，早早做了留美幼童，1884年中法马江海战，作为福建水师二级巡洋舰枪炮长在激战中殉国。第四代薛中华传承家族风范，服务于华社，开启华社风气，传播中华传统文化，曾是新加坡中华总商会会长、福建分馆主席，在1914年发起海峡殖民地孔教会，振兴孔子思想和赞成万国和洽太平成为这个协会的宗旨。

1850年，一个叫陈笃生的华人病逝于新加坡，当时的英文报纸《海峡时报》刊登了这一消息，说"他是最受推崇和最富有的中国商人"。

陈笃生祖籍海澄，二代华人，出生于马六甲，也是在新加坡开埠后到那儿，从乡间小贩做起，二十年间成了新加坡华人商界领袖。他的发迹主要依靠与英国人的合作，财富来自做英联邦和中国的商品中介。

这个贫民出身的商人在成为巨富后想到为孤苦之人建一所平民医院，他上书殖民当局，并且承担建筑费用。1846年，平民医院落成后，成为董事会主席。今天，陈笃生医院与新加坡中央医院齐名。1839年，陈笃生带领华社在直落亚逸兴建天福宫，用以漳泉华侨祭祀，作为族群文化认同的象征，闽南风格的天福宫仿佛让人看到两个世纪以前唐山船云集海湾、福建移民参与全球经济的往事。陈笃生作为新加坡早期华社领袖，殖民当局对他信任有加。1846年，授予太平绅士，这是第一个获得荣誉的亚洲人。他的一生拥有很多头衔，不过，最有价值的一项是"贫民的朋友"。

陈笃生家族第二代陈金钟，新加坡海港奠基人。

陈金钟的威望与他父亲比肩。1860年，他在父亲倡建的天福宫成立福建会馆，担任首任主席。他与暹罗王室私交甚深，是王国的侯爵和驻新加坡总领事。英国人也很尊重他，继父亲之后，他成了太平绅士。对故土也屡有善举，捐资赈灾、支持海防，被认为是个极识时务的华人俊杰。"金钟山"和"金钟路"是对他贡献的褒奖。

第三代陈齐贤，24岁即获太平绅士，盛年早逝。

陈齐贤被称为马来亚"橡胶艺祖"，另一个漳州籍商人、医生、金融家、未来的厦门大学校长林文庆被称为"马来亚橡胶种植之父"。他们在1896年试种橡胶成功并取得巨大利益后带动整个橡胶种植业兴盛。

从1896年试种到1920年，马来亚橡胶种植面积超过220万英亩，马来亚成为橡胶王国，新加坡也成了世界级橡胶市场。有人说如果没有马来亚橡胶助力，欧美的汽车工业不会有这么大的发展。

陈齐贤在1906年加入同盟会，他的儿子陈武烈也是孙中山的积极追随者，他经营贸易、锡矿和农业，网络遍及马来亚等国，与泰王室相交甚笃，福建光复时，他和陈嘉庚通过天福宫筹款50万叨。1932年回国，任上海华侨联合会会长，两年后去世。

（四）

一个被称之为帕拉纳坎（Peranakan）或峇峇娘惹的文化混合体形成于这个时期，这个土生华人族群，在语言、宗教、习俗，乃至文化身份上形成自己的认同感，他们来自中国大陆却已不同于中国人。但是，他们与原乡保持着千丝万缕的联系。

印尼泗水华埠橡胶街，一座建于1876年的韩氏宗祠显示了一个显赫的峇峇家族的兴衰史。1673年生于龙溪天宝路边社的韩松在1700年南渡爪哇，是这个传奇家族的开始，在接下来的300年里，这个人丁兴旺的家族或皈依伊斯兰教融入主流社会，成为爪哇贵族，或坚守文化传统，保留中国姓氏，他们拥有大片土地，开设糖厂，从事贸易，富甲一方。从韩松的小儿子韩尾第一个被任命为甲必丹开始，韩氏家族先后有200多人成为爪哇各地的甲必丹、雷珍兰。

其中最著名的是韩尾的第六子韩极哥，在其事业登峰造极之时，拥有庞越的土地所有权和峇峇杜孟公称号，荷印当局让他拥有的族徽，显示了这个家族鼎盛时期的权势。

当故乡的寺庙和宗祠的香火在异国明明灭灭，他乡也就成了故乡。一代人又一代人下来，人们在生活中仍然保持着故乡的传统，时序、饮食、祭祀、节庆，南洋风情浸润了寻常的日子，等他们有时间回望，生活和祖先出发时不一样了。他们说的福建话（闽南语）在老家人听来总是带着异域风情。不过，在南洋，他们还是福建人，他们说的话仍然被称为福建话。

曾经，故乡是他们瞭望的起点，在他乡，则是他们彼此联系的纽带，也是他们经常需要回望的方向，当他们老去，会让家人寻着一个有阳光的坡地，和故乡的人在一起。他们的坟茔保持着故乡的样子，墓碑记录着埋葬的那个人的一生，青春、野心、暮气、死亡，生活的窘迫，成功的晕眩，激情消失的厌倦，大限将至时的明了。墓碑上总刻着出发的地方，霞漳（漳州）、澄邑（海澄）、龙溪，至于石美、青礁、马坪只是出发地的一个社、一个乡。

在经历了长时间的彼此遥望之后，一种叫"水客"的职业出现了，水客穿越海洋、穿越陆地，把无数散落在各地的游子和家人联系在一起，水客携带的信批是亲人平安的消息，水客携带的银圆是亲人生存下去的希望。如果水客在风浪中失去包裹，他们往往要用生命去履行他们的承诺。接下来批局出现了，许多水客聚集在批局的旗号下，背负行囊出发、返

"天一批局"总部。

回，行囊越来越沉，那是越来越炽热的念想以及越来越庞大的族群征兆。

九龙江出海口流传社，中西合璧的建筑，宽大拱券，精致的雕塑，这就是有百年历史的"天一批局"总部。1869年，17岁的郭有品前往南洋做水客。1880年，创办了"天一批局"，经营吕宋和闽南银信业，逐渐拥有菲律宾、马来亚、印尼、泰国、越南、新加坡23个国外分局和上海、香港、厦门等9个国内分局，批局以流传社为核心，形成巨大的网络，500多名员工奔走在中国东南沿海和东南亚，每年大致1000万银圆通过天一批局流入千家万户。1920年信局汇款4400万银圆，几乎占闽南2/3。1898年到1901年，厦门海关收取邮件近半是天一批局的。从1880年创办到1928年停业，前后48年，天一信局在中国邮政和金融史上占有一席之地，作为世界文化遗产见证了华人在异域的艰辛、成长的喜悦以及与故乡的情感联系。

一百年前的家书，联系彼此的情感与生活。

（五）

有很多事情可以让他们积极为家乡出力，比如水灾、比如旱灾、比如城市建设、战争、教育、宗族事务，他们愿意捐款出力，那是念想，哪怕有些人甚至没有回乡过。再后来，他们中的一些人因为有了经历和眼界，感到必须用一种更为有力的方式改变国家的命运，近代革命者出现了。

中国近现代历史有两个重要的时段，活跃着漳籍华侨的身影，一个是推翻帝制建立共和，一个是抗日战争。

1901年1月10日，香港，一个叫杨衢云的革命志士走到生命的终点，清廷派出刺客袭击了他，那让人热血沸腾的画面，出现在2009年的电影《十月围城》里，在回答"何时才有民主中国"时，他说"我是看不到了，你们还看得到"。那个坦然赴死的人，祖籍海澄，1892年3月他在香港成立了革命团体"辅仁文社"，1895年2月与孙中山在香港成立兴中会，成为首任会长，开始在新加坡、马来亚、锡亚、南亚等地建立组织。1900年1月，策划惠州起义并辞去会长职务，由孙中山接替。这是一个

槟城：漳人初来乍到时。（蔡文原摄）

被历史忽略的英雄，他和孙中山点燃了革命之火，但他没有活着看到封建帝制终结的那一天。

史家唐德刚说："一部中国近代革命史，是应该从杨衢云开始写的。"在杨衢云抛洒热血时，另一个漳籍富商为革命奔走南洋，这就是槟城同盟会会长吴世荣。1912年的上海码头人头攒动，来自南洋各埠同盟会代表回到母国参加期待已久的"中华民国"开国典礼。临时大总统孙中山握住总代表吴世荣的手，说出了那句百年名言："华侨是革命之母"。

吴世荣（1875—1945），祖籍海澄，1910年，同盟会槟城分会会长，槟城是南洋华侨革命中心，黄花岗起义策源地，这个孙中山的追随者为革命党十次起义十次捐款，奔走于南洋各地。1912年4月，南北议和，孙中山辞去临时大总统职务，开始研究实业救国，在上海倡建"中华实业银行",1913年5月,银行开办,孙中山任名誉理事长,吴世荣任协理,不料时局剧变,吴世荣返回槟城,为革命散尽家财的南洋富商晚年困顿,逝后葬身荒地,墓茔仅以两块石头为记。

槟城孙中山纪念馆,门前孙中山、吴世荣、黄金荣塑像,历史的定格。(朵拉摄)

今天,槟城孙中山纪念馆前,孙中山、吴世荣与另一个革命志士黄金荣塑像,三个人登高一呼目视前程,历史永远定格在二十世纪初那段燃情岁月。

在中国华侨史上,两个闽南侨领无法忽略,一个是"华侨的旗帜"陈嘉庚,一个是庄西言。庄西言出生在南靖乡村,和许多闽南人一样,少年出洋,在吧城做店员,经营布匹,成巨富。他的头衔不胜枚举,那是他参与国家、社会、事业的荣耀,出任过吧城中华总商会会长,吧城福建分馆馆长。他的声望在抗战中达到顶点,"九一八事变"他以吧城总商会会长的身份发动抵制日货、购买救国公债。吧城布商每售一码布捐资一银毫。1938年夏天,南洋华侨筹赈祖国难民委员会成立,陈嘉庚是主席,他是副主席,这就是历史上赫赫有名的"南侨总会"。南侨总会成立后捐出3000多万银圆、无数的战争物资,并派出数千机工回国参战,没有哪一种力量可以比民族危亡更能把海外华侨凝聚在一起。1941年4月,南洋闽侨总会成立,陈、庄二人仍是正、副主席。12月,太平洋战争爆发,庄西言在占领军的监狱中一直待到1945年。

这就是走南洋的漳州人。

三个多世纪时间里,当他乡成为故乡,故乡成为遥远而不能抹去的记忆,他们仍然保持着中华文化的许多传统,与祖先出发的地方建立紧密的精神关联,并且让族群文化成为当地历史的一部分。

今天,我们看着那些浮现在岁月风烟中的一拨又一拨"番客",仿佛需要面对一个个平静的故事叙述者,他们的一生像一部部非虚构的文学作品,充满各种真实与奇异的想象,他们的心绪,写在宏大的历史背景,而我们将以何种方式才能抵达他们?

The
biography
of
Zhangzhou

漳州 传

流变精神

第七章

大城漳州

每年，林语堂从坂仔去厦门读书时，都要经过大城漳州。

少年眼中的大城其实并不大，在林语堂时代，她只能算是一个中等城市。但是在福建，她是仅次于省会的大城。

那时，漳州之所以大，大在生活在那里的人有一个宽阔的视野。"五口通商"后，经济地理的变化，使她没能成为真正意义上的大城。但是，数个世纪的时间里，北上、南下、东渡，硬是让自己的足迹丈量出一个东南大城。在海峡对岸、在南中国海、在半岛和群岛，曾经的一个个垦拓时代的文化"飞地"，让我们看到一颗城市大的心。

一条海水铺成的路，一个连接东西洋的出海口，一条贯穿历史的河，造就了一个集合中外风物的城。

在相当漫长的时间里，九龙江边这座城，一直是江南与岭南接合部的大城，江南最南端的最大城市。河海潮汐相接，闽粤赣三省枢纽，承转闽西南、台湾、南洋物流，人文荟萃、社会风尚亦开明。

月港作为中国门户地位消失后，漳州并不需要回归腹地，出海口还是那个出海口，九龙江口海洋贸易区还是那个九龙江口海洋贸易区。月港的淡出和厦门港的崛起是国际海洋局势调整的必然结果。作为区域政治和经济中心，城市临江、近海，与外界频繁互动。

这是一个比较开放的格局。

作为在大航海时代业已形成的外向型手工制造业基地和消费市场，生产力依然强劲，许多人愿意离开家乡在这里落户。也有许多人愿意离开这里到其他城市营生。

一张颇为密集的商业网络，显示出她和外界的联系。漳州商人活跃在全国各地，从炎热的岭南到多雪的东北，西北的甘肃和西南的四川，也有他们的足迹。江南，则是漳州商人的聚集地。

会馆稳定这张商业网络的关系。上海泉漳会馆，由龙溪、海澄、同安三邑于乾隆二十二年（1757）在咸瓜街建立。光绪二十六年（1900）时，登记在册商户50余号，房屋650余间，是沪上最好的会馆。苏州阊门外的南濠街的霞漳会馆（漳州会馆），由漳州商人在康熙三十六年（1697）建立。雍正时有上万福建商人在这里生活。苏货在漳州一直受欢迎。天津的北城根针市街闽粤会馆建于乾隆四年（1739）。有清一代，天津卫一直是漳州商人在北方的重要泊船点。在那时，商船从漳州出发，到台湾，转上海，北上天津卫，再到山东济南，追风回航，已是半年之后。

东北，漳州商人在那里活动，盖平县亦有福建会馆。

广东是我国海上贸易重要区域。湄洲会馆，祀天后，由祖籍漳州的潘振承创立，为漳泉同乡之所。嘉庆时，湛江赤坎漳人云集，出现漳浦港、云霄港的地名。

至于府城本身，浙江、安徽、湖南、广东——当年经济最活跃的省份的商人云集，并分别设立自己的会馆，省内福州、莆田、泉州、永定、安溪、龙岩、惠安诸县亦设会馆，沟通消息，彼此照应。

会馆，定位漳州与中国及东南亚其他商业城市的经济关系，也影响了

漳州古城，凤凰花开时。（吴宏炜摄）

人们的胸襟和视野。

漳州城是从唐代的城市中经过十四个世纪的累积形成的现代城市，风流古韵却又早早拥有现代品质。

她身上的商业特质和多元气度使她很早区别于其他内陆城市，从十七世纪那个所谓"颠覆的时代"开始，这个城市的社会风物已经发生变化，士农工商，传统社会的等级，在这里发生逆转。在世俗社会中，百姓自然而然形成三个层次，上层是商人，下层是雇工、走卒，中层才是自食其力的农夫。士与商则界限模糊。商业经济已经显山露水。在故宫博物院，一份福建官员给乾隆帝的奏折中说，这个与厦门对峙的城市，士绅、富户都是贩洋为生，较别的地方尤其显得殷实，而城市的繁华，胜于省会。商人巨大的财富，通过灵敏而通达的贸易网络汇集到漳州。

漳州城稳定的性格特征在大航海时代业已显现，国家政策是一层因素，地理是一层因素，百姓性格是另一层因素。三种关系，相互作用于时代，便有了最近五个世纪的自我演进，这种演进，始于物质，成于精神，反映于时代的脉动。地理上不是中心，精神领域却一直与时代互动，并且在某种程度上显示她的不同之处。那是自由灵动的思想和传统内核的结合。

商业是这座城市繁荣的基础，历史上的那些战争，比如明郑与清帝国的交锋，比如太平天国运动，几乎摧毁了这座城市。但是，地理位置带来的物流优势很快恢复了她的繁荣，那张粗壮的商业网络对她推波助澜。

商人群体跨越长江、跨越海峡、跨越南中国海，给城市带来持久的生命力，并使她能够早早嗅到社会变革的气息。她不是国家层面的政治、经济、文化中心。她的时代并不总是大气磅礴，却是一股持续不断的潮流。当变革的源起来自域外，城市有了最早的技术与精神层面的现代化实践，有了孙文最早的一批政治伙伴和追随者。

1895年那一场甲午海战，一群失去家园的台湾义民选择到这个城市避难、落籍，或者开始新的事业，比如台湾最后的进士、"公车上书"第一人的汪春源，他的后代最有名的当属学者汪毅夫。比如光绪十六年（1890）进士许南英，他的最出名的儿子叫许地山，这个最初的龙溪师范的青年老师后来成了中国文化界的大人物；比如雾峰林家的林祖密，他成了闽南军的司令和在漳州若干公司的东家。再比如简大狮，那个抗击日本侵略者的淡水义民首领，他把避难的地方选在了简氏祠堂。

一定有什么触动他们的心，让他们在家园沦丧时，把这里当成了家。也许他们的心情会一直徘徊在1895年那个暗淡的年份，不过他们的生活已经被重新塑造成新的模样。

漳州城之所以大，大在不同的历史时期，这城的历史和宏观历史一次次遇合。她亲历过鸦片战争、洋务运动以及末代王朝的沉沦。

二十世纪二十年代是一个冲突动荡与发展并存的年代。失序、秩序重建，一场世界性危机，经济萧条，金融危机、一战爆发、十月革命、巴黎和会，动荡波及亚洲。在中国，中国现代化百年探索进入关键时期，国共两党竞争成为历史叙事主线。两种不同的社会改造道路的抉择决定中国的未来。

闽南地方社会力量两个重要支撑：会馆和侨社，侨社与闽南社会联系密切，如同闽南地方社会的延伸。社会风尚开明，对新事物亦少芥蒂。参加和资助革命，一直是闽南社会的传统。

发生在1918年的"闽南护法"运动是这个城市区域影响力与时势碰撞的一种显现。

"护法运动"是孙中山联合西南和广东军阀向北洋政府发起的一次挑战，战火骤起旋灭，却在闽南结下果子。一支孙中山缔造的军队——援闽粤军在陈炯明的率领下，连夺27个闽西南城，建立"闽南护法区"，漳州成为首府。闽南护法成为孙中山事业的转折点，国民党人开始拥有一支自己掌握的军队和第一块地盘，依托闽南护法区，北挡北洋政府，南拒桂系军阀，孙中山赢得了极为有利的战略空间。漳州一时成为南方革命中心和国民党大本营，集聚各路精英，汪精卫、胡汉民、吴稚晖、廖仲恺、戴季陶、朱执信往返漳州。援闽粤军几乎网罗了国民党早期的军事人才，最终从5000人发展到2万人规模，甚至拥有了航空学校和飞行队。待他们回广东，广东成为中国革命的中心。后来的黄埔军校，诞生于这支军队。蒋介石一度来到漳州充任二支队参谋长，相对于那些元老级的将领，这个少壮军人看起来地位并不显赫，但是几年后却一跃成为国民党利益集团的首领、整个中国最有权势的人。

地缘因素使漳州成为政治军事的热点地区，几个世纪积攒下来的财富和社会资源，让她为各种政治力量追逐新目标，地域不大，却是撬动乾坤的杠杆。她的物质创造力使她一次次挺过冲击。民国初年，这里又一次成为南北政府统治的交叉地带。政治上，福建被北洋政府皖系控制，但是，作为联系广泛的传统侨区，却涌动着另一股强大的力量，多种势力在这一带角逐，军事态势极为复杂，政治诡谲多变，最终，以闽粤革命力量的整合使她为南方革命带来一股清气。此前，大元帅府副官张贞、参军林祖密……一批闽南军官奉孙中山命回闽，他们用巨大的人脉和财力，为护法运动助力。

1918年冬季，人们开始谈论"漳州新政"，按照孙中山三民主义理想和建国方略，"建设新社会，推行新文化"。

城市的建设工程迅速展开。一个叫周醒南的广东大埔人出任护法区工务局长，成为漳州近代城市的规划者。

公园，为"世界文化稍引"，象征博爱、自由、平等、互助。旧的知府衙门被修成漳州历史上第一座市民公园，这是中国第一座以孙中山命名的公园。

城墙被拆除，城石成了防洪堤材料和新街道的路石。

五十三条街道被拓宽取直，沿街商铺整饬一新，南洋风成为建筑立面的动人细节。

福建省第一条公路——漳福公路开始修建，福建的第一条汽车运输线着手开辟，城南门外南校机场也建起来了。

这是时势创造的奇迹，在中国大地烽烟四起时，九龙江畔，一座现代城市的雏形出现了。

一切看起来都是新的。

1919年9月，粤军护法一周年纪念，"中山公园"举行美术展览。

10月，闽西南学生运动会在城南展开，这是漳州历史上第一次大规模的体育大会。

12月1日，《闽星》试刊。

1920年元旦，《闽星》半月刊正式出版，这是漳州历史上第一份铅印报刊。这是福建省最早的传播马克思主义学说的报刊，与陈独秀主编的《新青年》和李大钊主编的《每周评论》，出现于新文化运动中，并称中国三大进步刊物。孙中山、朱执信、廖仲恺都是《闽星》的作者。

平民教育得到大力推广。一年多时间，一百多所新式小学校创办出来，各种夜校也相继出现。1919年9月起，前后两批学子启程赴法，这是漳州历史上仅有的一次大批选派学生出国留学。

学生会、教务会、卫生会、医学会、通俗教育会等社会组织相继成立。随后到来的五四运动，让漳州又一次走在时代前沿。

闽南护法区的成立是孙中山革命事业的转折点，也是闽南地方社会力量参与现代化和革命进程的一项实践，又是漳州走进现代城市的一次自我超越。闽南护法区在孙中山革命事业最困难的时期，以一次成功的侧卫，使她获得"南方革命中心"的美誉。

闽南护法区的两个漳州将领，从台湾归来的林祖密在失去闽南军指挥权后不久，被军阀谋害，财富使他成为目标。诏安人张贞成为驻军49师首领。1949年随国民党军队溃败到台湾并在那里终老。

闽南护法时期形成的城市风格，则保持至今，成为漳州人文精神的一种投射。

1932年，漳州又一次成为交锋的热点。这一次，是共产党与国民党的一次角力，在中国现代化的百年探索中，这两个政党的博弈将决定中国历史未来的发展走向。

那时，党内斗争错综复杂、军事态势也不乐观，所有人都期待打一次大胜仗来提振士气。毛泽东提出"政治上必须直下漳泉，方能调动敌人，求得战争，展开时局"。

有足够的理由让毛泽东把目光投向漳州。这个大航海时代兴起的城市，通过九龙江口与世界经济接轨，依靠连绵群山和闽西赣南腹地相连，挟数百年商业积淀，地方富裕，思想活跃。

事实上，漳州命运一直与中国革命一起脉动。她不仅是最早传播马克思主义的地区，1927年大革命失败时，漳州就是福建省临时省委诞生地。一条红色秘密通道，把上海中央和苏区联系在一起。源源不断地把人流、物流输往目的地。

在外线创造一个战场，让红军挣脱封锁，这是破局。

1932年4月，中央红军由红一、五军团组成1.5万人的东路军在毛泽东率领下直取漳州，他的对手是闽南护法时期的将领张贞，现在，他被称作"闽南王"，拥有近万人的兵力。在漳州屏障天宝大山，两军激烈交锋后，红军进入漳州平原，溃军仓促逃跑时留下的大批物资，包括2300支步枪，130万发子弹，近5000发炮弹以及一批重武器，足可以重新装备这两个军团。一架英制阿弗罗616飞鸟式教练机入编红军，成了人民军队历史上第一架飞机。每个战士甚至分到了两双胶鞋和一套军装，这是红军建军以来第一次整齐的置装。

漳州地方社会力量对红军的快速有效支持使东征行动画上完美的记号。一个月时间，900多人参加中央红军。100万大洋和无数物资被带往苏区，物资搬运过程中动用了上万的民工。在苏区，来自漳州的"金山银山"展览成为苏维埃信用的一次展示。

红军进入工商城市漳州，是红色金融史的一个重要事件。一个漳州城钱庄职员的加入为东征行动锦上添花，高捷成——一个厦门大学的肄业生，在帮助商会筹集了100万的捐款后，加入共产党，跟着红军来到苏区，在那里他帮助毛泽覃建立苏维埃银行，红军第一次拥有自己的会计制度。1939年，他成为冀南银行行长。这个银行，是中国人民银行的前身，高捷成被称为红色金融事业的奠基者。

中国第一座中山公园，建于护法运动时期，从府衙到市民公园，一个城市的现代转型，留痕。（李海光摄）

中央红军干部和闽南地方武装整合而成的红三团，活跃在闽粤边界，成为毛泽东军事布局中，安插在对手背后的一颗战略棋子，策应中央苏区。

中央红军突然出现在沿海城市打乱了国民党军事布局，经济上为苏区解困，政治上为红军破局。厦门港一时各国军舰云集，关注事态发展，消息也随之扩散海外。而在此前一年的"九一八事变"和3个月前的"淞沪会战"，酝酿着强烈的民族情绪。在漳州，红军第一次把对日作战和推翻国民党统治结合起来，犹如政治宣言，这是红军对外释放的强烈信号，将影响未来时局。

漳州战役群星汇集，23年后，近百名当年的亲历者成了共和国的开国将帅。

1932年4月20日，当39岁的中华苏维埃共和国临时中央政府主席毛泽东戴着白的头盔、骑着白马进入漳州城，漳州红色往事，仿佛从此定格在那段燃情岁月。

漳州作为闽南著名侨乡和工商业城市与中国革命的两次遇合，一次是由孙中山策划，一次是由毛泽东指挥。前者让孙中山的事业绝处逢生，后者奠定了毛泽东在红军中的影响。在他们走向巅峰之前，一座富裕、繁荣、信息通畅的中等城市看起来是最好的竞技场。

中国近现代史是一部一个国家在内忧外患中寻求现代转型与社会发展的历史。百年沧桑、波澜起伏，这是一部漳州没有错过的历史。

多年以后,看漳州

多年以后,看漳州,我们看到一个叫林语堂的人。

二十世纪初年,他第一次离开漳州,没有几个人知道他,除了父母、兄弟,数十年后,美国人从他看到中国,漳州人从他看到自己。现在,人们用一座一千多亩的公园纪念他。

林语堂身上呈现出来的多元文化背景被认为是漳州人文精神的折射,这片山海相连的区域,数个世纪的开放培育出来的自然与通达,传统与现代的平等对望,让人相信,来自地球不同角落的人,可以以一种更为智慧的方式相处,并不一定通过战争与掠夺,或者其他粗暴的手段。

漳州历史上一直处于多种文化的辐射之下。地理上处在江南与岭南的交叉点、也曾站在中西文化的十字路口,在几股能量的牵制下,形成自己的精神气质,这种精神气质既不同于同在闽南文化圈的厦门,也区别于泉州,尽管在同城化的趋势下,他们可能将越走越近。山海之间一个层面上是地理概念,另一个层面上是精神内涵,从碧波荡漾的东海或南海跨入青翠的山间,并不需要长途跋涉,咸涩的海风与清新的山气交汇,形成一个富庶与开放之境。人则崇文而尚武,好争喜胜,村社、家族,谁强谁弱,听书声看武艺，则清晰可辨。言语承中州古音，急促却优雅。至于城乡林林总总歌社，则呈现另一种浪漫情怀。

及至近代，人们的生活日见精致，这种精致体现在城市建筑、存活于日常，并不一定是器物的精雕细刻，并不一定是饰物的花团锦簇，而是一种细水长流般的绵绵不绝的优雅、一种耐得住仔细推敲的坚持、一种明亮流动的生活意境。时光，是用来慢炖的；心情，是用来雕刻的。这是和、是乐、是情景、是心境，是开放心灵的方式，是风波甫定之后轻啜一口茶。

生活在这里的人是农耕者的后裔，时序转回，坦然处之；他们又是海洋迁徙者的后裔，随遇而安，亦是禀性。

几千年叠加，人们培育出处世智慧，与人、与社会、与自然、与传统和谐相处，为贾为商、尊崇儒业、讲求规则，即使身在异域，亦是如此。在他们早早接触西洋文明的时候、在他们走进现代社会的时候，亦是如此。

这个地方，血统与文化亦多元。人的体格、性情、习惯大抵异于江南，也异于岭南，有山地族群的特征，也有海洋族群的禀性，却又相当强固地保持了北方族群的精神纽带，这是公元七世纪河洛郎强势进入时留下的刻痕。待到西风东渐时，人的心胸自然开启，无须面对农耕民族的艰难与惶惑，并有足够的心智去消解它们，比如林语堂。一千余年的同化、融合，人们对外来文化保持一种柔和、接纳的心态，滨海海洋社会，十六世纪已俗如化外，自然如此。内陆县份土楼人家，亦如此。坂仔教堂的钟声在花山溪边上流淌时，林致诚牧师依然把朱子的语录做成对联挂在堂上。华安二宜楼离海口不过近百千米，裸身的西洋仕女仍然作为家族聚居地的点缀。

漳州本质上就是一座移民城市。公元七世纪，中原移民缔造了她；十二世纪，人们把她建成海滨邹鲁；十五世纪，越来越多的人跨海而去。

盛唐的光辉、两宋的温润、大航海时代的风帆交织成漳州的历史镜像。一路向海是地理使然，是自然生存条件使然，也是人们精神意志使然，吐故纳新是移民社会流动过程中必须发生的事情。

人们通常把北方河洛地区作为精神上的故乡，不时对她回望。在出发以后的一千多年时光里，他们经历的地方，都是原乡，都是异乡。所谓的故乡，不过是人们走向下一站的起点，这就意味着，他们所经历的那些地点，他们是外来者，也是主人。他们是被接纳者，也是接纳者。空间和时间发生挪动时，他们的身份跟着发生变化。也许正是移民社会心态，让他们的心智愿意处于开放的状态，而精神上保持一种"四海之内皆兄弟也"的友爱。

置于一个阔大的时空，一个具象的漳州人浮现了，人们以地缘、血缘、语言为纽带构架彼此的关系，这是移民族群在迁徙过程中以集团合力共同面对自然与社会风险的遗痕。当他们从干燥的中原来到烟瘴之地，把它变成温暖的家园。当他们从家园出发，往人烟杳然却沃野千里的东番（台湾），或者充满机遇却疫病横行的南洋，彼此依托，心心念念。

来自中原的文化基因一旦和在地融合，形成精神养分，便成了族群坚固的黏合剂。他们依靠这种精神关联建立起庞大的社会关系网络，并把它们应用于精神与物质力量的相互转化过程。在闽南文化圈，漳州保持一种有趣的古意，这种古意体现在味蕾的享受、心情的拿捏、诸般日常乃至对国事的关注。

开放、接纳、友爱，这是心智成熟的一种表现，完全是移徙过程的养成。人们知道保持个体的价值，这是族群存活的根基。他们崇尚自然，这与自然的慷慨有关，也是整个社会"古风"使然。那种生活态度则是充满智性的流露，愿意享受每一刻时光，如林语堂，又如林语堂赞美有加的苏东坡，人亦亦庄亦谐，生性自然而心智健全。

漳州天宝五里沙林语堂文化园，漳州城市名片。（吴飞龙摄）

人们心性自由，有不受拘束的天性，如写意的克拉克瓷、如浪漫的歌仔、如风行水上的商船。生活则闲适从容，这是对自然因素的适应和上千年艰苦开拓的酬劳。

人们亦曾崇文尚武、争强好胜，及至现代，渐渐平和。大都乐天、知命，即使在国家失政、环境凄凉时，仍然有一种坦然面对的不动声色，因为他们祖祖辈辈都是这样面对的。他们极为勤奋，如果做一个农夫，就努力做一个好农夫，躬耕陇亩、心无旁骛；如果做一个商人，也应该做一个好商人，始于卑微，终于成器；如果做一个文人，也期望做一个像林语堂一样的文人，生于山间，生于中国最晦暗的时刻，却用二十世纪的智慧，用一生的时间观看、书写中国人的智慧、西方人的智慧，以及生活的艺术。著作等身，乐此不疲。

他们的智慧体现在生活中，也体现在社会的变革进程里。他们坚持古

漳州商业街区，五胶居街廊。南洋风，一种城市传统的投影。（吴瑜琨摄）

老的传统，又热衷于时代变革，在两者之间自由行走，有时是儒雅的家族长者，有时是热血的革命家，祖先开创伟大基业，功勋彪炳，传到了年青一代亦不至于销声匿迹。

他们习惯于舶来品的优美与荣华，但总是心神出窍眷恋东方，英文报纸、英式茶点、罗素的哲学、舒伯特的谐曲，都能听出一点东方趣味，就像那个先贤林语堂，所有的闲适与优雅，往往来自中式的长袍、西式的皮鞋、绕着烟的烟斗和温暖可口的茶。

事实上，他们对舶来物的接受全然保持拿来主义，是个好脾胃的学生，带着饕餮之徒的喜感。他们喜欢通过海外经营获得财富，也喜欢用财富装饰他们的家宅、他们的城市，这使人们至今仍看到那南洋风的城，那中西合璧的番仔楼。

他们仰望中原，因为这是来处；他们一路向海，这是他们的去处。

他们的昨日已不同于他们的今日，原乡的他们不同于异乡的他们，他们走向未来时，未来将预示着更多的不同。

漳州城是漳州一千四百年物质和精神成果的呈现。这座十六世纪快速崛起的商业城市和以后的时光从不脱节。富庶、繁荣，曾经聚合了多种多样的资源，包括资金、人力、物力、市场，并且产生了一群引以为傲的商人和数目可观的士大夫。在这里，你可以看到西洋风物逐渐浸染的痕迹，庶民的娱乐，教堂的钟声，绣工织女的红颜白发，挟风的小巷，走着明朝的时间，而战马的蹄声也曾骤雨般淹没了这里。数个世纪以来，人们从这里出发，去开拓事业。回家则享受和乐。俯仰之间，皆是人生。

竹篙厝和五骸居式街廊建构一座商业城市和她的精神空间。竹篙厝以并不宽畅的门面和竹篙般悠长的纵深诠释一种低调的财富营造与储存理念。"五骸居"则以悠长的街廊延展人与人、人与商业社会的关系。"五骸居"据说来自英伦的麦加顿式建筑，一种混搭的南洋风格的连片骑楼。建筑互相连接倚靠，商居混合而功能清楚，街廊则彼此通畅形成社交空间，仿佛是商业城市社会关系的写照，不经意泄露出一种旧时代的气息，那是现代城市生活的一部分。

红砖是穿越岁月的绮丽色彩，当飞扬的燕尾脊轻快地划过晴朗的天空，我们看到一座城市隐藏不住的跃跃欲试的灵魂。

今天，漳州城是许多人的乡愁。

不要轻易忽略这座城，在她最好的时代，曾经富裕、荣光，充满财富的气息和无法遏制的欲望。今天，漳州城似乎已经幸运地躲过了城市化的套路。古城商业区畔的漳州河，粼粼波光仿佛让人看到昔日千帆竞发的往事。城市保持着大航海时代的格局，风隐约着那些远去的故事，顺着时光我们可以看到欧洲人 500 年前初来乍到的表情，那表情刻在长寿的石牌坊上。距上一次城市的大规模改造，时间已经过了将近一个世纪，那些宋代

平和坂仔，一方水土。（林何新摄）

的城壕、明清的街巷以及民国的商业风情宛在，那是历史留在漳州的人文脉络，贯穿古今，不曾间断。

这个性情变得温醇的城，不会因为时间的变化而忘却从前，等到需要面对当下，雀跃的心情，或者已如烟。不过，海风荡涤过的胸膛，依然清朗，往事则沉淀成不易察觉的日常。

如果换一个时空，谁会是城市的名片，强悍的海商？或者所向无前的拓荒者？但如今，人们往往选择林语堂。古城，经历了一个又一个时代，已经成为挥不去的乡愁。现在，空间留给传统，并且让人更直接地面对自然。

在最新的城市发展规划中，漳州大都市区的概念出世，我们听到山风的轻吟和大海的涛声。那是梳理漳州千年地理、人文、产业脉络形成的结果，曾经千帆竞发的母亲河九龙江仍然是未来大都市区的主轴。中心城

拥江抵海，眺望城市未来。（吴奕生摄）

区，规划面积上百平方千米的西溪郊野公园萦绕着千年历史文化名城和曾经著名的工商业之城。九龙江出海口，那些曾经俗如化外的滨海地区成为大都市区中最活跃的经济地带，融入厦门湾，推动城市由滨江时代向滨海时代转变。当漳州的未来显现"拥江达海"的格局，那是彰显丝路荣光？还是心灵的抵达？

漳州就是这样的一个城市，军人缔造了她，圣哲开启了她，大航海时代激发了她，最后，她成了今天我们所能看到的模样。

The biography of Zhangzhou

漳州 传

迎接新丝路的荣光

第八章

迎接新丝路的荣光

与时代同行，在挟着朔风的脚步声中苏醒，在大航海时代的风帆中奋进，漳州的历史，是一部贯穿着移民与贸易的历史，也是一部中原文化与海洋文明交相辉映的历史。数次文明碰撞所留下的悸动是她最具魅力的生命底色，全球化时代的雄心是她最珍贵的历史遗存。读这座城市，只有让灵魂升起天宇，俯瞰充满皱褶的大地、盘旋期间的江河，以及一望无垠的海水，才能了解她的前世、今生、来日，才能在流转的时空里握住那一条粗壮的历史脉络。

进入新世纪，世界在我们面前改变。气候变化、人口剧增、资源短缺、经济转型、格局调整……人们开始认真关注共同的价值观和与之相关的人类共同命运。是时候把目光重新投射在丝绸之路上了。

2013年9月，哈萨克斯坦阿斯塔纳——曾经丝绸之路上的重要城市，中国国家主席习近平在那里提出了构建丝绸之路经济带的倡议。2013年10月，在印度尼西亚雅加达——曾经的海上丝绸之路的节点港市，中国国家主席习近平在那里提出了构建21世纪海上丝绸之路战略构想，提出强调相关各国打造互利共赢的"利益共同体"和共同发展的命运共同体，为古代海上丝绸之路赋予了时代内涵，为泛亚区域合作注入了新的活力。经济联系、道路联通、贸易互通、货币流通，一个承载悠久历史、潜力巨大的海上经济大通道显山露水。

21世纪海上丝绸之路核心区、开放型经济新体制综合试验区，这是历史赋予的使命，也是时代最具挑战性的命题。作为海上丝绸之路的重要起点和发祥地，福建是连接台湾海峡东西岸的重要通道，和太平洋西海岸航线南北通衢。以东南亚为支点，打造21世纪海上丝绸之路互通互联枢纽、经贸合作前沿平台和人文交流重要纽带，福建拥有得天独厚的区位优势和人文资源。

丝路的荣光，不仅仅属于古典的全球化时代；城市的远景，描绘新一轮的追索。

我们看到一张快速伸展的交通网络，古丝路、新丝路在岁月沧海间反复叠加，拓展海上交通，加快集约化、专业化、规模化港口群建设。招银港区、后石港区、古雷港区、东山港区……那些大航海时代已经头角峥嵘的传奇海港蓄势而发，正在与21世纪海上丝绸之路沿线国家和地区及港航合作，构建一张高效畅通的海上网络；拓展陆路交通，长三角、珠三角——若干年前闽南商人北进南下的目的地正在被现代交通连成一体，闽粤经济合作区将重现丝路荣光吗？正在日趋完善的联运通道——港口、高铁、高速公路、沿海大通道、沿江大通道、同城大道、城际快速通道，不同的交通模式，编织出综合交通体系，将托举出城市明天的希望吗？

我们看到快速发展的区域合作；载体建设、产业融合、互联互通、经贸合作、人文交流……传统领域和新兴市场交集，区域协作与两岸合作叠加，在闽南商人曾经扬帆奋进的大三角海域，在更为辽阔的区域空间——东盟、中东、非洲、南美，我们在区域的经济互动中看到城市正在复苏的梦想。

回望过往，过往如月之恒；展望来日，来日如日之升。

迎接新丝路的荣光，一路向海，继续书写一部新的漳州史。

重续光荣与梦想

2014年9月17日,斯里兰卡招商局科伦坡港码头,漳州开发区从无到有、由小变强的经历,成为正在这里视察的两国领导人的话题。

斯里兰卡,古称锡兰,印度洋上的一颗明珠,与中国有着悠久的贸易历史,明代漳州就有航向锡兰的航线。作为21世纪海上丝绸之路的节点港市,由中斯合作开发的科伦坡港隐约着深圳蛇口和漳州开发区"前港——中区——后城"的商业模式。

作为福建省对外开放窗口和漳州市"依港立市"的桥头堡,漳州开发区在厦门湾南岸的诞生、成长和转型升级,几乎和中国改革开放的脚步一起律动。

在历史的话语里,开发区的地位举足轻重。作为改革开放的探路者,她是突破思想禁锢的象征性符号,以政策优势,成为地方经济乃至国家经济稳定增长的压舱石。

1984年4月,根据从厦门特区视察回京的邓小平提议,国务院确定在沿海14个港口城市建立经济技术开发区作为中国对外经济技术合作的"窗口"。8年后,邓公南下,漳州开发区也是在这一年成立。

南炮台，捱厦门湾。有"天南镇钥"之称，亲历鸦片战争、洋务运动和末代王朝的沉沦。（罗锦光摄）

位于九龙江出海口的漳州开发区，地处上海、台湾、香港三大经济区中间地带，北承长三角，南接珠三角，东临台湾岛，与东南亚有着传统的贸易往来，是福建省建设海峡西岸经济区的重要组成部分，也是漳州港口经济的龙头。

在大航海时代，九龙江口海湾地区也就是现在的厦门湾，一直是繁盛的海洋贸易区域。自明隆庆元年（1567），大明王朝在月港开放洋市，以唯一国家允许民间商人出海贸易口岸的地位，一跃成为中国东南沿海贸易中心和世界级贸易枢纽，直接参与全球经济。商船从这里驶入台湾海峡，北上、南下，逐鹿海洋世界。在漫长的岁月里，这片区域涉身全球格局调整，亲历鸦片战争、洋务运动和抗日战争，伴随着两个封建王朝的崛起和沉沦，见证了中国现代化进程的百年探索。这是一片预知国运盛衰的传奇之地，她与招商局携手，发生在二十世纪最后几年。

成立于1873年的招商局，是大清王朝国运衰微时，一群有识之士奋发图强的产物，繁华的上海外滩，是它总部所在。作为洋务运动仅存的硕果，招商局在中国近代史上举足轻重。中国第一家保险公司、第一家电报局、第一条铁路……均出自其手。改革开放，招商局又站在时代前沿，开发中国第一片对外开放的工业区——蛇口工业区，创立了中国第一家商业股份制银行——招商银行，成立中国第一家商业股份制保险公司——平安保险公司。现在，招银集团是中国第26大国有企业，业务涉及航运、金融、房地产，是业界翘楚。

这个民族工业的先驱，生于洋务运动，在时代的浪潮中，又创造过许多中国奇迹。

此时，漳州吸引了招商局的目光。

九龙江出海口曾经是大航海时代的骄子。但她的南岸，早经寥落。一个叫打石坑的小渔村，像一颗失落在岁月里的明珠，闭塞，贫穷，荒山野岭，乱石耸立，村民讨海为生，那乒乒乓乓的打石声，仿佛是不堪日子的回响。

但这里依山傍海，风帆过往，连接海峡，可以绽放梦想。

命运由此垂青这片土地。

1992年6月18日，招商局集团、中国建设投资公司、福建省人民政府、漳州市人民政府、龙海市人民政府在漳州宾馆签订《招商局中银漳州开发区成立协议》，将以"蛇口"模式，在漳州再建一个开发区。

时代雄心，基于对这片区域价值的肯定。

用于规划的57.16平方千米土地，海岸线28千米，8米以下深水港12处，可规划建设万吨以上泊位33个。深水近岸，背靠粤东、闽南、赣南腹地，前景十分诱人。

与对岸的关系是重要的考量，那时，两岸关系正在和缓，离家的人正在回家，空气中绽放着温暖气息，在海峡西岸祖家地，建一个港，着眼于"三通"，开展经贸往来，像是水到渠成的一件事。就这一点来说，漳州开发区一开始就肩负历史使命，承载家国情怀。

同年，漳州开发区由福建省政府和交通部批准成立。

1992年12月28日，新年来临之际，漳州开发区在开山破土的爆破声中拉开序幕。5个自然村被整体拆迁，13座大山被削平，随着第一块垒石投入厦门湾，一个传承历史、前瞻未来的出海大港进入她的时代进行时。

二十年后，昔日的小渔村实现了她成为现代国际港市的华丽转身。国家一类口岸、对台货物直航港，及对金门、澎湖客货试点区，三张招牌显示她在全球化时代的含金量。

这个在2010年升级的国家经济技术开发区，累计投资37亿元，建成16个码头泊位。其中，3.5万吨级以上泊位10个，15万吨级的集装箱泊位2个，是福建省最大的集装箱泊位。这个福建最大的散杂货公共码头，年吞吐能力达4000万吨以上。20条航线连接美国、日本、韩国、新西兰及中国的香港、台湾、上海、深圳、大连，让人想起《东西洋考》里描绘的风帆，想起《雪尔登地图》里的波浪。

从无到有，由小变强，那个荒芜的小渔村是一个值得纪念的起点，对于后来那个偌大的港市，她记载了创业的艰辛和探索的曲折。南炮台，那座在鸦片战争中出世，亲历过大清王朝军事近代化的堡垒，仿佛又一次见证了漳州港的沧桑巨变。

目前漳州港已经成为中国东南沿海最大的粮食和进口木材集散地。招商局（漳州）厦门湾国际粮食物流园，承担北粮南运重要物流基地任务，粮食吞吐量500万吨以上。年均进口木材160万立方米以上，跻身中国十强进口木材港口，钢材平均吞吐量 80 万吨以上。

漳州口岸自 2002 年对外开放以来，到 2016 年港口吞吐量增长 15 倍，集装箱吞吐量增长 51 倍，堆放面积增长 10 倍。多彩的集装箱，如积木般堆积在港区，绵延一千米，那是一座风华正茂的港对海洋世界的想象。

2018 年 11 月 29 日傍晚，巴拿马"乐胜"货轮乘最高水位驶进港区 7 号泊位，对漳州港来说，这艘货轮不过是无数进港货轮中的一艘，但是，随着它的到来，又一次刷新了船舶停泊的记录。"乐胜"货轮长 240 米，宽 43 米，吃水 14.34 米，载重 10 万吨，从澳大利亚出发，在海上航行 11 天后进港，这是开港以来船体吨位最大的船舶。

开发区的深水泊位建设正在进行，港口建设投资总额 100 亿元，港区建成后，最大可停泊 20 万吨以上大型船舶，年吞吐量可达 1 亿吨以上。她的目标，是成为大型散杂货运中转基地和国家级能源物流储运基地。

如果说九龙江口海洋贸易区曾经带领明代中国走出去；那么现在，漳州港便是中国联系世界的一座桥梁。

大港口、大通道、大物流、大项目，漳州港的崛起为漳州成为 21 世纪海上丝绸之路先行区注入活力。作为开发区的排头兵，漳州开发区是外商投资最集中的区域和漳州市经济发展的重要增长极，近 900 个项目，50 余亿美元投资，支撑起交通机械制造、金属制品加工、粮油食品加工三大临港工业产业群。交通机械制造业，有世界海上巨头豪氏威马和诺尔；金属制品加工，有凯西和中集。这些业界翘楚，将漳州港打造成福建最大的板材加工基地和门类最齐全的交通设备制造基地。世界 500 强、全球四大粮商的法国路易达孚、美国嘉吉饲料，加上中纺粮油、中储粮、伟成油脂，形成粮油食品加工业。以蛇口网易为模式的高新产业园也在建设。

2011 年 2 月，豪氏威马研制的全球最大的重型杆式起重机从漳州港运出。

2012年7月,世界最大的起重能力达2400吨的码头移动式岸吊"擎天吊"移至港区10号泊位。

2012年11月,历时三年,备受关注的引水工程竣工投入使用,工程西起北溪——大航海时代主航道,东至开发区,总长24千米,供水10万立方米/日。

2013年5月,漳州湾跨海大桥全线通车,大桥横跨厦漳两地,习惯上,人们称她"厦漳大桥"。这座双塔双索五跨连续半漂浮斜拉桥,总长12千米,主跨780米,可满足3万吨级巨轮通航。在同类桥梁中,主跨居全国第六、世界第九。227米主塔高耸入云,那是厦门湾最醒目的标志。厦漳大桥是福建省实施海西建设重要项目,也是海西经济区高速路网的节点,总投资51亿元,长虹卧波,一桥飞架,厦门湾沿岸距离迅速拉近,厦门岛、海沧、台商投资区、漳州开发区联成一体,这是厦漳同城化迈出的重要一步。若干世纪前的中葡贸易区海门岛,成了游客和美食家的天堂。

厦漳泉同城化,构建厦漳泉大都市区,这是福建省的重要战略布局,一个时代命题。共同拓展空间,聚集区域竞争力,正在推动九龙江出海口地区成为这个拥有1200万人口的未来大都市区的价值高地。

填一片海,造一个岛,织一个梦,编一种生活方式。

进入21世纪,开发区启动沿海岸线围海造地计划,磐浅滩,一个名不见经传的小海湾成为最理想的选择。

2005年,动议填海时,新加坡城市规划专家刘太格提出一个有前瞻性的意见,造一个圆形岛,离岸,让海洋生态环境更加和谐。此时,距"世界第八大奇迹"迪拜棕榈岛兴建时间不过4年。2010年,中国漫长的海岸线上,第一座离岸式人工岛——双鱼岛横空出世,双鱼岛总投资35亿元,面积2.2平方千米,与世界文化遗产,有万国建筑博览会、钢琴岛之称的鼓浪屿体量相当。定位:国际高端休闲度假区。特色酒店、无边际沙滩、商娱中心、游艇母港、主题乐园、海景别墅、高档住宅……双鱼岛的投建，预示开发区已经进入产城一体化的格局，由临港工业开发向城市综合开发转型升级。双鱼岛最终完成时间是2024年，海上丝绸之路远东段，有一个岛，可以与迪拜对望。

空中俯瞰厦门湾的蓝天碧水，漳州港的左右两侧有两个岛屿相互呼应：鼓浪屿承载历史，双鱼岛前瞻未来。双鱼翔于海湾，那是奋斗襟怀的呈现；双鱼围成阴阳合和的太极图，那是中华传统的智慧在现代时空的彰显。

双鱼岛似乎已成为历史与未来的承接点。驻足东岛，北望，是鼓浪屿和胡里山炮台；东眺，是金门、大担、二担、三担；南方，是大航海时代风帆过往的地标南太武山。时光流转，大海宁静，温暖的日光令世界祥和。

在"一路一带"海外战略节点布局上，"前港——中区——后城"的蛇口和漳州开发区商业模式，正在成为可供借鉴和复制的"丝路园区"模式。

中国——白俄罗斯工业园，位于丝绸之路经济带中沟通欧亚的枢纽——白俄罗斯首都明斯克，中白合作共建丝绸之路经济带标志性工程、两国领导人于2015年5月10日在明斯克会谈的内容之一。打造成丝绸之路经济带上的明珠和双方互利合作的典范，这是国家对这个项目的期待。来自漳州开发区的精兵强将参与中白工业园区建设，用园区理念、机构设置、投资理论模型确定、发展规划调整、项目策划的优秀经验输出和复制，助力中白工业园区发展。东欧平原的皑皑白雪，可以激发雄心；南太平洋的季风，可以吹醒梦想，历史的发展，在想象之外，也在意料之中。

改革开放的探索者、21世纪海上丝绸之路核心区践行者，漳州港，承接历史，面向未来，梦想飞翔，没有止境。

大古雷的旭日阳刚

2003年下半年，福建，一个战略构想横空出世。海峡西岸经济区，她将是继长三角、珠三角、环渤海湾之外，又一个经济区和中国经济增长的新引擎。

在这一年的7月，古雷经济开发区由漳州市人民政府批准成立。

在众多的开发区中，这是一个不算起眼的开始，但是，她踩在了时代的节点上。

2001年12月，中国入世，世贸原则渗入到仍在转型的社会主义市场经济体制中。

2004年，国家级经济技术开发区创建20周年，国务院确定调整开发区发展方针，促进国家经济技术开发区向多功能综合性产业区发展，产城融合的概念被提了出来。国内外经济环境急剧变化，经济结构发生重大调整，世界的古雷，肇始于这样一个国际风云变幻之际。

古雷半岛，在福建南部海岸，东临台湾海峡，南朝太平洋，潮声时至，声如鼓雷。

古雷初不过是近海孤岛，泥沙淤积，成陆连岛，呈带状伸入东山湾与浮头湾之间。旭日阳刚，预示古雷未来的盛大。

从空中俯瞰古雷，有人说，那是一头巨鱼翔于大海；有人说，那是一把金钥匙挂于日光之间。

岁月涛声塑造古雷的海洋性格。东山湾北有梁山挡住北风，东以古雷为屏，水域宽阔，可泊万吨货轮，是国际避风锚地。深入东山湾的漳江，曾经哺育了1300年前的古郡城；浮头湾则有鹿溪水注入，那是漳州海洋文明的一处发祥地。漳浦盐场，为中国八大盐业基地之一。

古雷在宋元时代已初见端倪。黄淡头巡检司在这片水域招引商舶。2007年，这一片水域曾发现宋元时代古沉船，规模如"南海一号"，那应是西亚贸易的遗痕。大航海时代，古雷已经显山露水，荷兰东印度公司舰船过往，月港商船扬帆，郑成功在这里屯兵，施琅的舰队从这里起航，全球化早早渗透了这一片水域。

这个半岛风光旖旎，海岸线较逶迤，海蚀地貌如抽象画廊，金沙海滩宽阔洁净，二十三个岛屿自西向东罗列，海天茫茫，岩岸嶙峋，自是一番风景。白日，蓝天、碧水、鸥鹭翔集；夜晚，渔火与星光交映，那是"海上田园"。

数百年来，人们养殖、捕捞、贸易，浮舟泛海，搏击风浪，畅享海洋之利。

但是，古雷，如她的名字，始终潜伏着一股天地间的阳刚之气，终将在时代潮水的拍击中苏醒，迸发出雄浑的乐章。

古雷港经济开发区地处厦门、汕头两个特区的中间点，与台湾隔海相望，拥有地缘人缘优势和区域经济协作优势。距澎湖98海里，厦门77海里，汕头72海里，香港230海里，承东启西，沟通南北，通江临海，成为承接港澳台地区产业转移的便捷区域。

古雷港的深水岸线非常珍贵，为全国为数不多的天然深水良港，可规划1万吨级至20万吨级顺岸式泊位20个，其中，1万吨级泊位9个，2万吨级泊位4个，5万吨级泊位3个，20万吨级泊位4个。漳州市把古雷确立为全市重点开发区域，希望以深水港为依托，集中优势资源参与区域分工，建成产业特色明显的现代港口经济区和福建省主要的临港基地。

时间一晃而过。今天，古雷是中国七大石化基地，全国唯一的台湾石化产业园区，她清晰的目标定位是成为一座国内领先、国际一流的现代化临港石化产业基地。

古雷的每一次跨越都踩在时代的节点上。

2006年4月，福建省人民政府批准成立福建省古雷经济开发区。9月，由国家发改委确定为漳州古雷经济开发区。

2010年9月，由国家发改委确认古雷经济开发区产业区，并赋予台商投资项目核准特殊政策。

2011年7月，国务院批复《海峡西岸经济区发展计划》，确定将海西经济区打造成中国新的经济增长极，古雷升格为国家级临港石化产业基地。

2012年7月，福建省政府出台支持漳州石化基地加快发展建设十二条政策。9月，省政府批准石化基地规划面积116.68平方千米。

2014年4月，国家级经济技术开发区创建30周年之际，古雷开发区被确认为全国七大石化基地之一。

这个时段，台湾石化产业加速向大陆转移，中石化、中石油、中化等大型央企调整在福建的产业部署，盯紧潮流，顺势而发，古雷，面临新的机遇。

世界的古雷，需要用超前的眼光加以谋划。

2015年10月，《古雷开发区总规》出炉，"一轴三带，一城五心五组团"，一座充满未来感的石化城跃于纸上。

古雷石化城。（游斐渊摄）

古雷开发区规划面积：278平方千米，陆域面积：130平方千米。海域面积：148平方千米。

定位，一开始就瞄准新加坡裕廊。裕廊是亚洲最早成立的开发区、世界级工业区以及闻名遐迩的花园工业镇。这个改革的总设计师在1978年就已经造访过的著名工业区，依托亚洲最大的散装货运港，发展以石化、修船业、工程机械、物流为主导产业，世界石油、造船巨头的入驻使新加坡在炼油、修造船领域举足轻重，那是新加坡走向现代化的重要符号。

古雷的雄心值得期待，按照远景目标（2026—2030），古雷将实现工业产值6800亿元，公共财政收入470亿元。这是漳州最强大的增长引擎，也是福建石化产业跨越发展的龙头。

炼油乙烯一体化、物流运输一体化、公用工程一体化、安全环保一体化、管理服务一体化，古雷成为世界屈指可数、全国首个封闭运行管理的石化工业园区。

用顶天立地的大项目打造一流的产业，引一个"大油头"，带一个完整的产业链，这是古雷的眼界。

2008年上半年，福建省委、省政府决定将重大石化项目迁建古雷，9月，国家发改委批准古雷PX、PA项目，2010年5月8日，古雷石化项目启动，标志着古雷石化园进入实质性开发阶段。项目投资200亿元，这是漳州的重大投资项目。速度令人瞩目，从2010年5月开始至建成，日平均投资3000万元；前景值得期待，预计项目全部投产后，每年产值1000亿元。

有人说，两岸石化未来在古雷。

重塑一个古雷，产城融合，产业、城市、港口、生态，四位一体，协调发展。新港城与工业基地一起诞生。百亿元的投入，用于城市配套基础设施；百亿元的投入，用于安居工程。

古雷脱胎换骨，数年间，完成整岛搬迁，13个行政村，4万人口离开世代居住的家园，告别传统的生活方式。新港城，245栋楼宇2万套住房成为古雷人的新家园，总投资128亿元，总建筑面积240万平方米，等于再造一个城。人们弃船、登岸、别村、进城，未来忐忑而令人憧憬。沧海桑田，快速兴起的工业城，对于古雷而言，意味着什么？

这个时代，改变已经成为一种常态。离开家，去远方，像祖先一样，在迁徙中找到机会，是许多年轻人的心愿。今天，在家门口，就能看到全球化经济的接轨带来的巨大变化，与世界一起脉动，对于祖祖辈辈生活在古雷的人而言，何尝不是一种幸运。变化带来的是眼界、是视野、是孩子们的未来。

从此以后，古雷人每天醒来，睁开双眼，看到的不仅有日照台湾海峡的金色波光，还有如林的巨罐、卧波的巨轮。海洋牧歌已然成为乡愁，他们和他们的孩子，会讲述祖先的故事，开发区的故事，走向未来。若干年后，这些故事，会成为传说，流转的时光，会倒映在那座工业化新城。那些宏大的传奇，会成为昨日意象，在故事里开花、结果。旭日阳刚，会成为记忆的刻痕。古雷，在工业化的进程中，会以一种新的方式存在下去。

2017年6月8日，开发区新港城，锣鼓喧天，鞭炮齐鸣，古雷半岛陂内村的人们正在为武圣庙乔迁吉庆。村民队伍排成长龙，身披盛装，抬着关帝巡行在他庇护的土地上。数百年来，关帝，这个万人崇拜的闽南海神，护佑生活、联系乡谊、温暖心灵，人们离开累世居住的村庄，需要他的陪伴。

古雷整岛搬迁时，50座散落在半岛的村庙，陆续搬进古雷民俗文化园。这个文化园占地120亩，收藏数百年来古雷人的精神记忆。她比邻新港城，遥看石化园，宫庙悬山顶燕尾脊，雕梁画栋，带着旧日温暖的气息，那些原乡神，目光所及，海不扬波，大地祥和。

对于生活在古雷的人来说，时代的潮流急急向前，有一种东西是值得携带前行的，比如乡愁。

千年古城，现代意象

（一）

二十世纪二三十年代，一场现代化改造席卷漳州城，在宗法制度快速没落后，中国传统社会正在向现代化国家转型。漳州，这座崛起于大航海时代的工商城市，进入她的现代进行时态。

中国第一座中山公园，现代城市的标志，一种全新的公共空间应运而生，预示公民意识的觉醒。西风东渐，自由、平等、民主、博爱，刻在公园里的方尖碑上，那是这个公园的精神符号，也是城市的时代追求。

100年后，形成于那个时代的南洋风闽南韵，作为城市的记忆和市民认同感的表达被完整地保存了下来，这是中国历史文化名城——漳州开放精神最强固的时代标志。

时间进入二十一世纪，时代节拍，改变许多城市的命运。

当如林的舟楫退到下游的出海口，千年古航道成为城市腹地，那座西方人眼中的财富之地、那座革命者的城，和她的开放精神，会和岳口街石牌坊上的莎士比亚时代的欧洲人一样，成为回不去的乡愁吗？

如果有一场变化，再造一个漳州城，这个城，会长成什么模样？丝路的荣光，还会荡漾在九龙江口的波光里吗？人们还会像林语堂一样生活吗？什么才是这座中国历史文化名城的现代意象？应该塑造一个什么样的城市空间，去体现她的精神？

（二）

随着九龙江的波光，去寻找这座生长在不同时间点的城，触碰她变化的肌理，随她一起律动。

如果要像徐扬绘《姑苏繁华图》那样绘一幅《清漳繁华图》，九龙江西溪水会成为长卷的贯穿线。一千多年以来，她一直滋养着这座城，令它繁荣、令它富庶。联结西溪的浦头港，是一个需要浓墨重彩的地方。她的入江口，曾经在诗浦，也曾经在向东的九十九湾。从十五世纪开始，日愈繁盛的九龙江口海洋贸易推动漳州城成为名动东南的商业和手工业城市。九龙江西溪河道航运枢纽的身份，使府城东厢浦头港成为海澄、石码、厦门等四方商船停泊地和福建、江西、浙江、广东、台湾以及东南亚货物中转站。浦头港人烟辐辏、贾肆星列，南词唱处，水陆贸易昼以夜继。连接浦头港的东城门外东门街，绵延五里，鼎盛数百年，纺织业、药材业、金箔业尤为发达。

西溪紧傍漳州城南，她是漳州城最大的通风道，温润的东南风带来海洋贸易的气息。顺着这条水道进城的是天南地北的商贾、出门回家的百姓，还有那来来去去的官人。宋代的子城——一千年的政治、经济、文化中心和她毗连。这里聚集着府衙、海道衙门、卫衙、文庙、府学，热闹的商业街区，洞房花烛夜，金榜题名时，许多故事发生在这里。八卦楼作为地标当然值得入画，她威震一方，遥控海氛，据说可以望尽漳州平野的

城市江滨俯瞰图。（郑文典摄）

漫天云霞。

出了南门，便是广东方向，连接两个省份的商道历史悠久。围绕这片区域的宋代内城河道，会引导舟楫泊港、进港。穿行在明清的街巷、民国的街巷，漳州城是水城，是工商之城，得益于她上千年的滋养。南乡与古城隔江相望，那个地方，稻菽飘香，水仙如云，万亩荔海、百花争艳，打下数百年的芳香基业，若干年后，江北古城和江南的郊野作为整体田园牧歌般地进入长卷最显眼的位置；北门，有发达的糖业，糖坊，绵延到海峡那一边，不知曾有多少制糖师，从此岸穿行彼岸。西门，是衙门和兵营。

"东门金、南门银、西门马屎、北门苍蝇"，一句流传于市井的俗语，清晰地划出城市功能和产业布局。

如果还需要加一笔的话，那就是西溪往上的天宝了。来自大海的潮汐，最远可以抵达那儿，宋代墟市、明清的村落，物华天宝，香蕉成林，自是人文荟萃。

明嘉靖十三年（1534），这座城市"三隅二十一街一巷"。那时，月港的海洋贸易已经兴起。

清乾隆二年（1737），这座城中二十七街，九龙江口海湾地区依然兴盛。

民国的那一次改造，拆城墙、拓街道、辟公园、筑堤岸、建码头、造桥梁、修公路……漳州以我们现在所能看见的样子一步步地跨进现代。

（三）

漳州城还会复兴吗？许多人这样问。

二十世纪八十年代，漳州成为国家级历史文化名城，这是岁月为她的后发积攒的本钱。

2002年4月，《漳州市名城保护规划及三片历史街区保护详规》开始实施。保护区布局结构为"一区三线"，仿佛喻示着漳州城与两个地区的历史关联，台湾路、香港路历史街区动工维修。两年后，漳州历史街区获得"联合国教科文组织亚太地区文化遗产保护项目荣誉奖"。

2010年，漳州古街入选第二届"中国十大文化名街"。

进入"十三五"，漳州古城成为省文化产业十大重点项目和旅游重点项目。作为闽南生态文化保护实验区最有价值的部分，2014年10月，漳州古城保护建设一期项目动工，总投资32亿余元，用于3万平方米的沿街建筑修缮和立面整修以及改善基础设施。2017年，中国人居环境范例奖给了古城。

今天，走在历史街区，唐代的街、宋代的庙、明清的石坊、民国的商铺，影影绰绰，古榕参天，小桥流水、旗幔当风。空气中飘着醉人的甜香。入夜后，游人如织，光影盈江，满城灯笼，直上彩虹桥，古寺隔江，也是一片祥光。

这是一座风流古韵的城，混搭的风格，沉淀着不同文化辐射的痕迹；穿越感的街巷，散发着令人心动的岁月沉香。

这座城保存了早先的生活方式，存储着数个世纪以来的精神意象。那些南洋风格的街、那些麦嘉顿遗风的廊、那些中西合璧的立面……万元银庄、商务印刷、协和医院……有一种精神从来没有离开过百姓生活，就好像童年的滋味从没离开过味蕾的记忆一样。

古城像一台正在修复的时光机，一一唤醒那些陈年旧梦，那些梦里的老街人，下南洋，渡台海，走南闯北，荣归故里，或长留他乡。

老街，跨越江海，连接两岸；

老街，穿梭时光，连接历史与未来；

老街，凝结两岸共同的记忆，寄托华夏儿女的共同情思。

2019年正月十四，元宵灯火已经亮起，中央电视台中文频道首次在全球播出《记住乡愁》之《漳州古街：一街连两岸》，镜头摇过，一千年的时光像一条坚韧的线，梳理出老街的过往，讲述一个个两岸的故事。

从哪里来，到哪里去，镜头寻找城市的前世今生，人们跟着镜头在追问城市的未来。

（四）

修复一个活态的历史空间，捕捉城市的现代意象。

作为文明的象征和开放的符号，中山公园是一个绕不开的节点。

在过去1000年里，这个地点是城市的心脏；在过去的100年里，她是城市形态的坐标，无论是作为封建权力的区域中心，或者现代精神的标志。围绕她延展出长街，是这个城市繁荣的表象。今天，她是两种城市形态的中间点。向北，是现代风格的建筑群；向南，是传统风格商业古街。

她是两种城市活动的中间点，往北，走入现代；向南，走入历史。人们往返于历史与未来之间，南洋气息，商业氛围，从来不是只待成追忆的乡愁。

九龙江西溪水道，是一个有趣的节点。海洋气息和农耕文化，如交织在水波里的太阳辉光。作为母亲河，她令城市身体强壮，精神充盈。她让江南与江北成为城与乡的关系，两者从不对立，却保持一段意味悠长的距离。这是一条奇异的河，以自己的源远流长使漳州成为"鱼米之乡""花果之城"，同样让漳州成为"工商之城"、历史文化名城。

一个山海特质的城市，将她的物质文明成果和精神文明成果，陈放于漳州平原，岁月荣光，将会长出哪一种现代模样？

修复古城，留住城市的传统；敞开空间，释放城市的气象。人们开始用一片"湖海"守护那条江、守护那个城、守护那段历史记忆。

千年历史文化名城，徜徉于"湖海"中，西溪航道穿城而过，一圈水系，联结城市时空。造一道绿色屏障，梳理城市的扩张，滋润城市的心肺，敞开城市的联想。放眼处，南湖挟两岸风光，山、江、湖、寺、城尽在春和景明中。九十九湾桨声虽远，碧湖宛在，西院湖笙歌，雨院湖鸥鹭，荔海梵音花韵与落霞齐飞，又有十里蕉园，念大师远游，归去来兮。

这个建在盆地和河流边上的城市在绿波碧水中蔓延，向东，海天之交接处一线金光，那是大河东流的方向；向北、向南、向西，向着山陵起伏的绿野，那是灵魂的归处。如果再绘一张二十一世纪版的《清漳繁华图》，需要让灵魂登高，才可以览尽千年古城的现代意象。

如果说一个世纪前的那座小小的市民公园是时代豁开的一个窗，今天，我们通过大开大合的城市空间，看到一个不断张开的城市胸襟、视野和不断超越自我的追求。

（五）

　　塑造二十一世纪的城市需要历史宏观，也需要对未来的想象。它是一项公共服务、一种产业模式，也是一种精神塑造方式。古城庇护了精神开放的历史镜像，"湖海"把这种镜像从往日一直带到今天。大航海时代的荣光一样在新时代上演，对幸福的追求一样在城市里继续。人们一样敞开胸襟接纳海风山气，人们一样坦然面对全球化所带来的改变。

　　作为一个中原移民建造的城市和输出移民的城市，这个城市有能力踩着时代的节拍前行。岁月的勇气、开放的精神、通透的灵魂和敞开的想象力，可以让城市做成自己。

　　每一个时代，自有其时代精神；

　　每一个城市，自有其发展智慧；

　　这涉及生存感受，涉及公共福祉，也涉及历史，涉及未来。

　　祝福漳州。

后记：呈现一种打开城市的方式

这是一部丝路视角的城市传。

这种定位直接影响了对历史事件的观察与取舍，也牵引了对历史的整体认知与感受，并由此决定城市的打开与呈现方式。

这本书对历史传统浓墨重彩，唯一的出发点则是从对未来的前瞻考量。

经历了那么多，现在到了叩问传统的时候了。

这个时代，发生了许多令人难以置信的变化，四十年间，国家从封闭半封闭走向全面开放，从困境中图强，在创伤中奋发。大国崛起，民族复兴，经济转型，社会变迁，速度、高效，只争朝夕，在快速迈向现代化的过程中，许多有价值的东西被时代的洪流淹没了。

在经历过兴奋与神往、挫折与不安后，最终，人们成功地证明了自己。现在，调适自己的步履，面对世界的变化，找到可持续发展的道路，让传统与现实、自然与人类社会坦然相对，是到了回头看一看历史的时候了。

打开尘封的岁月，看那些蓄存期间的精神源流。从海滨蛮荒，到江南之南，再到闽之南，这个城市走过的方式，如诗、如歌、如赋，历史从薄如纸片到渐次丰满，传统到单一到多元，一千三百年上下承转，五百年对外交通，四十年改革开放，走到今日，她一如既往地接纳、融合，不排斥一切新事物、不排斥一切新面孔、不排斥一切新知识。当她敛起犀利与锋芒，以平和温润的面目示人，这不意味着她所拥有的曾在岁月江海中掀起波澜的力量已经远遁消逝。

作为一个因早早开放而平民意识根深蒂固的城市，有足够的理由心平气和地面对历史的偶然与历史的必然，处变不惊是经过时间打磨后留下的定力，蓄势待发是面朝未来所应有的秉性。人们大抵知道，今日的果，在数个世纪十数个世纪以前已经种下因，所有的等待，总有迸发的那一刻，就像十四世纪前那一场远征，就像五世纪前那一场远航。那些被历史记忆凝聚的传统，收藏着不曾离开的乡愁和跃跃欲试的力量。

找到那种力量，把那一路传下来的精神力量带进现代，这是城市继续发展的根基。

书中两个细节期待读者关注，那个时段发生的事影响至今。

陈元光开漳是一个不容忽视的起点，就整个中国历史而言，这个事件看起来似乎并不起眼，但是，从丝路视角，却是一个影响深远的节点，它成就的不单是一个城市的传奇，那些海上丝绸之路的港市，无论是海峡对岸，还是东洋与西洋，开漳圣王和他的将士的后裔，与当地的开发历史密切相关。

明清时期漳州的海洋活动占据了很大的篇幅，相信读者注意到了这个细节。这个时代，视野骤然打开，人们到了海上，那些海中的岛屿、半岛，不过是待开发的处女地，不是异国、不是异域，是承载温暖与希望的新家。那里的一切，无论是在物质上还是在精神上都和漳州府有必然的联系。在数个世纪的时间里，人们去去来来，偌大的南海，在人们的生活中，不过是充满商机的内海。这种历史经验，塑造漳州人与众不同的秉性，也影响了漳州、台湾、东南亚的历史。没有他们，以华人为核心的南海共同体，许多重要的环节，将形成不可弥补的缺失，对漳州在这个时期存在的忽视或曲解，曾经影响我们在这片海域的话语，这是了解漳州历史不可忽略的一个细节。

这是一个十分有趣的现象。在这个城市的历史中，山陵和海洋从来就不是割裂的，中原文化和海洋文明也一直是频繁互动的，安土与重迁从来就不是两难取舍的问题。走向这个城市，看见山，看见海，看见人类物质文明所塑造出来的和谐，这种和谐见之于未来城市的构想，比如"拥江达海"，她的创意从来不是无本之木。

每一个城市的发展自有其传奇经历，重点在于找到她在大历史中的位置，看见她，握住她，建一种格局，造一种文化，选一种未来，好好走下去。

最后说明一点，这本书重点讲述了漳州人文精神的历史养成以及与当下的互动。如果仅作为外宣品，则另当别论。至于当代部分，考虑到城市在大时代中的抱负，足可延展出一本《漳州新传》，这是我在写作过程中，与马汝军社长、刘传铭教授、简以宁老师、曹煜老师反复沟通中所意识到的。

2019 年元月

参考目录

《东西洋考》……………………………（明）张燮
（正德）《漳州府志》……………………（明）陈洪谟
（万历）《漳州府志》……………………（明）闵梦得
（崇祯）《海澄县志》……………………（明）梁北阳
《闽书》……………………………………（明）何乔远
《福建交通史》………………………………徐晓望
《闽南史研究》………………………………徐晓望
《闽南区域发展史》………………施伟青 徐泓 主编
《闽南文化综论》……………………………汤漳平
《白银帝国》…………………………………徐瑾
《大航海时代的台湾》………………………汤锦台
《闽南海上帝国》……………………………汤锦台
《西洋航路移民》……………………………林德荣
《潘同文（孚）行》…………潘刚儿 黄启臣 陈国栋
《塞尔登的中国地图》…………………（加）卜正民

《海权论》……………………（美）阿尔弗雷德·塞耶·马汉
《白银资本》…………………………（德）贡德·弗兰克
《十六世纪中国南部纪行》……………（英）G.R.博克舍
《远游记》………………（葡）费尔南·门德尔·平托
《闽商文化论》…………………………………苏文菁
《明清海盗（海商）的兴衰》……………………王涛
《福建与南岛语族》………………焦天龙 范雪春
《漳州史前文化》………………………………尤玉柱
《漳州过台湾》…………………………………刘子民
《月港帆影》……………………………………郑镛

图书在版编目（CIP）数据

漳州传：从九龙江到太平洋 / 陈子铭著. —— 北京：新星出版社，2019.3
（2020.12 重印）
（丝路百城传）
ISBN 978-7-5133-3399-3

Ⅰ.①漳… Ⅱ.①陈… Ⅲ.①文化史－研究－漳州 Ⅳ.① K295.73

中国版本图书馆 CIP 数据核字（2019）第 013001 号

出版指导：陆彩荣
出版策划：彭明哲　简以宁

漳州传：从九龙江到太平洋

陈子铭　著

责任编辑：简以宁
责任校对：刘　义
责任印制：李珊珊
装帧设计：冷暖儿

出版发行：新星出版社
出　版　人：马汝军
社　　址：北京市西城区车公庄大街丙3号楼　　100044
网　　址：www.newstarpress.com
电　　话：010-88310888
传　　真：010-65270449
法律顾问：北京市岳成律师事务所

读者服务：010-88310811　　service@newstarpress.com
邮购地址：北京市西城区车公庄大街丙3号楼　　100044

印　　刷：天津图文方嘉印刷有限公司
开　　本：660mm × 970mm　　1/16
印　　张：25
字　　数：310千字
版　　次：2019年3月第一版　　2020年12月第二次印刷
书　　号：ISBN 978-7-5133-3399-3
定　　价：89.00元

版权专有，侵权必究；如有质量问题，请与印刷厂联系调换。